St. Galler Beiträge zur Wirtschaftsethik

Band 35

Haupt

St. Galler Beiträge zur Wirtschaftsethik

Herausgegeben vom:
Institut für Wirtschaftsethik der Universität St. Gallen
(Leitung: Prof. Dr. Peter Ulrich)

Band 35

York Lunau
Florian Wettstein

Die soziale Verantwortung der Wirtschaft

Was Bürger von Unternehmen erwarten

Haupt Verlag
Bern · Stuttgart · Wien

York Lunau (1964), Dr. oec., Berater und wissenschaftlicher Mitarbeiter am Institut für Wirtschaftsethik der Universität St. Gallen, leitet unter der Marke civis® (lat.: Bürger) die Dienstleistungen des Instituts im Auftrag von Unternehmen oder Wirtschaftsinstitutionen. Bereits 1996 Durchführung einer grossangelegten empirischen Studie zu «Ethikmassnahmen», also zu organisatorischen Vorkehrungen im Kontext Integrität und Verantwortung.

Florian Wettstein (1975), lic. oec., Doktorand und wissenschaftlicher Mitarbeiter am Institut für Wirtschaftsethik der Universität St. Gallen. Studium der Betriebswirtschaftslehre und der Wirtschaftsethik an der Universität St. Gallen. Neben dem Studium u. a. Tätigkeit als redaktioneller Mitarbeiter bei der Neuen Zürcher Zeitung (NZZ).

Diese Studie wird publiziert mit freundlicher Unterstützung der Philip Morris GmbH.

Bibliografische Information der *Deutschen Bibliothek*

Die Deutsche Bibliothek verzeichnet diese Publikation in der Deutschen Nationalbibliografie; detaillierte bibliografische Angaben sind im Internet über http://dnb.ddb.de abrufbar.

ISBN 3-258-06769-4

Dieses Papier ist umweltverträglich, weil chlorfrei hergestellt;
es stammt aus Schweizer Produktion mit entsprechend kurzen Transportwegen
Printed in Switzerland

www.haupt.ch

Vorwort

Unternehmen sind bekanntlich der Erfolgslogik des Marktes unterworfen. Sich im Wettbewerb zu behaupten wird immer schwieriger – nicht nur infolge der fortschreitenden Globalisierung der Märkte, sondern auch deshalb, weil unternehmerische Entscheidungen zunehmend mitten in den Brennpunkt vielfältiger, sich teilweise widersprechender gesellschaftlicher Ansprüche rücken. Unternehmen sind heute multifunktionale Wertschöpfungsveranstaltungen. Doch welchen Interessen und Anliegen soll ein Unternehmen prioritär, welchen in zweiter Linie und welchen überhaupt nicht dienen? Die Allgemeinheit und erst recht die direkt Betroffenen erwarten gut begründete Antworten auf derartige unternehmenspolitische Fragen. Aus der Perspektive der verschiedenen Anspruchsgruppen lassen sich solche Fragen guter Unternehmensführung schon lange nicht mehr erledigen, indem man sich auf die ‹reine› ökonomische Erfolgslogik beruft. Gefragt und allein noch glaubwürdig sind vielmehr unternehmensethisch gut begründete Argumente.

Während die herkömmlichen Wirtschaftswissenschaften, nämlich Volks- und Betriebswirtschaftslehre, sich vornehmlich mit den Funktionsmechanismen der Marktwirtschaft befassen, interessiert sich die junge Interdisziplin der Wirtschafts- und Unternehmensethik für übergeordnete Orientierungsideen einer gesellschaftsdienlichen Wirtschafts- bzw. Unternehmenspolitik: Im Hinblick auf welche Zwecke und unter welchen Prinzipien soll ‹die Wirtschaft› gut funktionieren? Oder mit direktem Blick auf konfligierende Ansprüche gefragt: Welche Werte sollen wirtschaftend für wen geschaffen werden?

Inzwischen ist aufgrund von empirischen Untersuchungen einiges darüber bekannt, wie Führungskräfte der Wirtschaft persönlich über ethisch gute Unternehmensführung denken und was die Unternehmen in Richtung organisierter Verantwortlichkeit konkret tun. Auch unser Institut hat schon früh Studien zu den in der Praxis vorzufindenden unternehmensethischen Denkmustern und Massnahmen vorgelegt. Hingegen liegen noch kaum empirische Forschungsergebnisse vor, die nicht die Ansichten der Unternehmen, sondern jene der vielfältig am Wirtschaftsgeschehen beteiligten und davon betroffenen Bevölkerung erkunden. Dies ist eigentlich erstaunlich, sofern man vom Grundgedanken ausgeht, dass die Unternehmen in einer offenen, freiheitlich-demokratischen Gesellschaft ihre ideelle ‹licence to operate› von den Bürgern erhalten und sich daher vor diesen für ihr Geschäftsgebaren öffentlich zu verantworten haben. Alle Unternehmen, die es ernst meinen mit ihrer sozialen Verantwortung *(Corporate Social Responsibility)*, müssten in hohem Mass daran interessiert sein, mehr über die Erwartungen und Vorstellungen der Bürgerinnen und Bürger hinsichtlich einer gesellschaftlich verantwortlichen Unternehmensführung zu wissen und sich davon zur Überprüfung und Bestimmung der eigenen Handlungsorientierungen anregen zu lassen.

Um diese Lücke zu schliessen, wurde in unserem Institut die repräsentative Befragung, die der vorliegenden Sammlung praktischer Denkanstösse zugrunde liegt, konzipiert und ausgewertet. Möglich geworden ist dies dank der Anregung und Unterstützung seitens einer Firma, die aus eigener Erfahrung mit den Herausforderungen der Zeit wirklich zur Gewinnung und Verbreitung unternehmensethischen Orientierungswissens beitragen möchte, nämlich Philip Morris International Management SA. Unser herzlicher Dank für das dem Institut für Wirtschaftsethik entgegengebrachte Vertrauen und die gute Kooperation richtet sich vor allem an Frau Elfriede Buben, Philip Morris GmbH, Deutschland.

Diesem Buch wünsche ich eine breite Beachtung bei allen an der CSR-Debatte Beteiligten, besonders aber bei den Entscheidungsträgern in den Unternehmen – in ihrem wohlverstandenen Eigeninteresse ebenso wie im Interesse der Allgemeinheit. Denn diese ist aufgrund der öffentlich höchst relevanten Wirkungszusammenhänge der ‹Privatwirtschaft› auf ein gesellschaftlich verantwortungsbewusstes Unternehmertum heute mehr denn je angewiesen.

St. Gallen, 2. April 2004

Prof. Peter Ulrich
Leiter des Instituts für Wirtschaftsethik

Geleitwort des Auftraggebers

Unser gesellschaftliches Umfeld, unsere Lebens- und Arbeitswelt wandeln sich radikal. Die vielfachen Wechselwirkungen von Politik, Wirtschaft und Zivilgesellschaft sind in Bewegung. Hier setzt die aktuelle Debatte zur zukünftigen gesellschaftlichen Entwicklung an. Es stellen sich Fragen wie: die Bestimmung des Verhältnisses von Staat und Bürger, individuelle Verantwortung und das Selbstverständnis von Wirtschaftsunternehmen als Teil der Gesellschaft. Was können alle am Gemeinwesen Beteiligten zur Gestaltung des rapiden Wandels beitragen?

„Was wir brauchen, ist eine neue Wirtschaftsethik" forderte jüngst Bundespräsident Johannes Rau von der deutschen Wirtschaft. Mit Brisanz hinterfragt diese Feststellung das Grundverständnis unseres sozial- und wirtschaftspolitischen Gesellschaftsentwurfs. Unternehmen und Ethik – auf den ersten Blick könnte man fragen: Was hat das eine mit dem anderen zu tun? Unternehmen sollen wirtschaftlichen Gewinn machen. Das ist die Basis für Investition und Beschäftigung. Doch wirtschaftliche Effizienz ist nicht die einzige Bestimmungsgröße für den Erfolg eines Unternehmens. Auf den zweiten Blick eröffnen sich weiterführende Aspekte. Da Unternehmen und Gesellschaft sich nicht in getrennten Welten bewegen, ist auch von Bedeutung, was Unternehmen in der und für die Gesellschaft zu leisten im Stande sind. Es ist demokratischer Konsens, dass sich ein funktionierendes Gemeinwesen auf Teilhabe und Anteilnahme jedes einzelnen Bürgers an der gesellschaftlichen Entwicklung gründet. Das gilt auch für Unternehmen. Sie sind Teil der Gesellschaft, auf die sie durch ihre Aktivitäten bedeutenden Einfluss ausüben. Aber welche Vorstellungen und Erwartungen haben die einzelnen gesellschaftlichen Kräfte hinsichtlich der Aufgaben eines Unternehmens?

Wirtschaft spielt sich nun einmal im wirklichen Leben ab und ist nicht nur makroökonomische Theorie. Die Bürger moderner arbeitsteiliger Gesellschaften sind in umfassender Weise angewiesen auf Produkte und Dienstleistungen von Unternehmen. Deshalb ist es nur berechtigt, dass sie ein ebenso umfassendes Interesse an der Qualität der Produkte wie an der Art und Weise ihrer Herstellung haben. Es geht aber auch um die Rolle, die den Unternehmen in der Gesellschaft zukommt und deren Einschätzung durch die Bürger. Erledigen Unternehmen ihre Aufgaben in angemessener und zuverlässiger Weise? Und genauso ist es die Einbindung und der Dialog mit der Gesellschaft. Beteiligen sich Unternehmen aktiv genug am Gemeinwesen, taugen sie als Stabilisatoren in der Gesellschaft? Werden sie der Idee einer integrativen und engagierten Bürgerschaft gerecht?

Diese Überlegungen sind der Grund, warum die Philip Morris GmbH die vorliegende Studie initiiert und beim Institut für Wirtschaftsethik der Universität St. Gallen in Auftrag gegeben hat. Zum ersten Mal wurden in einer repräsentativen Umfrage durch ‹forsa. Gesellschaft für Sozialforschung und statistische Analysen, Berlin› 1000 Bürger zur Rolle von Unternehmen in der Gesellschaft befragt. Ziel war es, hierzu ein möglichst realistisches Bild der Ansichten und Meinungen in der deutschen Bevölkerung zu gewinnen.

Die Studie soll über Expertenkreise hinaus differenzierte Impulse in einer wichtigen gesellschaftspolitischen Diskussion geben. Für eine sinnvolle Praxis unternehmerischer Verantwortung gilt es, die Diskussion vor allem dort aufzunehmen, wo unscharfe Vorstellungen der Öffentlichkeit möglicherweise der Spiegel für eine konzeptionelle Unsicherheit in den Unternehmen sind. Wie soll eine Bürgergesellschaft, die durch demokratische Teilhabe und Eigenverantwortung geprägt ist, aussehen, damit sie dem Gemeinwohl dient und gleichzeitig wirtschaftlich erfolgreich ist? Welche Befindlichkeiten und Erwartungen verbinden Bürger mit unternehmerischem Handeln? Denn ohne Konsens über Verhaltensnormen und Verantwortlichkeiten kann ein Gemeinwesen nicht bestehen. Der Erfolg einer Volkswirtschaft entscheidet sich letztlich daran, ob dahinter eine funktionierende lebenskräftige Gesellschaft steht. Die Verantwortung dafür lässt sich nicht delegieren.

Unser Dank gilt dem Institut für Wirtschaftsethik der Universität St. Gallen für die engagierte Arbeit, sowohl Prof. Peter Ulrich für seine Kooperationsbereitschaft als auch ganz besonders den Autoren York Lunau und Florian Wettstein. Wir wünschen, dass diese Publikation Denkanstoss und Ansporn zugleich ist, unternehmerische Verantwortung als Form gesellschaftlicher Partizipation mit Leben zu erfüllen.

München, 6. April 2004

Gerrit de Bruin
Vorsitzender der Geschäftsführung
Philip Morris GmbH

Inhaltsverzeichnis

100 und eine Frage: Ein- und Anleitung zum Gebrauch

Wird in einer Befragung die soziale Verantwortung von Unternehmen zum Thema gemacht, drängt sich zunächst die Frage auf: Was bedeutet hier eigentlich ‹sozial›? Definitionen wie ‹das Zusammenleben der Menschen betreffend› bezogen auf den Wirtschaftsalltag, der schliesslich für viele Menschen ein wichtiger oder gar der wichtigste Bezugspunkt im Leben ist und generell grossen Einfluss auf die Lebensbedingungen der Menschen in aller Welt hat, sind zunächst völlig ausreichend. Wer von seiner alltagsbegrifflichen Vorstellung ausgeht und diese ein Stück weit zu vertiefen sucht, liegt bereits voll auf der Linie des vorliegenden Projekts, das gerade nicht als Weiterführung einer akademischen Debatte gedacht ist – und auch nicht als belehrende Information der ‹Wissenschaft› an die ‹Praxis›.

Ansonsten wäre als erstes eine ausgiebige Analyse insbesondere des – hier einfach synonym gebrauchten – Begriffs ‹Corporate Social Responsibility› (CSR) fällig, der bereits eine lange, nachlesbare Geschichte hat.[1] Ein geschichtlicher Rückblick ist natürlich nicht uninteressant. Die praktische Forderung nach direkter sozialer Verantwortung von Unternehmen taucht nämlich bereits um die Jahrhundertwende im Zuge der ersten Konsolidierungswelle eines zügellosen Frühkapitalismus auf. Damals wurden Gewerkschaften gegründet, um soziale Anliegen ganz konkret zu vertreten. Derart massive Missstände gibt es heute jedoch nur noch selten. An die Stelle simpler Fronten ist eine Vielfalt komplexer Ansprüche getreten, die in ihrer Berechtigung kompetent und differenziert beurteilt werden wollen. Ein Überblick über die Entwicklung und den derzeitigen Stand der wissenschaftlichen Diskussion böte dazu allerdings nur eine indirekte Hilfestellung. Das vorliegende Projekt hingegen zielt ganz direkt auf praktische Anregungen für alle, die sich in neutraler, sympathisierender oder auch kritischer Absicht in die Vertreter von Unternehmen hineinversetzen wollen – oder eben selbst eine Funktion in einem Unternehmen haben.

Unpassend im Rahmen eines Projekts, das die – bislang überwiegend auf geschlossene Expertenzirkel beschränkte – Diskussion über Verantwortungsfragen im Unternehmensalltag ausweiten und anreichern soll, wären auch ausgiebige Literaturhinweise, um berührte wissenschaftliche Erkenntnisse und Aussagen zugänglich und nachprüfbar zu machen. Es kann zwar auch für die anvisierte Zielgruppe im Einzelfall wertvoll sein, über Quellenverweise unterschiedliche

1 Vgl. Carroll (Evolution 1999).

Stränge der akademischen Debatte vertieft weiterzuverfolgen. Dies entspricht jedoch nicht den Lesegewohnheiten. Meist werden zu unmittelbar drängenden Problemen Anregungen gesucht, die bei der Arbeit an einer Lösung weiterhelfen könnten. Dem will das vorliegende Buch von der Anlage her gerecht werden, und darum beschränkt sich diese Einleitung auch eher auf eine Anleitung – eine Anleitung zu regem Gebrauch. Wer sie gar nicht erst liest, sondern bereits beim erstmaligen Durchblättern des Buches an einem Stichwort hängen geblieben und von dort einigen der vielen Querverweisen gefolgt ist, handelt voll und ganz im ‹Sinne der Erfinder›.

Die Quellenverweise beschränken sich also auf weitere empirische Studien, mit denen das Bild aus der eigenen Befragung vervollständigt werden soll. Diese Studien beziehen sich meistens auf Unternehmensbefragungen und selten auf punktuelle Umfragen bei diversen Stakeholdern. Eine repräsentative Erhebung in der Bevölkerung, wie sie diesem Buch zugrunde liegt, gab es dagegen bislang noch nicht. Dies war eine eklatante Lücke, schliesslich bezieht sich das Thema sozialer Unternehmensverantwortung gerade auch auf die Lebensbedingungen dieser Bevölkerung. Vor allem aber repräsentieren die intuitiv-ganzheitlichen Einschätzungen von Wirtschaftsbürgern letztlich den angemessensten Zugang zum Thema. Kein Bürger ist nur Konsument, nur Anleger, nur Angestellter oder nur Steuerzahler, sondern muss vernünftige Vorstellungen von der Rolle des Unternehmens in der Gesellschaft und einer lebensdienlichen Wirtschaftsweise in einer Form entwickeln, die auf verallgemeinerungsfähigen Argumenten und auf der Abwägung von zumutbaren Beiträgen seitens der verschiedenen Akteure beruht.

Um sich genau in dieser Weise näher mit Teilaspekten der CSR-Thematik beschäftigen zu können, sollte jenseits einer reinen Meinungserhebung zu Themen wie Managergehälter, Kinderarbeit oder Entlassungswellen eine Datensammlung entstehen, die angesichts der Komplexität der Thematik zwar im Einzelnen nicht in die Tiefe gehen kann, dennoch aber für überraschende Einsichten gut ist. Nicht zuletzt gilt dies für die besonders wichtige und deshalb etwas genauer verfolgte Frage der Reputation als einem sozial verantwortlichen Unternehmen. Die Herausforderung lag vor allem darin, im Verlauf eines 30-minütigen Telefoninterviews Aspekte anzuschneiden, auf die der Befragte ohne weiteres möglicherweise nicht gekommen wäre, zu denen er jedoch eigene Vorstellungen hat und diese dann auch weitgehend unbeeinflusst äussert. Der Aufbau des Fragebogens zielte zudem darauf, möglichst frühzeitig die Gefahr zu bannen, dass rein theoretisch, also ohne Rücksicht auf begrenzte Ressourcen oder sich gegenseitig ausschliessende Optionen, einfach nach dem Motto geantwortet wird: ‹Je mehr soziales Engagement, desto besser!›.

Ziel der Befragung im Frühjahr 2003 war ein möglichst ausdrucksvolles Bild eben nicht nur von den ‹Ansichten der Öffentlichkeit›, sondern vor allem auch von den ‹Einsichten als Bürger› zur CSR-Thematik – so der zweiteilige Arbeitstitel. Aus diesem Grund wurde für die notwendigen 1000 Interviews nicht einfach eine Stichprobe gewählt, die die deutsche Bevölkerung nach soziodemografischen Kriterien repräsentiert. Vielmehr wurden etwa doppelt so viele Personen kontaktiert, um mit drei einfachen Fragen zu persönlichen Interessenschwerpunkten, zur Kenntnis von Personen des öffentlichen Lebens und zum Medienverhalten sicherzustellen, dass die Bereitschaft zu überlegten Antworten auf die zum Teil sicher ungewohnten Fragen vorlag. Der Erfolg dieses Vorgehens zeigte sich zum einen darin, dass sich die Angst vor Interviewabbrüchen als unzutreffend erwies, und zum anderen in Stichprobenverteilungen, die dem Bevölkerungsdurchschnitt noch immer sehr nahe kommen. Die statistische Fehlertoleranz liegt bei ±3%.

Laut dieser Interviews meinen nur 40% der Befragten, in den Medien werde heute häufiger über die soziale Verantwortung von Unternehmen berichtet. 60% der Befragten nehmen an, in den Führungsetagen herrsche hinsichtlich des Themas echte Ratlosigkeit, und 86% der Befragten erwarten, der aktive Einsatz bei Klärung und Wahrnehmung der sozialen Verantwortung mache Unternehmen auf Dauer erfolgreicher. Dies sind sicher nennenswerte Ergebnisse. Eine überschaubare Liste ‹zentraler Ergebnisse› zu erstellen, wäre jedoch dem Ziel einer Anregung und Anreicherung vertiefter Diskussionen mit breiterer Beteiligung sehr abträglich. Ein Herausgreifen plakativer Einzelaussagen aus dem Gesamtzusammenhang lässt sich nie verhindern, doch sollen die folgenden Interpretationsvorschläge und -hilfen konsequent den entgegengesetzten Tenor haben.

Erste Eindrücke aus dem Datenmaterial einer tieferen Analyse zu unterziehen und zur selbstkritischen Fortentwicklung der bis anhin vertretenen Vorstellungen zu nutzen, muss kein Gegensatz zu einer selektiven, von konkreten Problemlagen inspirierten Auseinandersetzung mit der CSR-Thematik sein. Dies spiegelt der Aufbau des vorliegenden Buches wider: Besonders wichtig für die Interpretationsarbeit ist das jeweilige Prüfen, an welcher Stelle im Interview und mit welcher Formulierung genau gefragt worden ist. Aus diesem Grund stellt der Fragebogen die ‹Drehscheibe› für ein nicht chronologisches und vollständiges Lesen dar. Wird im Text auf eine Interviewfrage Bezug genommen, ist deren Nummer in eckiger Klammer angegeben und bei nicht abgedruckten Detailauswertungen mit einem +-Zeichen versehen. Umgekehrt wird hinter jeder Interviewfrage im Fragebogen dorthin verwiesen, wo entsprechende Resultate zur Sprache kommen. Weiter verstärkt durch Querverweise innerhalb des Textes ergeben sich auf diese Weise sehr individuelle ‹Wege› durch das Buch, die auch unterschiedlich lang werden dürften und die nach Unterbrechungen immer wieder fortgesetzt werden können. Dafür bietet sich besonders auch die zusätzliche Einstiegsmöglichkeit über den Abbildungsteil an. Dieser ist bewusst nicht als Illustration bestimmter Textpassagen oder gar als selbsterklärende Darstellung der Interviewfragen angelegt, sondern möchte eine gedankliche Anregung eigener Art sein. Ein besonders anregendes Experiment könnte für den Leser ausserdem darin bestehen, für spätere Vergleiche den Fragebogen zunächst ohne Blick auf die Ergebnisse selbst zu beantworten.

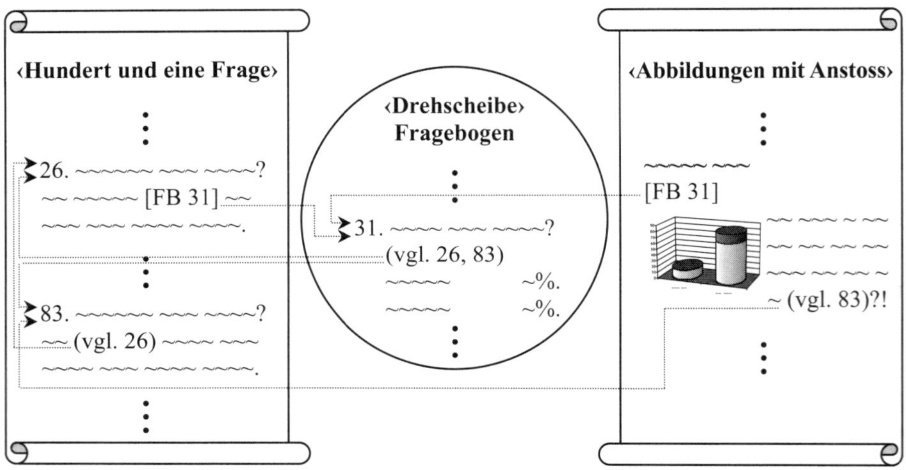

Auf der Suche nach einer geeigneten Form für das Buch, das weder einfach ‹nackte› und nichtssagende Information andienen noch besser wissend abschliessende Bewertungen vorgeben soll, fiel die Wahl auf eine Sammlung von Fragen zur CSR-Thematik, wie sie sich – mit Blick auf Managementzeitschriften und Beratungserfahrungen – aus Sicht eines Unternehmensvertreters immer wieder stellen. Zu hundert und einer Frage sind auf diese Weise Anregungen bezüglich des Umgangs mit dem Datenmaterial entstanden. Diese sollen vor allem andeuten, wie auch anders als vielleicht zunächst gewohnt auf den Fragebogen und die Befragungsergebnisse geblickt werden könnte. Vieles muss dabei Andeutung bleiben, gelegentlich in Form von Vermutungen – natürlich immer als solche gekennzeichnet. Dass substanzielle Anregungen gelingen, dafür wäre ein gutes Zeichen, wenn bisweilen der Gedanke provoziert würde: ‹Aber so kann man das doch wirklich nicht sehen!›. Denn dies spiegelt nicht nur den Umstand wider, dass die eigenständige Interpretationsarbeit nicht ersetzt werden kann, sondern auch, dass diese jeweils aus dem spezifischen Erfahrungshintergrund und Handlungskontext heraus stattfinden muss.

Was also zählt, ist der Geist argumentativer Durchdringung. Zumindest gilt dies für ein Projekt, das von der Grundperspektive der integrativen Wirtschafts- und Unternehmensethik[2] geprägt ist – natürlich bereits bei der Formulierung des Fragebogens. Nach diesem Ansatz kann die Beschäftigung mit Verantwortungsfragen methodisch nur in der Annahme sinnvoll sein, dass nicht – wider besseres Wissen – physische oder ökonomische Macht den Ausschlag geben, sondern das besser begründete Argument. Es versteht sich von selbst, dass dann eine gedankliche Trennung von Wirtschaft und Gesellschaft verworfen werden muss. Genauer muss dieser Ansatz für die folgenden Ausführungen nicht bekannt sein. Spürbar ist hoffentlich das Anliegen, mit einer integrativen Betrachtung einen Beitrag dazu zu leisten, dass pauschale Forderungen nach ‹Mehr CSR!› in vielleicht 10 Jahren kaum mehr zu hören sein werden – nicht, weil Resignation um sich gegriffen hat, sondern weil das konstruktive Streiten um ein lebensdienliches Wirtschafts- und Unternehmensverständnis entlang konkreter Detailherausforderungen zum Normalfall geworden ist.

2 Vgl. Ulrich (Markt 2002) sowie wissenschaftlicher: Ulrich (Wirtschaftsethik 2001).

Fragen, die sich unmittelbar aufdrängen

1. Heisst soziale Unternehmensverantwortung einfach: Gutes tun, statt viel zu reden?

‹Taten statt Worte!› – im Kontext sozialer Unternehmensverantwortung kann eine solche Losung eigentlich nur erfreuen, wird dieser Thematik doch gern folgenlose Rhetorik nachgesagt: Sonntagsreden...! Und sicher ist es weder erstrebens- noch empfehlenswert, die PR-Trommel auch ohne tatkräftiges Engagement zu rühren. Doch wie sehen denn diese Taten im Namen sozialer Verantwortung aus, über die man nicht mehr nachdenken und reden muss? 60% der Befragten vermuten in den Führungsetagen echte Ratlosigkeit, was genau als soziale Verantwortung des Unternehmens verstanden werden soll [FB 8]. Und tatsächlich signalisieren die Aussagen von CEOs europäischer Unternehmen uneinige Unsicherheit bezüglich Wesen und Inhalt der sozialen Verantwortung.[3] Zeigt sich in der Losung also eher eine Abwehrtaktik gegen ‹Störenfriede›, die nach den Kriterien guter Taten fragen?

Ein Blick auf die eine oder andere Kernaussage zu konkreten Taten reicht hier sicher nicht aus. Doch muss sich die Wirtschaft skeptische Nachfragen gefallen lassen, wenn es zum Beispiel als Hauptziel der jüngst lancierten Informationsplattform www.csr-austria.at gilt, das hohe Niveau des bestehenden Engagements breiteren Teilen der Öffentlichkeit nahe zu bringen und entsprechende Aktivitäten österreichischer Unternehmen sichtbar zu machen. Dass ausgesuchte ‹Stakeholder› dann doch noch zum Gespräch eingeladen werden, nämlich über ein tragfähiges CSR-Leitbild, ist vielsagend. Illustriert wird durch solche Beispiele eine typische Spannung im Umgang mit dem Thema sozialer Unternehmensverantwortung: Statt Zögerlichkeit, Halbherzigkeit oder gar Desinteresse ist zielorientiertes und sachproblembezogenes Handeln angezeigt, doch droht blinder Aktionismus, wenn nicht der immense Klärungsbedarf in diesem Feld erkannt und anerkannt wird.

Sicher muss es nicht immer ein ‹Stakeholderdialog› mit externen Beteiligten sein. Viel ist oft schon gewonnen, wenn latente Fragen der sozialen Unternehmensverantwortung firmenintern zum Thema von Diskussionen im Geschäftsalltag werden. Doch ‹soziale›, also das Zusammenleben in menschlicher Gesellschaft betreffende Fragen sind nur selten auf Firmengrenzen beschränkbar. Dies erklärt,

3 PriceWaterhouseCoopers (CEO 2002).

warum sich für die Zukunft so viele Befragte eine verstärkte Diskussion darüber wünschen, welche Entscheidungen in der konkreten Situation verantwortbar sind: 47% glauben nicht an eine Zunahme solcher Diskussionen und bedauern dies und weitere 49% erwarten eine Zunahme und begrüssen diese auch [FB 42/43+]. Die Erwartungen hinsichtlich der tatsächlichen Entwicklung sind allerdings sehr geteilt: Genau die Hälfte der Befragten vermutet eine Zunahme bzw. Abnahme solcher ‹Ethik›-Diskussionen [FB 42].

‹Gutes Tun› steht also keineswegs im Gegensatz zum ‹Reden›, wenn dieses nicht als Ersatz, sondern als Voraussetzung für zielgerichtetes Handeln gesehen wird. Abkürzungen direkt zur viel zitierten *Wahrnehmung* sozialer Verantwortung gibt es seltener als erhofft und so scheint es wichtig, dass sich das Begriffspaar der *Klärung und Wahrnehmung* sozialer Unternehmensverantwortung etabliert. Dies würde für Firmenvertreter bedeuten, in der CSR-Diskussion verstärkt zu ihrer Unsicherheit zu stehen, diese aber natürlich nicht resignativ hinzunehmen.

2. Wann wird es eine einheitliche CSR-Definition geben?

Auf die Frage, womit eine Firma die persönlichen Erwartungen an sozial verantwortliche Unternehmen erfülle, konnten die Befragten im Durchschnitt nur 1,6 Antworten geben, obwohl ihnen bewusst Zeit gewährt wurde [FB 2]. Wer eine klare Grundsatzdefinition sozialer Unternehmensverantwortung im Kopf hat, würde dazu neigen, mit einer längeren Liste von Beispielen anzudeuten, in welche Richtung diese geht. In einer Befragung ist ohnehin nur ausnahmsweise mit der Nennung abstrakterer Indikatoren einer sozial verantwortlichen Geschäftstätigkeit zu rechnen. Immerhin nannten 4% der Befragten wirtschaftlichen Erfolg, während für 7% soziale Verantwortung vor allem darin besteht, nicht unmittelbar und ausschliesslich gewinnorientiert zu funktionieren. Insgesamt wurden also jeweils nur wenige Details herausgegriffen, und zwar aus dem riesigen Spektrum von ‹Frauenförderung› über ‹Umweltschutz› bis zu – natürlich besonders oft genannt – ‹Jobsicherheit› bzw. ‹Arbeitsbedingungen›.

Es mag zunächst überraschen, dass die Schwierigkeiten mit dem Definieren sozialer Verantwortung so gross sind, hatte doch eine Vorstudie erfragt, ob der Begriff ‹soziale Verantwortung von Unternehmen› bekannt sei und erklärt werden könne. Bei 69% der deutschen Bevölkerung ist das nach eigenen Angaben der Fall, 25% kennen den Begriff nur vom Hörensagen oder haben lediglich vage Vorstellungen dazu. Doch nur für 6% war der Begriff unbekannt, während dies bezüglich ‹Social Responsibility› 60% bekundeten. Sogar ‹Nachhaltigkeit› könnte nur von 52% erklärt werden. Auf den zweiten Blick sind die Definitionsprobleme jedoch auch heute, nachdem der Begriff bereits zu einem ‹Buzzword› geworden ist, nicht wirklich überraschend. Dazu muss man sich nur bewusst machen, wie sehr die übliche Spannung zwischen zu allgemeiner und zu situationsbezogener Definition bei der Thematik greift.

Zwar tauchen auch in akademischen Definitionsbemühungen, die zumindest im angloamerikanischen Raum immerhin bis in die 50er-Jahre zurückreichen, gewisse Elemente wie etwa Investition in Humankapital, Sicherung des sozialen Friedens oder Philanthropie immer wieder auf. Bisweilen werden zwar einfach subjektive Erlebnisse geschildert, doch bei allgemeinen Definitionsversuchen findet sich durchgängig der Gedanke, dass zu erfolgreichem Unternehmertum immer mehr auch ein direktes Eingehen auf gesellschaftliche Erwartungen und Wünsche gehört. Eigentümlich offen bleibt bei diesen Definitionen, was daraus für den konkreten Geschäftsalltag abzuleiten ist. Auch die eher implizite Definition der Europäischen Kommission, die seit dem Grünbuch ‹Europäische Rahmenbedingungen für die soziale Verantwortung der Unternehmen› im Jahre 2001 und der Aussicht auf entsprechende Gesetze und Verordnungen im deutschsprachigen Raum die Diskussion prägt, ist da nicht anders: Welche der von Gesellschaftsmitgliedern vorgebrachten Belange, die – so die Grundidee – freiwillig in die Unternehmenstätigkeit und in die Wechselbeziehungen mit den Stakeholdern integriert werden sollen, sind zu berücksichtigen und welche nicht?

Wer diese Frage nicht schulterzuckend im Raum stehen lässt, der ist bereits auf gutem Weg: Die Frage der Zumutbarkeit zieht sich – allerdings nur selten ausdrücklich – nicht nur durch die meisten Definitionsversuche, sie erweist sich bei genauem Hinsehen als das zentrale Charakteristikum praktischer Bemühungen um die Klärung und Wahrnehmung sozialer Unternehmensverantwortung. Wer sich nämlich auf konkrete Dialoge über strittige Forderungen einlässt, muss sich um Argumente bemühen, die möglichst verallgemeinerbar sind und dadurch zu überzeugen vermögen. Und hier zeigt sich die Parallele zu den Bemühungen um eine einheitliche Definition: Das Streben danach ist richtig und wichtig, doch die endgültige und keinem neuen Argument mehr zugängliche Definition wird es nie geben – es bleibt immer bei einem vorläufig überzeugenden Zwischenstand. Noch schlimmer als der Glaube, eine endgültige Definition gefunden zu haben, ist nur noch das Abwarten, dass ein anderer erst einmal eine Definition finden soll, bevor man selbst etwas tut.

3. Baustelle ‹Soziales› – Handlungsbedarf für wen genau?

Bei Fragen ohne vorgegebene Optionen hat auch in Telefonbefragungen immer ein merklicher Anteil der Befragten keine Antwort parat. Gefragt nach Firmen oder Branchen, die durch soziale Probleme aufgefallen sind, gaben dagegen nur 4% der Befragten keine Antwort [FB 6]. Und lediglich 10% der Befragten meinen, die Unternehmen schöpften die natürlich nicht unbegrenzten Möglichkeiten, sich aktiv um ihre soziale Verantwortung zu kümmern, in ausreichendem Masse aus [FB 3]. Ist der Nachholbedarf also wirklich so gross oder neigt die deutsche Bevölkerung mehrheitlich zu einer illusionären und unreflektierten Anspruchshaltung?

Zunächst einmal war die Befragung methodisch so angelegt, dass von Anfang an und immer wieder das Bewusstsein der Befragten für die Schwierigkeit aktiviert wurde, in den oft dilemmahaften Situationen des Geschäftsalltags ausgewogene Entscheidungen zu treffen. Bei der gerade zitierten Frage wurde dies zum Beispiel mit der Vorbemerkung erreicht: «Die Möglichkeiten der Unternehmen, sich aktiv um ihre soziale Verantwortung zu kümmern, sind ja nicht unbegrenzt.» Zudem wurde durch direktes Ansprechen der eigenen Verantwortung – und Abwägungsprobleme – die Gefahr gebannt, dass der Befragte rein theoretisch, also ohne Blick auf begrenzte Ressourcen oder sich gegenseitig ausschliessende Optionen schlicht nach dem Motto antwortet: Je mehr soziales Engagement, desto besser [FB 7].

Doch nicht nur methodisch, also zur Sicherstellung gehaltvoller Aussagen, interessiert das Bewusstsein dafür, dass die Verantwortung für ‹soziale Probleme› – was auch immer die verschiedenen Akteure in der Gesellschaft genau darunter verstehen – längst nicht mehr nur beim ‹Staat› (vgl. 34) liegt, sondern angesichts der ökonomischen Durchdringung aller Lebensbereiche und der hoch komplexen Verflechtungen globaler Arbeitsteiligkeit bei allen Akteuren gemeinsam. Vielmehr ist dieses Bewusstsein eine elementare Voraussetzung dafür, dass nicht in einem zeitraubenden und frustrierenden Hin- und Herschieben der Verantwortung die gesellschaftlichen Grundlagen effizienten Wirtschaftens stetig zerstört werden. In diesem Bewusstsein können stattdessen vernünftige und tragbare Vereinbarungen ausgehandelt werden und kann ein als fair anerkannter Umgang mit den sozialen Anliegen gelingen. Für entsprechende Betrachtungen ist dabei zu unterscheiden, ob man als Akteur ein Individuum oder eine Organisation vor sich hat.

Nachholbedarf – eben nicht nur in der Wahrnehmung, sondern vor allem in der Klärung der spezifischen sozialen Verantwortung – haben auf der Ebene des Individuums sicher nicht wenige. Dabei gibt es natürlich keine leichten Antworten, welches Engagement man als kritisch interessierter Konsument, Anleger, Staatsbürger oder Arbeitnehmer an den Tag legen sollte und wofür. Und es stimmt schon nachdenklich, dass für eine repräsentative und darum 1000 Interviews umfassende Befragung an die 2000 Personen kontaktiert werden mussten. Drei einfache Eingangsfragen liessen nämlich bei der Hälfte der deutschen Bevölkerung auf ein derartig geringes Interesse am Thema schliessen, dass keine Aussicht auf ein erfolgreiches Interview von einer halben Stunde zu bestehen schien. Hier ist die Diskussion um Eliten und deren besondere Verantwortung fällig.

Besonderer Nachholbedarf ist auf der Ebene der Organisation zu orten. Denn noch dürfte gerade in Unternehmen der Denkreflex recht verbreitet sein, dass eine Organisation letztlich der falsche Ansprechpartner für Verantwortungsfragen sei, welche sich doch eigentlich eher an das gute Gewissen des Einzelnen richteten. Solche gedanklichen Überreste aus einer Zeit, als Unternehmen gesellschaftliche Ressourcen einfach nutzen, nicht aber mit pflegen mussten, sind ausdrücklich zu verwerfen, wenn man als ernst zu nehmender Diskussionspartner sprechen will – etwa über die Rolle der Wirtschaftsschulen, die ihren Absolventen das Rüstzeug auch in puncto CSR mitgeben sollten, oder auch über die Rolle der Medien. Denn schliesslich erweckt deren Art der Berichterstattung über Fragen der sozialen Unternehmensverantwortung bei den meisten Befragten den Eindruck, dieses Thema werde seltener aufgegriffen als früher [FB 1]. Zu sprechen wäre natürlich auch über die Rolle des eigenen Unternehmens, das Begründungen erarbeiten und bereithalten muss, wo der Vorwurf von Nachholbedarf berechtigt ist und wo nicht.

4. Ist ein Unternehmen auch für soziale Probleme im hintersten Winkel dieser Welt zuständig?

Vor noch nicht allzu langer Zeit hätte die Frage, ob sich Unternehmen im Rahmen ihrer Geschäftstätigkeit um die Versorgung armer Regionen mit lebenswichtigen Produkten zu Selbstkosten kümmern sollten, lediglich Befremden ausgelöst. Heute fordern dies immerhin 72% der Befragten [FB 19h]. Wie jedoch kann diese Frage überhaupt befremdlich wirken, z.B. bezüglich eines Medikamentenproduzenten, der ja nicht Profitmaximierung, sondern die Verbesserung der Lebensqualität der Gesellschaft als Unternehmenszweck angibt? Denkbar ist dies nur mit dem Unternehmensbild, dass die wertvollsten Beiträge der Wirtschaft für die Gesellschaft von einem Verhalten nach der Parole zu erwarten seien: ‹Gewinne privatisieren und Verluste sozialisieren›. Zwar ist die Umstellung von Prozessen und Handlungsgewohnheiten in einem Unternehmen eine langwierige Sache. Diese Parole und die damit verknüpfte Vorstellung, alle Akteure, nur nicht die Unternehmen seien für soziale Probleme fern des Firmensitzes zuständig, dürfte jedoch passé sein.

Die Herausforderung besteht heute darin, ein firmenspezifisches Konzept zu Zuständigkeiten und Prioritäten zu erarbeiten, das in der öffentlichen Diskussion Bestand hat und zumutbare Massnahmen vorspurt. Kaum hilfreich ist dabei, ganz der traditionellen, aber auch heute noch nachvollziehbaren Vorstellung verhaftet zu bleiben, Unternehmen seien nur den Nachbarn an den Orten ihrer Tätigkeit verpflichtet. Womöglich wird dies in der Bevölkerung bereits erkannt. So zeigt der Vergleich der Frage, wie es um die Zuständigkeit für allgemeine gesellschaftliche Probleme wie Armut, Kriminalität oder Bildungsnot stehe, mit der Zusatzfrage, wie es damit rund um den Firmenstandort aussehe, dass bei etwa gleich hoher Gesamtzustimmung von 76% [FB 12] bzw. 79% [FB 13] der Anteil uneingeschränkter Zustimmung von 39% auf 28% deutlich abnimmt. Dennoch wirkt die traditionelle Sicht noch stärker nach, als es dieser erste Blick erkennen lässt. 63% der Befragten, die eine Zuständigkeit für allgemeine gesellschaftliche Probleme generell zurückweisen, plädieren dann doch für eine Zuständigkeit für solche Probleme rund um den Standort – in den neuen Bundesländern sind es sogar 90%.

Grundsätzlich bleibt allerdings eine deutliche Spannung zu der Tatsache, dass deutsche Unternehmen nach eigenen Angaben ihr soziales Engagement mit 87% überwiegend auf das lokale Umfeld beschränken.[4] In den USA, wo lediglich 53% der Unternehmen glauben, dass die Öffentlichkeit überhaupt einen Beitrag von ihnen zur Lösung allgemeiner gesellschaftlicher Probleme erwartet,[5] wird dieses enge Konzept ‹Community Involvement› genannt. Auch wenn dies hier zu Lande wohl als einfallslos und unbefriedigend gelten mag, ist Community Involvement durchaus eine gesunde Basis für die schrittweise Entwicklung eines Konzepts, an dem sich konkretes Handeln orientieren kann. Bis auf weiteres praktikabel und tragfähig mögen sich für ein konkretes Unternehmen vielleicht Regeln erweisen wie sich dort zu engagieren, wo sich die Geschäftstätigkeit direkt auswirkt, wo man von Problemen Kenntnis erhält oder wo man kompetent ist.

In einer Zeit, in der soziale Schieflagen nicht mehr allein dem Staat (vgl. 34) oder Hilfsorganisationen überlassen bleiben können, schon weil die Erstellung gesellschaftlich wichtiger Güter und Leistungen immer stärker privatwirtschaftlich geprägt ist und die geografische Erschliessung durch die Unternehmen voran schreitet, gilt zunehmend: Die Frage, ob sich ein Unternehmen auch für Probleme im hintersten Winkel dieser Welt zuständig fühlen muss, ist eher mit einem ‹Ja mit Vorbehalten› als mit einem ‹Nein mit Ausnahmen› zu beantworten.

4 Vgl. Maaβ/Clemens (Citizenship 2002), 116.

5 Vgl. Trustees of Boston College (State 2003), 13.

5. Hängt soziale Verantwortung von der Grösse des Unternehmens ab?

Die Antwort scheint auf der Hand zu liegen: Selbstverständlich müssen sich grosse Unternehmen stärker engagieren als kleinere, schliesslich verfügen sie über mehr Mittel und beeinflussen mit ihren Geschäftsaktivitäten in viel stärkerem Masse soziale Lebensbedingungen. Dabei wird niemand ernsthaft an einen absoluten, sondern immer an einen relativen Vergleich denken: Etwa an einen Vergleich des Anteils bestimmter Aktivitäten am Gesamtaufwand des Unternehmens – bei dem übrigens mittlere und sogar kleine Unternehmen die Nase weit vorn haben.[6] Doch im Interview wurde nicht nach dem geschätzten Ausmass des Engagements von mittleren und von grossen Unternehmen gefragt, sondern nach deren vermutlichen Problemen bei der Klärung, was genau als ihre soziale Verantwortung verstanden werden soll. Nur 35% der Befragten sehen bei mittleren Unternehmen die grösseren Klärungsprobleme, 55% denken hier eher an die Grossunternehmen – Experten, also Menschen in Leitungspositionen und NGOs sogar zu 63% bzw. 61% [FB 9+].

Eine gewisse Auswirkung auf das Antwortverhalten mag die beschriebene Erstintuition zwar gehabt haben, doch tendenziell dürfte das Votum valide sein. Ein stärkerer Klärungsbedarf bei Grossunternehmen ist insofern auch plausibel, als in einer komplex arbeitsteiligen Organisation soziales Engagement zunächst in der Strategie verankert werden und dann Eingang in entsprechend veränderte Strukturen und Prozesse finden muss, wenn überhaupt etwas passieren soll. In der Übersichtlichkeit eines kleineren Unternehmens reicht es häufig, wenn eine führende Unternehmerpersönlichkeit erkennbar die Zuständigkeit übernimmt und quasi auf Zuruf und aus der Intuition heraus ausgewogen mit den verschiedenen sozialen Anliegen umgeht. Doch auch hier nimmt der Druck, ausdrücklicher und systematischer vorzugehen, deutlich zu: Immer mehr Unternehmen finden sich in dem unbefriedigenden Zustand, dass Energien ohne konsistentes Konzept mit der ‹Giesskanne› eingesetzt werden – womöglich nach dem Prinzip, dass die lautesten und nicht die legitimen Forderungen zuerst bedient werden.

Geht es um konkrete Massnahmen, muss in mittleren und kleinen Firmen natürlich anders gedacht werden als in grossen. Man denke beispielsweise an die Abwesenheit von Mitarbeitern, die einen Tag für ehrenamtliche Arbeit freigestellt werden (vgl. 68): In grossen Abteilungen reisst das kaum ein Loch in den Arbeitsablauf. Doch prinzipiell müssen Unternehmen unabhängig von ihrer Grösse für jegliche Anliegen aus der Gesellschaft offen sein, wenn sie zu ihr gehören wollen.

6 Vgl. Maaβ/Clemens (Citizenship 2002), 113; Europäische Kommission (KMU 2002).

6. Ist immer gleich ein umfangreiches Programm nötig?

Der ansteigende Bedarf einer ausdrücklicheren und systematischeren Klärung dessen, was im jeweiligen Unternehmen unter sozialer Verantwortung verstanden werden soll, ist auch für kleinere und mittlere Unternehmen erkannt. Doch sind eigentliche ‹Programme› nicht nur etwas für Grossunternehmen? Daran wäre kaum zu zweifeln, wenn an Abteilungen oder Stäbe gedacht ist, die etwa Informationsangebote, Veranstaltungsreihen oder aufwändige Umfragen bei Mitarbeitern und Stakeholdern organisieren. Das ist jedoch nur *eine* Variante für ein Massnahmenpaket, das ein Unternehmen für sich als das passende bestimmt haben könnte. Ein ‹Programm› in dem Sinn, dass sowohl die Klärung als auch die Wahrnehmung der sozialen Verantwortung aus der konkreten Situation des Unternehmens heraus nicht dem Zufall überlassen wird, ist für jedes Unternehmen im richtigen Umfang denkbar und kann darum mit guten Gründen nicht pauschal zurückgewiesen werden.

Versteht man unter einem ‹Programm› also eine ausdrücklich bestimmte und kommunizierbare Position, wie mit sozialen Anliegen einigermassen systematisch umgegangen werden soll, bewegt sich jedes Unternehmen unabhängig von seiner Grösse im Spannungsfeld zwischen lächerlichem und überforderndem Einsatz von Energien. Jedes so verstandene Programm ist in dem Sinne umfangreich, dass an die Stelle einer bequemen Fortführung geschichtlich gewachsener Gewohnheiten – nach dem Motto: ‹Wir haben immer nur der Feuerwehr gespendet und ansonsten die Tarifverträge eingehalten!› – die prinzipiell vorbehaltlose Bereitschaft tritt, sich bisher unbekannten Problemen anzunehmen und neue Ansprüche wohlwollend-kritisch zu prüfen. Unterstrichen wird diese Notwendigkeit allein schon von der Vielfalt der Erwartungen in der Bevölkerung [FB 2]. Prüfenswert wäre aber auch, wie sehr in vergleichsweise klassischen Fragen wie etwa der Ausbildung und Förderung von Behinderten die praktizierte Wirklichkeit im eigenen Unternehmen vom Wunsch abweicht, den in diesem Fall 98% der Befragten äussern [FB 19e].

‹Darf's ein wenig mehr sein?› ist also sicher ein irreführendes Verständnis von einem umfangreichen Programm. Gemeint sein kann nur ein schrittweises Ausbauen des Bestehenden, bemüht um Systematik und Positionen, die gegenüber verschiedensten Anliegen vertretbar sind. In einem ersten Schritt liegt es nahe, aktiv nach Inkonsistenzen zu forschen: Finden sich etwa gleichzeitig einzigartiges Mäzenatentum und menschenverachtende Jobs in einem Tochterunternehmen? Danach könnte ein sinnvoller Ansatzpunkt für Systematisierungsvorstösse bei der traditionellen Form sozialer Verantwortungsübernahme liegen, also im Spendenwesen. Wie die Befragung bestätigt hat, ist hier die Verflechtung mit dem Kerngeschäft äusserst klärungsbedürftig (vgl. 48). Im Auge zu behalten ist dabei immer die Frage, ob ein etwaiger Vorwurf fehlender Nachdrücklichkeit berechtigt ist.

7. Ist das Thema nur ein vorübergehender Modetrend?

Klar ist, dass ‹Corporate Social Responsibility› im angelsächsischen Sprachraum eine mehr als 50-jährige Tradition hat, die seit vielen Jahren auch in der deutschsprachigen Diskussion aufgegriffen worden ist (vgl. 2) – doch das betrifft zunächst die Wissenschaftlerszene. Ohne Zweifel hat sich CSR heute aber auch zu einem Schlagwort in der Diskussion unter Praxisvertretern entwickelt, die sich ja häufig eine Ausrichtung auf Modewellen nachsagen lassen müssen. Schlagworte sind nötig, um in einer Welt des Informationsüberflusses Aufmerksamkeit zu bündeln. Üblicherweise laufen mehrere bereits bestehende Diskussionsstränge zusammen – Umweltschutz etwa wurde von 100% der Befragten und damit an erster Stelle als Teil sozialer Unternehmensverantwortung eingeordnet (vgl. 26). Allerdings sind Schlagworte (vgl. 9-15) bisweilen einem rasanten Begriffsverschleiss unterworfen und verschwinden nach kurzer Zeit wieder von der öffentlichen Bildfläche.

Allein das hohe Bedürfnis von über 95% der Befragten nach einer zukünftig verstärkten Thematisierung von Verantwortungsfragen im Geschäftsalltag (vgl. 1) zeigt, dass es sich nicht um eine Modewelle handeln kann, bei dem Unternehmen halbherzig oder nur vorgeblich mitspielen können. Der Druck der Öffentlichkeit kann auf Dauer sicher nicht ignoriert werden. Dennoch wird durchschnittlich nur 35% der Unternehmen zugetraut, sie kümmerten sich aktiv um die Klärung ihrer sozialen Verantwortung, und lediglich 8% der Befragten trauen dies mindestens 70% der Unternehmen zu [FB 26+]. Möglicherweise ist das Desinteresse aber geringer als offenbar vermutet. Manch ein Unternehmen versucht wohl schlicht, den falschen Eindruck zu vermeiden, nach der Welle medienwirksamer Skandale nun in Aktionismus zu verfallen. Anders als im angelsächsischen Bereich gibt es hier zu Lande immerhin viele ernsthaft gepflegte Traditionsthemen wie etwa das der Mitbestimmung. Noch ist das Vertrauen gross, arbeiten deutsche Unternehmen doch nach Auffassung von 2/3 der Befragten verantwortungsvoll [FB 25].

Soll dieses Basisvertrauen erhalten werden, muss der CSR-Trend jedoch so behandelt werden, wie ein Trend – keine Modewelle – behandelt werden sollte: zum Mitmachen anregen lassen und ihn im Willen zu innovativer Gestaltung mitprägen. Vielleicht wird zwar das Etikett ‹soziale Unternehmensverantwortung› einst etwas in den Hintergrund treten und ganz sicher wird der Empörungsreflex auf grosse Skandale abnehmen. Zunehmen wird hingegen das öffentliche Interesse an ernsthaften Bemühungen. Ein Indiz dafür ist auch die merkwürdige Tatsache, dass nur 40% der Befragten meinen, die Medienberichterstattung über das Thema nehme zu [FB 1] – was anderen bereits als Bericht über substanzielle Aktivitäten gilt, tun diese Befragten vielleicht noch als Schlagzeilengewitter ab.

8. Bestimmt die wirtschaftliche Grosswetterlage, ob das CSR-Thema Konjunktur hat?

Denkbar wäre, dass Unternehmen das Thema sozialer Verantwortung im Sinne eines ‹Schlechtwetterkonzepts› angehen: In Zeiten der Rezession durch imageverbessernde und akzeptanzsichernde Aktivitäten auffallen und so das Geschäft ankurbeln, um nach einer Verbesserung der Lage wieder zu reduzieren. Wäre dies die Regel, hätte die – schliesslich in schwierigen Zeiten durchgeführte – Befragung kaum die Einschätzung zu Tage gefördert, die Medienberichterstattung zu CSR gehe zurück (vgl. 7). Denkbar wäre aber auch ein ‹Gutwetterkonzept›: Tatsächlich belegen diverse Studien die Verbreitung einer Unternehmenspolitik, bei der das, was als CSR-Engagement verstanden wird, direkt von der Gewinnentwicklung abhängig gemacht wird.[7] Dass diese ‹Nice to have›-Politik von vielen unterstellt wird, zeigt auch eine Befragung von Hochschulstudenten und -alumni, die mehrheitlich glauben, dass in wirtschaftlich schlechten Phasen nicht nur Werte missachtet, sondern Mitarbeiter aktiv zu unmoralischem Verhalten animiert werden.[8]

Einer solchen Politik erteilt eine – zwar knappe – Mehrheit eine Absage: Trotz der zum Befragungszeitpunkt schwierigen Wirtschaftssituation macht sie geltend, die Unternehmen kämen ihrer sozialen Verantwortung nur ungenügend oder gar in viel zu geringem Masse nach [FB 3]. Der nahe liegende Einwand, das Engagement in Sachen sozialer Verantwortung könne doch nicht völlig unabhängig von guter oder schlechter Wirtschaftslage gesehen werden, hat eine gewisse, allerdings keine prinzipielle Berechtigung. Auf der Ebene konkreter Massnahmen müssen bei unzumutbar gewordenen Belastungen die laufenden Aktivitäten natürlich angepasst werden können, doch die Ebene der Grundsätze kann und darf dies nicht berühren. Im Rahmen einer generellen Kostensenkung soll durchaus alles auf den Prüfstand gestellt werden. Fatal wäre nur, wenn CSR-Aktivitäten von vornherein, also ohne den Blick auf die im Unternehmen erarbeiteten Grundsätze, gekippt würden – und dadurch die Grundsätze selbst gleich mit.

Ein unreflektiertes Unterordnen unter vermeintliche Sachzwänge, das die bis dahin vertretenen Positionen – frei nach Churchill – nur als ‹dummes Geschwätz von gestern› dastehen lässt, ist nichts anderes als Marktfundamentalismus, im Rahmen dessen es keinen gedanklichen Raum für Verantwortungsfragen gibt. Ob eine totale Marktgesellschaft Verheissung oder Schreckgespenst ist, dies muss sich jedes Unternehmen klarmachen, *bevor* es CSR zur reinen Konjunkturfrage erklärt.

7 Vgl. Maaβ/Clemens (Citizenship 2002), 79; Trustees of Boston College (State 2003), 16.

8 Vgl. Kletz/Terrasse/Eiges (Ethics 2002), 18.

Fragen, die gern mit Schlagworten erledigt werden

9. CSR – trotz oder wegen ‹Shareholder Value›-Denken?

Es ist beobachtbar, dass die Ankündigung einer Massenentlassung dem Aktienkurs häufig Flügel verleiht. Und es liegt in der Natur der Sache, dass dabei – darum auch meist die Rede von ‹harten› Entscheidungen – nachvollziehbare Anliegen übergangen werden. So sehnen sich etwa viele Mitarbeiter nach einem sicheren Job und sind mit der Last, sich als freie Unternehmer ihrer Arbeitskraft auf Märkten zu bewähren, überfordert. Und dennoch – oder gerade deshalb – freuen sich die Eigentümer, neudeutsch: die Shareholder? Einer solchen Darstellung darf man mit Recht Sarkasmus vorwerfen, schliesslich macht die ‹wohlverstandende› Definition des Shareholder Value bewusst: Es geht um die Summe der zukünftigen Erträge des Unternehmens, natürlich abgezinst auf den gegenwärtigen Wert, und dort findet die Ertragskraft von zufrieden und konzentriert arbeitenden Unternehmensangehörigen, die eben nicht unter dem Survivor-Syndrom leiden und grosse Teile ihrer Energie mit ängstlichen Gedanken, der Suche nach Jobalternativen oder dem Befassen mit den neuesten Gerüchten verbringen, ihren Niederschlag. Eine ‹harte› Entscheidung fällt also nur, wenn sie unter dem Strich für alle die beste ist.

Ist das Thema sozialer Unternehmensverantwortung also doch einfacher als gedacht, weil die Umrechnung aller gesellschaftlichen Wunschvorstellungen auf die Grösse des Shareholder Value, also den Marktwert des Unternehmens, alles Handeln zwangsläufig in die richtige Richtung lenkt? Wer hierbei ein gewisses Unbehagen nicht los wird, ist nicht allein: Die meisten Befragten, die mit einer abstrakten Antwort auf die Frage nach den persönlichen Erwartungen an sozial verantwortliche Unternehmen antworten, wünschen sich ein nicht ausschliesslich auf Profit ausgerichtetes Denken im Unternehmensalltag (vgl. 2). Tatsächlich ist es äusserst fraglich, ob der Umweg über marktliche Ausgleichsbewegungen, anstatt sich bestimmter sozialer Anliegen direkt zu widmen, nicht doch etwas zu lange dauern könnte – man denke an das Bonmot von Keynes: ‹Auf lange Sicht sind wir alle tot!› Und so erklärt sich, dass zumindest öffentlich heute immer seltener mit dem Shareholder Value argumentiert wird – sowieso nicht in der pauschalen Weise, die letztlich auf kurzfristige Gewinnmaximierung hinausläuft, und auch nicht in einer Weise, die an langfristiger Stimmigkeit der Abwägung interessiert ist. Längst ist die Rede von einer ‹*stake*holderorientierten› Unternehmensführung Standard.

Noch immer aber bestimmt gewohnheitsmässig das *Share*holderdenken in hohem Masse das Denken und Handeln im Unternehmensalltag. Wie sonst wäre es zu erklären, dass zur Rechtfertigung eines konkretes Engagements im Rahmen der sozialen Unternehmensverantwortung oft auch dann noch ökonomisch argumentiert wird, wenn es längst nur noch verkrampft wirkt – CSR *wegen* Shareholder Value also? Selbstbewusst kann doch nur ein Unternehmen sein, das die mögliche und oft herausfordernde Spannung zwischen CSR und Shareholder Value nicht zwanghaft unter den Teppich kehrt und auch einmal von Rechten und Pflichten spricht, ohne diese in das Kalkül unmittelbarer Vorteilhaftigkeit zu übersetzen.

10. Erhöht eine verschärfte ‹Corporate Governance› die Wahrnehmung sozialer Verantwortung?

Da die Einschätzung von 60% der Befragten, in den Führungsetagen herrsche Ratlosigkeit bei der Klärung sozialer Unternehmensverantwortung (vgl. 1), sicher auch auf die Aufsichtsgremien bezogen ist, kann die intensivere Diskussion über die Aufgaben und wünschbaren Fähigkeiten von Board-Mitgliedern nur begrüsst werden. Doch während schnell einmal geklärt ist, dass mit dem Geschäft wenig vertraute ‹Räte› kaum einen guten Rat geben können, liegt es nicht auf der Hand, welche Verantwortung hinsichtlich der sozialen Unternehmensverantwortung mit dieser Rolle einhergeht.[9] Muss kontrolliert werden, ob das betreute Unternehmen seiner sozialen Verantwortung gerecht wird? Und ist ‹Corporate Governance› im Modus der Kontrolle überhaupt die richtige Stossrichtung?

Fakt ist, dass die verschärfte Gesetzgebung wie auch die diversen Modelle der Selbstbindung in keiner Weise zu einer intensiveren Verankerung des Themas sozialer Verantwortung anhalten. Auch wo es um eine Erhöhung der Transparenz geht, ist ausschliesslich an verbesserte Durchsetzungsmöglichkeiten der Anteilseigner gegenüber dem Management gedacht. Dennoch ist die öffentliche Debatte von einer weit gehenden Gleichsetzung geprägt: mehr ‹Corporate Governance› gleich mehr ‹Corporate Social Responsibility›. Auch wenn die Vorstudie (vgl. 2) den Eindruck aufkommen lässt, dass die diversen englischen Begriffe womöglich für eine gewisse Verwirrung sorgen, liegt die Unterscheidungsschwäche eher in einem anderen Phänomen begründet. Beide Begriffe wurden nämlich anlässlich der intensiven Medienberichterstattung über die ‹Enronisierung› der Wirtschaft, also über die ausufernden Betrugs- und Bereicherungsskandale zu Schlagwörtern.

9 Vgl. hierzu auch die brandneue Studie Kaplan/Berenbeim (Boards 2004).

Und eine gewisse Relevanz hat dieser Berührungspunkt sogar: Es dürfte für viele Aufsichtsgremien als eine ausdrückliche Aufgabe neu sein, moralkonformes Verhalten im Unternehmen zu fordern und zu fördern – und dies mag man schon zum Themenkomplex sozialer Unternehmensverantwortung zählen wollen. In diesem Fall wäre es auch noch nicht so gravierend, wenn diese Aufgabe im Wesentlichen als eine Kontrollaufgabe verstanden würde – Stichwort: Compliance-Programme. Wen es besorgt, dass bereits ein Drittel der Befragten Betrug und Täuschung nicht mehr für die Ausnahme hält [FB 25], der wird allerdings bereits hier Zweifel an der Reichweite reiner Kontrollmassnahmen entwickeln und nach Möglichkeiten der Stärkung von Eigenverantwortung und Integrität der Mitarbeiter suchen.

Angenommen, ein Unternehmen habe sichergestellt, dass gesellschaftlich anerkannte Moralvorstellungen im Normalfall nicht verletzt würden. Dann wäre es aber noch völlig offen, ob die vielleicht berechtigten Ansprüche der unzähligen Stakeholder des Unternehmens ernsthaft geprüft werden oder eben doch nur die Ansprüche der Anteilseigner. Ist Letzteres der Fall, hat eine verschärfte ‹Corporate Governance› lediglich zur Zuspitzung des Shareholderdenkens geführt. Die in Gesetzen und Regelwerken nur implizit angelegte Aufforderung an die Aufsichtsgremien, sich verstärkt auch um die Klärung und Wahrnehmung der sozialen Verantwortung des von ihnen betreuten Unternehmens zu kümmern, hat in ersten Firmen allerdings schon zur Einrichtung spezifischer Ausschüsse geführt, deren Titel von ‹Ethik› bis ‹Nachhaltigkeit› reichen. Zudem könnte – abgesehen von den Anforderungen an neue Mitglieder – auch die Frage der Zusammensetzung des Gremiums ein Diskussionsthema sein. Soll etwa die Abbildung demografischer Verhältnisse angestrebt werden und sei es nur durch eine Frauenquote von 50%? Die Vorbildwirkung bezüglich des Umgangs mit Fragen sozialer Verantwortung hat jedenfalls eine immense Bedeutung. Denn der Fisch stinkt nicht nur, er glänzt auch vom Kopfe her...

11. Ist ein sozial verantwortliches Unternehmen automatisch auch ein guter ‹Corporate Citizen›?

Aus befragungstaktischen Gründen, damit nämlich nicht einfach realitätsferne Maximalforderungen erhoben werden (vgl. 3), wurden in früher Phase des Interviews auch die persönlichen Aktivitäten des Befragten zum Thema gemacht [FB 7]. In einigen wenigen Ausschnitten ging es dabei um die verschiedenen Rollen eines verantwortungsbewussten Wirtschaftsbürgers. Dieser versucht als Konsument, Anleger, Spender, Helfer oder Organisationsmitglied seinen Teil zu einer lebenswerten Ordnung der Gesellschaft und der darin eingebetteten Wirtschaft beizutragen – so wie es klassischer Weise in der Rolle eines Staatsbürgers erwartet wird, der durch sein Wahlverhalten und direktes politisches Engagement Einfluss nimmt. Überträgt man diesen Gedanken politischer Mitverantwortung des Individuums für die gemeinsame öffentliche Sache, die Res Publica, auf Korporationen wie etwa ein Unternehmen, gelangt man zum Konzept des ‹Corporate Citizenship›.

Wenn ein Unternehmen guter Bürger eines Gemeinwesens sein möchte, muss es politische Mitverantwortung für eine sinnvolle Wirtschafts- und Gesellschaftsordnung praktisch wahrnehmen. Diesem Ziel noch fern wäre ein Unternehmen, welches – wie grosszügig auch immer – lediglich einen Teil seiner Gewinne in die Beseitigung oder Linderung sozialer Nöte steckt (vgl. 46). Intensive Bemühungen um integres Gebaren im Geschäftsalltag allein garantieren ebenfalls noch nicht (vgl. 17), dass der Blick für wichtige Direktbeiträge an eine bessere Gesellschaft ausreichend geschärft wird. Dass das mögliche Aufgabenspektrum gross ist, zeigt sich in der Befragung unter anderem in den Antworten auf die Frage, um welche sozialen Probleme sich ganz sicher nicht die Unternehmen kümmern müssten. So umstrittene Themen wie etwa Ausländerintegration oder Suchtprobleme wurden nur von 2% bzw. 4% der Befragten ausgeschlossen. 5% wiesen die Frage spontan sogar zurück, und zwar mit dem Hinweis, Unternehmen müssten sich angesichts komplexer Wirkungsverflechtungen um alles kümmern [FB 18].

Ein Automatismus besteht zwar keineswegs, doch ist die Chance auf eine Anerkennung als wertvolles Gesellschaftsmitglied – als guter ‹Corporate Citizen› also – sicher grösser, wenn sich ein Unternehmen aktiv und engagiert um soziale Bedürfnisse kümmert, wo diese sich aufdrängen und ein spezifisches Wirkungspotenzial besteht. Denn ‹sozial› heisst schliesslich das menschliche Zusammenleben betreffend, und so lösen entsprechende Aktivitäten bald einmal elementare Überlegungen zur gesellschaftlichen Ordnung und einer vernünftigen Rollenverteilung aus. Direkter dorthin führt es allerdings, wenn die Idee des ‹Corporate Citizenship› im noch nicht so geläufigen vollen Sinne des Begriffs ausdrücklich und bewusst als Orientierungsidee für Klärung und Wahrnehmung der konkreten sozialen Unternehmensverantwortung genutzt wird. Anders als beispielsweise der Nachhaltigkeitsbegriff weist dieser neue Terminus – erst seit 2001 gibt es das auch um europäische Beiträge bemühte ‹Journal of Corporate Citizenship› – eine gewisse Widerständigkeit auf: Nicht alle bisherigen Praktiken und Strategien passen unverändert zum Wortgehalt. Oder warum sonst klingt es noch eigenartig, wenn man ein Unternehmen als ‹Bürger› tituliert?

12. ‹Accountability› – viel Transparenz um nichts?

Eine eigene, besonders intensive Debatte ist im Kontext sozialer Unternehmensverantwortung um das Thema adäquater Berichterstattung entbrannt (vgl. 79). Die Forderung nach mehr Transparenz gehört wie selbstverständlich dazu und fällt oft in einem Atemzug mit dem Ansinnen, Unternehmen sollten über abstrakte und hoch aggregierte Finanzkennziffern hinaus konkret Rechenschaft über ihr Tun ablegen – neudeutsch: ‹Accountability›. Geht es bei diesem Schlagwort also allein darum, Informationen über die Firmenaktivitäten verfügbar zu machen?

Die Befragung hat gezeigt, dass sicherlich beträchtlicher Handlungsbedarf auf dem Gebiet transparenter Information besteht. 83% der Befragten sprechen den Unternehmen die Bereitschaft ab, auch unangenehme Geschehnisse offen zu kommunizieren [FB 29]. Und dies kann nicht einfach als primitiv kritizistische Haltung abgetan werden, denn zwei Drittel der gleichen Befragten bescheinigen den deutschen Unternehmen, grundsätzlich anständig und verantwortungsvoll zu arbeiten [FB 25]. Doch mit Transparenz allein wäre es ohnehin noch nicht getan. Offen über möglichst viele Fakten Auskunft zu geben, ist sicherlich eine Grundbedingung. Was dann immer noch aussteht, ist aber die Beurteilung dieser Fakten. Ohne Beurteilungsmassstab kann vielleicht informiert, nicht aber Rechenschaft abgelegt werden.

In diesem Zusammenhang ist zu beachten, dass ‹Accountability› von allen Beteiligten oft noch als etwas gesehen wird, das den Unternehmen durch erbittert kämpfende NGOs abgetrotzt werden müsse. Rechenschaftspflicht wird hier als Preis für die Freiheit zur Ausübung wirtschaftlicher Macht und im Rahmen eines Spiels von Macht und Gegenmacht behandelt. Doch schon die pragmatische Frage, was Rechenschaftsregeln bewirken können, die den Unternehmen gegen ihren Willen und ihre Einsicht aufgezwungen wurden, zeigt die Notwendigkeit eines anderen Modus: Zwar muss gerungen werden, doch nicht gegeneinander, sondern miteinander, nämlich um gut argumentierte Begründungen für frühere und – noch viel wichtiger – zukünftige Entscheidungen. Bezeichnenderweise schliesst dies eine Auseinandersetzung über die Legitimität von Forderungen von NGOs mit ein, welche zumindest formal keinen demokratischen Auftrag vorweisen können und – anders als Unternehmen – kaum regulatorischen Auflagen unterliegen.

Somit meint ‹Accountability› mehr als lediglich einseitig zu informieren oder kontrolliert zu werden: Entscheidend ist, ob in gestaltender statt reaktiver Weise praktizierbare Formen entwickelt werden können, um sein Tun einer potenziell unbegrenzten Öffentlichkeit in einem deliberativen Prozess nahe zu bringen. Ein Prozess des Beratschlagens setzt eine dialogische Grundhaltung bereits voraus.

13. Ist CSR nur ein Teil der Debatte über ‹Nachhaltigkeit›?

Sich im Rahmen der Geschäftstätigkeit um den Umweltschutz zu kümmern, ist für 22% der Befragten eher und für 78% auf jeden Fall Teil der sozialen Verantwortung eines Unternehmens [FB 19d]. Dieses bemerkenswerte 100%-Votum legt nahe, Nachhaltigkeit als Teilmenge der CSR-Thematik anzusehen. Bei genauerem Hinsehen trifft aber eher das Umgekehrte zu. Dabei ist zunächst unzweifelhaft, dass es sich um zwei stark miteinander verwobene Diskussionsstränge mit vielfältigen Verbindungen und Wechselwirkungen handelt. Nach und nach hat sich die Erkenntnis durchgesetzt, dass nur ein Teil der Umweltschutzfragen unter dem Aspekt lohnenswerter Einsparung behandelt werden kann. Vielmehr geht es häufig oder sogar regelmässig um konfligierende Interessen über den Wunschzustand und die Nutzungsrechte der Natur und damit um eine soziale Kontroverse. So wurden bei immer mehr ‹Öko›-Projekten soziale Aspekte aufgesattelt – die Grundlogik war schliesslich dieselbe. Zum Teil geschah das sicher unbewusst, indem einfach die gängige Idee der ‹Triple Bottom Line› zum Nacheifern einlud. So gesehen wäre die CSR-Debatte die folgerichtige Weiterentwicklung einer zuvor verengten Ökologiediskussion und damit umgekehrt eine Teilmenge der Nachhaltigkeitsthematik.

Die Nachhaltigkeitsdebatte blieb nicht auf Expertenkreise begrenzt, sondern fand spätestens im Zuge praktischer Erfahrungen mit Mülltrennung oder Energieeinsparung Eingang in das Denken breiter Bevölkerungskreise. Das mag erklären, warum mit 77% ein derart hoher Anteil der Befragten die nicht gerade selbstverständliche Forderung an die Unternehmen unterstützt, es seien Konzepte bezüglich einer Wahrung der Interessen zukünftiger Generationen vorzulegen (vgl. 28). Die seit dem Rio-Umweltgipfel 1992 zum Allgemeinwissen gehörende Brundtland-Definition lässt grüssen: Bedürfnisse der Gegenwart befriedigen, ohne die Chancen zukünftiger Generationen zur Deckung der eigenen Bedürfnisse zu schmälern.

Dennoch wäre es irreführend, die Einstellungen zur sozialen Unternehmensverantwortung ausschliesslich als Auswirkung der Nachhaltigkeitsdiskussion zu betrachten. So hat die seit mehr als 50 Jahren (vgl. 2) geführte CSR-Debatte – die allerdings sehr viel länger nicht aus den Expertenzirkeln herausgetragen wurde – eine etwa 20 Jahre ältere Geschichte als die Nachhaltigkeitsdiskussion, die erst im Jahre 1972 mit dem Werk ‹Grenzen des Wachstums› des Club of Rome lanciert wurde. Anstatt das eine Thema als Teilmenge des anderen zu betrachten, sollten die vielfältigen Berührungspunkte der Diskussionen um die beiden Begriffe – wo sie nicht ohnehin synonym verwendet werden – als Anregung genutzt werden, um gedanklich voranzukommen. Letztlich geht es in beiden Fällen um die Klärung der gesellschaftlichen – also weder in engem Sinne ökologischen noch in engem

Sinne sozialen – Aufgaben eines modernen Unternehmens im Zeitalter globalen Wirtschaftens. Erhellend ist etwa, sich die unterschiedliche Tonlage bewusst zu machen, in der über soziale Unternehmensverantwortung und über Nachhaltigkeit diskutiert wird – eher konfrontativ versus eher harmonisch. Vorankommen kann die Diskussion weder mit dem irrigen Gedanken, dass zwischen Wirtschaftlichkeit und sozialem Engagement zwingend ein Widerspruch besteht, noch in der Illusion, dass das Streben nach ‹nachhaltigem Gewinn› automatisch alle sozialen Fragen löst (vgl. 42). Es geht um Spannungen, mit denen ein vernünftiger Umgang gefunden werden muss, anstatt sie zu verdrängen.

14. ‹UN Global Compact› – nichts als eine Unterschrift?

Lediglich 11% der Befragten erwarten, dass auf lange Sicht jene Unternehmen erfolgreicher sind, die den Aufwand aktiver Bemühungen um ihre soziale Verantwortung einsparen [FB 41]. Warum nur drängt sich dann so oft der Eindruck auf, dass viele Unternehmen sehr zögerlich an die CSR-Thematik herangehen? Eine nahe liegende Erklärung liegt wohl darin, dass es vor allem bei den global tätigen Grossunternehmen an Vorstellungen fehlt, wo man in dem riesigen Feld überhaupt ansetzen soll. So gesehen erstaunt es nicht, dass sich mit rund 100 der bedeutendsten Grosskonzerne und weiteren 1000 Firmen eine so grosse Anzahl auf den ‹UN Global Compact› gestürzt hat. Nachdem es Kofi Annan am World Economic Forum 1999 in Davos gelungen war, wichtige Unternehmen für sein persönlich vertretenes Anliegen zu gewinnen, war der Compact ein Rahmenwerk geworden, das mit einiger Verlässlichkeit zu einer, wenn nicht gar zu *der* weithin akzeptierten Referenz für Fragen der sozialen Verantwortung und vor allem ihrer Klärung werden konnte – Stichwort: Planungssicherheit.

Doch was ist von einem Engagement zu halten, das zunächst nur aus einer Unterschrift besteht, der man sich dazu noch – nach dem breiten Echo – kaum mehr verweigern kann? Wichtig ist zunächst, dass Beteiligte und Interessierte den Grundcharakter des Instruments klar vor Augen haben. Ein Unternehmen, das sich zu den neun auf Mensch und Umwelt zielenden Prinzipien des Compact bekennt, geht explizit die Verpflichtung ein, nicht nur eine breite Diskussion über diese Prinzipien zu fördern, sondern auch die konkreten Schritte bezüglich des eigenen Geschäftsgebarens mindestens einmal jährlich auf der dafür eingerichteten Website kund zu tun. Damit öffnet sie sich der kritischen Beobachtung durch eine weltweite Öffentlichkeit, die so überhaupt erst entsteht. Bewusst wird also auf einen Netzwerkansatz gesetzt, und zwar auf Basis der verbindlichen Zusage der Teilnehmer, einen intensiven Lernprozess der Bestimmung und der Verbreitung von ‹Good Practices› voranzutreiben. Wer hinter den – nicht nur an den ‹Benchmarks› irgendwelcher Alibiübungen orientierten – Erwartungen der kritischen Öffentlichkeit zurückbleibt, setzt seine Glaubwürdigkeit aufs Spiel (vgl. 54). Das gilt auch für die Anlage und die Regeln des Lernprozesses selbst. Teil der zu erwartenden Evolution der nächsten Jahre ist beispielsweise, dass über Minimumkriterien oder gemeinsam getragene Sanktionsmechanismen ausführlich und öffentlich nachgedacht wird.

Wichtiges Merkmal des Compact ist ausserdem, dass er als Verständigungsprozess über universale Werte für eine globale Wirtschaft angelegt ist. Er hilft so, die Grundlage zu schaffen, auf der einst ein funktionsfähiges Regulierungssystem konsensfähig werden kann – auch wenn ein Teilmotiv für die Teilnahme manch eines Unternehmens in der Hoffnung liegen mag, dass sich eine Regulierung bei freiwilliger Selbstbindung erübrigt (vgl. 30). Es wird sich zeigen, ob dieser auf Lernen und Einbinden setzende Ansatz doch schneller zum Ziel einer stabilen Rahmenordnung für einen fairen und lebensdienlichen globalen Wettbewerb führt, als es die Bestrebungen in den 60er-Jahren vermochten. Diese mündeten in den 70er-Jahren zwar in Deklarationen und Resolutionen zur Schaffung einer Weltwirtschaftsordnung, doch konnten jene eben nie rechtskräftig gemacht werden.

Insgesamt ist der Lernprozess rund um den ‹UN Global Compact› zwar in besonderer Weise auf Probleme bezogen, mit denen multinationale Unternehmen vor allem in Ländern mit niedrigen Sozialstandards konfrontiert sind. Immerhin ist aber das Stadium eines gehaltlosen oder beliebig füllbaren Schlagworts im Kontext sozialer Unternehmensverantwortung definitiv überschritten. Dies zeigt sich zum Beispiel auch darin, dass die grosse Mehrheit der Befragten eine nicht kommerzielle Versorgung armer Regionen mit lebenswichtigen Produkten fordert (vgl. 4).

15. Ist ‹Kinderarbeit› ein Menschenrecht?

Die Geburt weithin geläufiger Schlagworte beruht auch auf den Mechanismen medialer Aufmerksamkeit. Diese funktionieren zu einem wesentlichen Teil über Bilder. Nur wenige Themen sind mit ähnlich wirkungsvollen Bildern verknüpft wie das Thema Kinderarbeit – wenn man einmal von Tankerunglücken und den in der klebrigen Masse erstickend zappelnden Seevögeln absieht. Das Bild eines – unter hier zu Lande ohnehin unvorstellbaren Arbeitsbedingungen – schuftenden Minderjährigen prägt sich nicht nur leicht ein, sondern scheint eine Bewertung bereits abschliessend vorwegzunehmen: unverantwortlich! Tatsächlich sehen nur

5% der Befragten den Boykott von Betrieben, in denen Kinderarbeit stattfindet, eher nicht als eine Aufgabe der Unternehmen an [FB 19g].

Wer sich näher mit dem Schlagwort ‹Kinderarbeit› beschäftigt, befindet sich mitten in der hoch komplexen Thematik von Menschenrechten im Unternehmenskontext. Weil hier grundlegendste Fragen zu einem vernünftigen Wirtschaften in globalem Ausmass berührt sind, erstaunt es nicht, dass im ‹UN Global Compact› (vgl. 14) gleich die ersten beiden der neun Prinzipien darauf bezogen sind. Und es verwundert ebenso wenig, dass die Tonlage einer auf Klärung ausgerichteten Suchbewegung vorherrscht: Erstens sollten Unternehmen innerhalb ihres Einflussbereiches den Schutz international verkündeter Menschenrechte aktiv unterstützen und sich zweitens vergewissern, dass sie nicht indirekt an deren Verletzung mitwirken. Hilfreich ist hier die grobe Unterscheidung von drei Domänen: Erstens geht es um umstrittene und gegebenenfalls zu unterlassende Einwirkungen auf das Leben bestimmter Gruppen. Zweitens geht es um die indirekten Einwirkungen, indem ein Unternehmen mit Regimes kooperiert, die Menschenrechtsverletzungen tolerieren, fördern oder mit ihren Organen gar ausführen. Und drittens geht es statt um ein Unterlassen um die Hilfe bei der Schaffung der Möglichkeitsbedingungen, dass jemand überhaupt irgendwelche weiteren Rechte wahrnehmen kann – etwa das Recht auf freie Berufswahl.

Konkrete Fortschritte fallen in der ersten Domäne am leichtesten, denn hier geht es nach gründlicher Informationsarbeit bald ‹nur› noch um operative Fragen. Zumindest in Sachen Kinderarbeit ist es kaum fraglich, dass statt einer Standortschliessung das ‹Earning & Learning›-Konzept zu verfolgen ist – in Anerkennung des Anspruchs der betroffenen Kinder auf ein Auskommen als ein Menschenrecht. Wer allerdings schon konkret versucht hat, zum Beispiel ein System zur Arbeitszeiterfassung zu etablieren oder eine Schule zu gründen, weiss um die Relevanz einer CSR-Strategie (vgl. 41) und des organisierten Rückhalts im Unternehmen.

Während es in der zweiten Domäne vor allem darauf ankommt, dass einem Hinweise auf den zivilisierenden Effekt ökonomischer Entwicklung nicht zu Recht als Ausrede für bequeme Untätigkeit ausgelegt werden können, stellt die dritte Domäne die grösste Herausforderung dar. Hier geht es um Aktivitäten, nicht um Unterlassungen, und dies laut Art. 25 der Allgemeinen Menschenrechtserklärung in dem ‹unverschuldeten Umstand›, dass weder die Hilfsbedürftigen noch die Hilfsfähigen die jeweiligen prekären Lebensumstände ursächlich zu verantworten haben. Somit wartet auf die Unternehmen besonders intensive Klärungsarbeit, um einen Beitrag für die gesellschaftliche Entwicklung im Weltmassstab abzustecken.

Fragen, zu denen Philosophen viel zu sagen hätten

16. Was gehen die Wünsche der Gesellschaft ein Unternehmen überhaupt an?

Jeder, der sich schon einmal nach dem Sinn oder der Berechtigung strategischer Entscheidungen im Unternehmensalltag gefragt hat, ist eigentlich schon Philosoph. Wer es ganz ernst damit meint, nimmt sich sogar Zeit für ein wenig Lektüre zur Dogmengeschichte, also dazu, was im Wandel der Zeit als ‹gute› Unternehmensführung oder ‹richtiges› Wirtschaften angesehen wurde. ‹Wirtschaftlich erfolgreich zu sein› ist sicherlich nicht erst heute ein Dreh- und Angelpunkt vieler Alltagsphilosophien des Wirtschaftens. Es ist darum nicht mehr ganz so erstaunlich, dass genau diese Antwort immerhin von 4% der Befragten kommt, als in der eigentlich ganz andere, konkrete Assoziationen auslösenden Eingangsfrage gefragt wird, was zur Erfüllung der persönlichen Erwartungen an ein sozial verantwortliches Unternehmen zu tun sei [FB 2]. Als Philosoph lässt man aber natürlich nicht locker und fragt genauer nach dem angesprochenen Erfolgsverständnis.

Ist wirtschaftlicher Erfolg einfach die am Jahresende unter allerlei Annahmen errechnete Gewinngrösse? Im Nachhinein vielleicht schon, aber die zukünftigen Anstrengungen bekommen so nur eine sehr abstrakte Orientierung. Aus diesem Grunde wird in vielen Unternehmen der Kundennutzen zum Credo, womit jeder sehr viel leichter Bilder und Situationen assoziiert, die dem Handeln Richtung geben können. Und das ist – wenn man einmal gründlicher darüber nachdenkt – insofern bemerkenswert, als niemand mit letzter Sicherheit vorrechnen kann, dass ein Unternehmen mit einer ‹Hit and Run›-Strategie nicht doch lukrativer arbeitet. Schliesslich wird so weniger in nicht direkt ertragreiche Kunden investiert, also weniger fehlinvestiert. In der selben Weise kann niemand mit letzter Sicherheit vorrechnen, dass die Verbesserung der Lebensbedingungen bzw. die Beseitigung gesellschaftlicher Missstände als orientierende Grundidee des unternehmerischen Erfolgs – denn auch dies lässt plastische Bilder über anzustrebende Situationen und mögliche Handlungsoptionen entstehen – am Jahresende zwangsläufig in eine Gewinngrösse mündet, die für die Zukunft den Spielraum für unternehmerisches Handeln stark reduziert. Wie also kann es sein, dass 42% der Unternehmen nach der durchschnittlichen Schätzung der Befragten gar keine Notwendigkeit sehen, sich aktiv um die Klärung ihrer sozialen Verantwortung zu bemühen [FB 27]?

Kein Unternehmen wird sich von der Beschreibung distanzieren, es trage seinen Teil dazu bei, dass die Wünsche in der Gesellschaft Realität werden. Die Frage ist nur, ob sich ein Unternehmen ausschliesslich darauf zurückzieht, diese Wünsche manifestierten sich schliesslich in – *Reaktionen* notwendig machender – Kaufkraft, oder ob es – auf gestaltende *Aktionen* zielend – in den verschiedensten gesellschaftlichen Bereichen Ausschau danach hält, wo es gebraucht wird. Auch wenn ein an den Grundzügen interessiertes Fragen nach dem Unternehmensbild so wichtig ist (vgl. 40), geht es hierbei immer um die Auseinandersetzung mit konkreten Betätigungsfeldern und Geschäftsmodellen. So drängt sich etwa die Suche nach neuen Möglichkeiten auf, wie die Mitverantwortung der Bürger als Konsumenten oder als Anleger in Zukunft stärker gefordert und gefördert werden kann. Wenn 34% der Befragen ganz offen zugeben, beim Einkauf nur gelegentlich oder nie auf Gütesiegel für Sozialverträglichkeit zu achten, und gar 91%, sich nicht für entsprechende Anlageangebote zu entscheiden [FB 7a/b], kann das als eine wirklich anspruchsvolle unternehmerische Herausforderung gesehen werden.

17. CSR-Engagement gegen ‹unethische› Vorkommnisse?

Das astronomische Ausmass der seit dem Jahre 2001 auffliegenden Betrugs- und Bereicherungsskandale hat natürlich erheblich zu dem Wunsch breiter Kreise beigetragen, über bewährte und mögliche Praktiken im Kontext sozialer Unternehmensverantwortung informiert zu sein. Hintergrund dieses Interesses dürfte sein, dass ein unternehmerisches Selbstverständnis des arroganten Täuschens und schamlosen Ausnutzens als Gegensatz zu einem Geschäftsgebaren erkannt wird, bei dem auch Selbstbegrenzung und Rücksichtnahme keine Fremdkörper sind, so dass ein Engagement im Namen sozialer Unternehmensverantwortung nicht von vornherein zur Farce gerät.

Vielleicht aus dem Grund, dass die meisten Skandale und Bewältigungsversuche der so ausgelösten Vertrauenskrise (vgl. 50) aus den USA zu vermelden waren, hat sich noch mehr als schon bisher die Rede von ‹unethischem› Handeln etabliert – nicht ganz zur Begriffsverwendung im Deutschen passend. Im alltagssprachlichen Gebrauch darf mit philosophischen Fachtermini wie ‹ethisch› oder ‹moralisch› zwar durchaus hemdsärmlig umgegangen werden. Doch es ist gerade in diesem Fall für das Design von CSR-Aktivitäten sehr erhellend, sich auf der inhaltlichen Ebene Unterschiede vor Augen zu führen. Zunächst geht es natürlich immer erst einmal um das Unbehagen oder die Empörung, dass eine allgemein anerkannte Verhaltensnorm verletzt worden ist – also nicht der Moral konform oder eben ‹unmoralisch› gehandelt wurde. Doch dann schleichen sich meistens Zweifel ein, ob die Bewertung des jeweiligen Falles so einfach und klar ist. Mit Blick auf die manchmal äusserst unterschiedlichen Moralvorstellungen wird nach Orientierungsmassstäben gesucht, die von kulturellen Traditionen möglichst losgelöst sind und breitere Anerkennung verdienen – ‹ethisches› Nachdenken wird betrieben. Im Wesen des Menschen liegt begründet, dass er sein Verhalten vor sich selbst begründen muss. Auch dann, wenn jemand die Moralvorstellungen seines Umfelds mit Füssen tritt, hat er – sofern nicht unter einem schweren geistigen oder psychischen Defekt leidend – immer ein um innere Konsistenz bemühtes Konzept, dieses Handeln zu rechtfertigen. So gesehen gibt es – neben unmoralischem Verhalten – also höchstens ein ethisch nicht oder zu wenig reflektiertes Handeln.

Dies vor Augen muss es nachdenklich machen, dass viele CSR-Aktivitäten – weil Skandale ihre Auslöser oder Verstärker waren – rein auf die Durchsetzung vermeintlich vorgegebener Werte, nicht aber auf die Klärung angemessener Werte zielen. Denn dort liegt zunehmend die Herausforderung an jene Unternehmen, die unter Verantwortung zu Recht mehr verstehen als die Einhaltung von Gesetzen. Vor dem Hintergrund, dass Überlastung zunehmend zum Regelfall des beruflichen Alltags wird, muss dabei ein gewisses Verständnis aufgebracht werden, wenn der auf letzte Fragen verweisende Begriff ‹Ethik› Ängste auslöst. Dies ist auch bei der Interpretation der Abschlussfrage zu beachten, ob daran geglaubt werde, dass im Geschäftsalltag zukünftig häufiger über ‹Ethik› nachgedacht und diskutiert wird. Das genau zweigeteilte Urteil könnte ein Stück weit von dem Zweifel geprägt sein, ob die Verantwortlichen die notwendige Kraft dafür aufbringen.

18. CSR als Lückenbüsser bei Marktversagen?

Wann genau versagt eigentlich der Markt? Liegt etwa Marktversagen vor, wenn Mitarbeiter, die von persönlichen Problemen beeinträchtigt unterdurchschnittlich produktiv sind, nicht umgehend eliminiert werden? Wer dies für zynisch hält, liegt mit 79% der Befragten auf einer Linie (vgl. 87). Und dies insofern zu Recht, als es eine – im einen oder anderen Fall nicht so leicht durchschaubare und dann durchaus verständliche – Verirrung darstellt, ein Versagen des Marktes dort zu orten, wo sich das System nicht uneingeschränkt hat durchsetzen können und von Menschlichkeit oder ähnlichem verwässern liess. Vor lauter Effizienzstreben und Optimierungseifer kann die ursprüngliche Bedeutung des Begriffs schon einmal aus dem Blick geraten. Marktversagen liegt demnach vor, wenn dieses Instrument die politisch gewollten Ziele nicht erreichen hilft, sondern diese womöglich noch konterkariert – Stichwort: externe Effekte.

Allein schon die Lebensumstände im – abgesehen vom nicht wirklich lebensfähigen Nordkorea – real nicht mehr existierenden Sozialismus erinnern daran, dass der Markt als Mechanismus zur Koordination der Gesellschaftsmitglieder und ihrer Bedürfnisse Beeindruckendes zu leisten vermag. Mit dem Schreckgespenst eines punktuellen Interventionismus vor Augen, der oft genug nur die ungewollten Nebeneffekte der letzten Regelung zu regulieren versucht, schiesst man jedoch leicht über das Ziel hinaus und will gern alles dem Markt und damit den Unternehmen überlassen. Einem Unternehmen droht in diesem Fall aber der Untergang, sofern sich andere Unternehmen nicht ebenfalls beherzt des jeweiligen gesellschaftlichen Missstands annehmen. Unternehmen können also weder uneingeschränkt die Lücken füllen, die trotz oder auch wegen des marktlichen Treibens im gesellschaftlichen Wohlbefinden entstehen, noch können sie sich ganz zurückziehen – es sei denn, man würde sich mit der dritten Möglichkeit zufrieden geben, dass nämlich alles und jeder zugrunde geht, was und wer nicht marktgerecht ist. Dann hätte man den eigentlichen Status des Marktmechanismus, also den eines Instruments für höhere Zwecke, doch wieder aus den Augen verloren.

Vor diesem Hintergrund ist es durchaus ein wichtiger Bestandteil der Klärung und Wahrnehmung der spezifischen sozialen Verantwortung seines Unternehmens, gezielt nach zumutbaren und vielleicht auch attraktiven Handlungsoptionen zu suchen, um jene gesellschaftlichen Wünsche zu decken, die nicht oder noch nicht über den Markt befriedigt werden können. Es wäre jedoch fatal, wenn sich so das Missverständnis ausbreitete, CSR sei grundsätzlich ein Lückenbüsserthema, da nur im Ausnahmefall über die sozialen Implikationen des Handelns nachgedacht werden müsse, statt die unternehmerische Tätigkeit insgesamt auf ein solides, legitimes Fundament zu stellen (vgl. 40).

19. Soziale Verantwortung als Kampf gegen Terrorismus?

Sicher darf es nicht überbewertet werden, wenn bei aktuellen Umfragen in den USA 36% der Unternehmen ‹Terrorismus und Probleme der inneren Sicherheit› als Sachverhalt bezeichnen, der die Prioritäten in der Wirtschaft stark beeinflussen wird.[10] Noch wichtiger waren nur Probleme mit dem Gesundheitssystem. Genannt wurden aber auch Konflikte mit Globalisierungsgegnern und Spannungen wegen

10 Vgl. Trustees of Boston College (State 2003), 23.

starker Einkommensunterschiede. Der Zusammenhang zwischen Terrorismus und sozialer Unternehmensverantwortung mag zunächst abwegig erscheinen. Nicht wenige Unternehmen dürften aber mit ihrem CSR-Engagement hauptsächlich die Zielsetzung verfolgen, bestehende oder absehbare Konflikte und deren Kosten zu vermeiden. Ist CSR also einfach ein Teil von klugem Konfliktmanagement?

Ohne Zweifel hat die Klärung und Wahrnehmung sozialer Unternehmensverantwortung immer etwas mit konfligierenden Interessen zu tun. So manches CSR-Engagement mag sogar aus einen unmittelbaren Konflikt hervorgegangen sein, nämlich als Zugeständnis an eine – zunächst nur als penetrant empfundene – Anspruchsgruppe. Der schliesslich an den Tag gelegten Ernsthaftigkeit muss dies keinen Abbruch tun, doch als handlungsleitende Grundidee ist der Gedanke einer ‹Reibungsverluste› reduzierenden Konfliktlösung und -vermeidung nicht tragfähig. Zum einen ist er letztlich rein reaktiv und zum anderen ist er auf Wirkungsdenken beschränkt, also auf das Kalkül von Macht und Gegenmacht. Wenn die Unterscheidung zwischen der Durchsetzung partikularer Interessen und dem Einbringen verallgemeinerbarer Anliegen gar nicht erst versucht wird, können zu Themen, die eine Herausforderung für die soziale Verantwortung eines Unternehmens sind, nur Positionen bezogen werden, deren unmittelbares Interesse an der jeweiligen Sache inszeniert sein muss. Wie aber soll dann die ebenso wichtige wie fragile Glaubwürdigkeit aufrechterhalten werden können?

Wer reinen Verhandlungspoker scheut, das Thema sozialer Unternehmensverantwortung also nicht als Teilbereich eines klassischen Konflikt- oder auch Risikomanagements sehen mag, für den erweist sich der umgekehrte Gedanke als tragfähiger: Konfliktmanagement als Teil des CSR-Engagements, sozial verantwortliches Konfliktmanagement also. Auf der Suche nach angezeigten Aktivitäten gehört hierzu durchaus das Interesse für latente Konflikte – das Spektrum zwischen Mobbing und Mobilfunkstrahlung ist gross. Dass den Unternehmen diesbezüglich ein grosser Nachholbedarf bescheinigt wird, zeigen katastrophale Beurteilungen bezüglich ihrer Informations- und Dialogbereitschaft (vgl. 76).

20. Proaktive Unternehmenspolitik – synonym zu CSR?

Es lässt das Schlimmste befürchten, dass der meistgenannte Anlass für deutsche Unternehmen, sich gesellschaftlich zu engagieren, eine Anfrage von aussen ist – meist bezüglich einer Spende.[11] ‹Anlass› und ‹Grund› müssen aber nicht das Gleiche

11 Vgl. Maaβ/Clemens (Citizenship 2002), 79.

sein. So liefert die Umfrage zumindest ein schwaches Indiz, dass die Sensibilität für die nötige Proaktivität bei Führungskräften vielleicht doch nicht so gering ist. Dass im Geschäftsalltag vermehrt darüber nachgedacht wird, was anständig und verantwortbar ist, erwarten Selbständige und Menschen in Leitungspositionen mit 55% signifikant stärker als der Durchschnitt von hier genau 50% [FB 42+].

Niemand würde für sich eine reaktive, sondern immer nur eine proaktive Haltung beanspruchen. In der Fremdeinschätzung dominiert jedoch zugleich der Vorwurf reaktiven Verhaltens. Dieses Phänomen macht es lohnenswert, genauer darüber nachzudenken, wann eine Unternehmenspolitik wirklich ‹proaktiv› ist. Interessanterweise kann eine reaktive Haltung auch bei einem sehr langfristigen Horizont vorliegen – wenn nämlich alle Berechnungen und Szenarien lediglich mit der Fragestellung gemacht werden, welche Konsequenzen sich daraus ergäben, was man also tun müsse. Für die Klärung und Wahrnehmung der sozialen Verantwortung seines Unternehmens ist es besonders wichtig, die hier aufscheinende Logik zu durchschauen, die Philosophen seit Jahrhunderten herausfordert und als ‹naturalistischer Fehlschluss› bezeichnet wird. Unzulässig wäre es demnach, vom ‹Sein› irgendeines Zeitpunkts auf das ‹Sollen› zu schliessen.

Wünschenswerte gesellschaftliche Verhältnisse oder entsprechende Probleme zu antizipieren, ist sicher sowohl Voraussetzung als auch Ausfluss eines ernst zu nehmenden CSR-Engagements. Doch reaktiv sind entsprechende Aktivitäten erst dann nicht mehr, wenn die Abschätzung von Stakeholdereinwirkungen auf den Marktwert (vgl. 9) prinzipiell ersetzt wird durch das – noch sehr selten verbreitete – interessierte Zugehen auf diese Stakeholder: Stichwort ‹Dialog› (vgl. 77)! Dass dies besonders wichtig ist hinsichtlich der jungen Generation von 18 bis 29 Jahre, zeigt deren mit 42% alarmierend geringe Erwartung an eine zunehmend aktive Klärungsarbeit der Unternehmen [FB 42+].

21. Passen Worte wie ‹fundamental› oder ‹vorbehaltlos› überhaupt in die Geschäftswelt?

91% der Befragten pochen auf die Einhaltung von Menschenrechten – ‹pochen›, weil drei Viertel von ihnen die in Umfragen eher gemiedene Extremantwort wählen: ‹Ja, auf jeden Fall!› [FB 19a]. An die soziale Verantwortung appellierend wird heute mit Blick auf umstrittene Praktiken vom jeweils betroffenen Unternehmen regelmässig gefordert, fundamentale Prinzipien menschlichen Zusammenlebens wie etwa die Wahrung gleicher Rechte und Chancen für alle zu achten. Und taucht die Vokabel ‹fundamental› auf, ist dann meist auch der Vorwurf von

Fundamentalismus nicht weit. Denn die angesprochenen Vorstellungen scheinen nicht recht zur realen Welt einer immer kurzatmigeren Geschäftigkeit passen zu wollen. Steter, doch viel Unstetigkeit auslösender Wandel lässt es immer mehr Wirtschaftsteilnehmern als ein Luxus erscheinen, laut oder auch nur leise über grundsätzliche, eben über ‹fundamentale› Fragen nachzudenken. So neigen viele zu dem Abwehrreflex, entsprechende Diskussionen gehörten auf eine andere Bühne, nämlich die der politischen Institutionen demokratischer Willensbildung, nicht aber in den Unternehmensalltag.

Bleibt doch einmal Zeit zum Nachdenken, wird vielleicht erkennbar, wie leicht dieser Fundamentalismusvorwurf in die falsche Richtung gehen kann. Wenn nämlich die Aussage, die heutige Wettbewerbsdynamik lasse keinen Raum mehr für das im konkreten Fall eingeforderte Prinzip menschlichen Zusammenlebens, selbst zum vermeintlich unhintergehbaren Prinzip gerät, liegt im einfacheren Fall der unzulässige Schluss vom ‹Sein› auf das ‹Sollen› vor (vgl. 20) – unabhängig davon, dass durchaus viele Beobachtungen Anlass zu dieser Vorstellung geben. Im schwereren Fall geschieht dies nicht unbewusst oder leichtfertig. Im Gegenteil wird ausdrücklich der Vorrang marktlicher Mechanismen als grundsätzlich richtig und als jeder weiteren Debatte erhaben deklariert. Dann liegt Fundamentalismus im eigentlichen Sinne vor, denn es wird etwas zum Tabu erklärt und dadurch der Begründungsarbeit einer vorbehaltlosen Prüfung von eingebrachten Argumenten entzogen. Hier aber löst eine weitere Vokabel womöglich Befremden aus: Kann man es sich im Geschäftsalltag überhaupt leisten, ‹vorbehaltlos› an die Dinge heranzugehen?

Sofern diese Frage nicht als vorentschieden betrachtet und damit erneut fundamentalistisch angegangen wird, hat die zweifelnde Tonlage durchaus ihre Berechtigung. Dass die Einhaltung von Menschenrechten immerhin von 7% der Befragten ‹eher nicht› und von 1% ‹keinesfalls› als ein Thema bezeichnet wird, dessen sich Unternehmen im Rahmen ihrer Geschäftstätigkeit annehmen sollten, kann Ausdruck der Sorge sein, in dem Thema lauere eine Überforderung für die Unternehmen. Der Gegensatz eines konzeptionslosen Argumentationsabbruchs ohne Angabe von Gründen ist eben ein konzeptionsloses Einlassen auf alles und jedes. Die Quintessenz eines CSR-Engagements, das seinen Namen verdient, besteht letztlich darin, möglicherweise ‹fundamentale› Orientierungsideen so ‹vorbehaltlos›, wie es in seinen Kräften steht, auf ihre Gültigkeit zu prüfen.

22. Was hilft Kants kategorischer Imperativ?

Denkt man darüber nach, was genau Sinn und Berechtigung der Aktivitäten ausmacht, die im Namen sozialer Verantwortung im Unternehmen laufen, tauchen am Horizont die letzten philosophischen Fragen auf. So führt die Spur immer auch zum Vordenker Immanuel Kant, dessen ‹Kategorischer Imperativ› seit 200 Jahren das Denken im mitteleuropäischen Kulturkreis prägt. ‹Handle so, dass du die Menschheit sowohl in deiner Person, als in der Person eines jeden andern, jederzeit zugleich als Zweck, niemals bloss als Mittel brauchest!› lautet er in einer Version. Obwohl den kategorischen Imperativ natürlich nur wenige ausdrücklich benennen können, ist das Gebot der wechselseitigen Anerkennung und Respektierung jedes Einzelnen als ein verletzliches und deshalb in seiner physischen und psychischen Integrität zu schützendes Wesen tief im ‹gesunden Menschenverstand› verankert. Das zeigt sich auch in der Befragung, etwa in der starken Zurückweisung von Kinderarbeit (vgl.15). Auch die Befürwortung von Ausbildung und Förderung von Behinderten innerhalb des Unternehmensgeschehens durch 99% der Befragten kann hier eingeordnet werden [FB 19e].

Wozu eine so abstrakte Formel wie der kategorische Imperativ sicher nicht dienen kann, ist die Ableitung konkreter Handlungsanweisungen. Doch sie kann helfen, die grundsätzlichen Absichten eines CSR-Engagements kritisch zu überprüfen. Einem Engagement, bei dem die Träger gewisser Anliegen ausschliesslich als Objekt und Instrument in der Verfolgung eigener Pläne angesehen werden, fehlt die erkennbare Absicht, den Menschen oder – genauer noch – den Geist der Zwischenmenschlichkeit in den Mittelpunkt zu stellen. Bezieht ein Unternehmen zum Thema sozialer Verantwortung in einer Weise Position, die diesen Geist verletzt, bestehen zwar kaum Aussichten auf Wohlwollen und Anerkennung (vgl. 50). Doch erzwungen werden kann diese Absicht von niemandem – oder mit einem bekannten Kant-Diktum: ‹Den guten Willen kann man nicht herbei vernünfteln.›

Die Erinnerung an Kants zentrale Maxime, die stark vereinfacht bekanntlich von der goldenen Regel – ‹Behandle andere so, wie du selbst von ihnen behandelt werden willst!› – wiedergegeben wird, hilft im Übrigen auch bei der Prüfung von Ansprüchen anderer. Die Logik der Wechselseitigkeit verpflichtet alle Beteiligten. Niemand kann ausschliesslich an den eigenen Präferenzen interessiert sein und sein Gegenüber in den Rang einer Sache stellen, wenn er selbst ernst genommen werden will. In einer Welt des Aushandelns freiwilliger Geschäfte ist eine krasse Missachtung der Subjektqualität seiner Tauschpartner ohnehin fehl am Platze. Doch die Sensibilität, dass in der Logik des Vorteilstausches prinzipiell die Gefahr der Instrumentalisierung angelegt ist, ist längst noch keine Selbstverständlichkeit.

23. Ist das ganze Thema eine nur philosophische Übung?

Es ist eine dem Menschen eigene Fähigkeit, sich den Spiegel vorzuhalten, also seine Situation und sein Tun zu reflektieren. Eigentümlich ist ihm auch, dass er dieser Fähigkeit nicht entrinnen kann. Komplexe psychologische Verdrängungsmechanismen können lediglich bewirken, dass das Nachdenken über sich selbst auf ein Minimum heruntergefahren wird. Früher oder später denkt also jeder auch in Bezug auf unternehmensalltägliche Zusammenhänge gründlicher über Sinn und Berechtigung vermeintlicher Gegebenheiten und Selbstverständlichkeiten nach und betreibt mit der Hoffnung, sein Verständnis dieser Welt ein weiteres Stück konsistenter zu machen, praktische Philosophie. Doch wie ist es dann möglich, dass immer wieder zu hören ist, ein bestimmter Argumentationsgang sei ja ‹nur philosophisch›, was gemeinhin als ein abwertender Vorwurf gemeint ist?

Eigentlich kann nur eine Haltung dahinter stehen, die ein Auseinanderklaffen von Reden und Handeln zu vermeiden versucht und damit eine Forderung erhebt, die vernünftig nicht abgelehnt werden kann. Dabei besteht allerdings eine gewisse Gefahr, dass Reflexion und Handeln gegeneinander ausgespielt werden, etwa mit dem bekannten Motto: ‹Taten statt Worte›. Und dann erscheint es fälschlicherweise doch wieder als eine Alternative, *entweder* nachzudenken *oder* zu handeln. In Realität und Wahrheit gibt es jedoch kein kritisches Nachdenken ohne konkrete Entscheidungsoptionen und Dilemmakonstellationen, wie es auch kein Handeln ohne philosophisches Fundament gibt. Die Frage ist nur, wie bewusst und explizit dieses Handlungsfundament im Unternehmensalltag gepflegt wird (vgl. 1).

Weil es in diesem Sinne nichts Praktischeres gibt als eine gründlich geprüfte Philosophie und nichts Denkwürdigeres als gestaltendes Handeln, kann ein ernstes CSR-Engagement mit dem Hinweis auf seinen philosophischen Zug nur auf-, nicht aber abgewertet werden. Dieser philosophische Zug ist durch die Verantwortungsthematik zwar in jeder diesbezüglichen Aktivität angelegt, doch kommt er nicht automatisch zur Geltung. So sind durchaus punktuelle Aktivitäten denkbar, ohne dass man sich der Frage nach der Rolle des Unternehmens in der Gesellschaft stellt und ohne dass auch solche Phänomene gedanklich zur Disposition gestellt werden, an deren Unveränderlichkeit gewohnheitsmässig nicht mehr gezweifelt wird: vermeintliche ‹Sachzwänge› also (vgl. 40).

Argumentative Kompetenz bezüglich der sozialen Verantwortung des eigenen Unternehmens fällt niemandem einfach zu, so dass philosophische ‹Übung› im eigentlichen Sinne des Wortes wichtig ist. Falls hier Platon und sein ‹Philosophenkönig› erschrecken, beruhigt vielleicht der Gedanke, dass ein anderer berühmter Philosoph, nämlich Dante, akademischer Laie war...

Fragen zum konkreten Inhalt sozialer Verantwortung

24. Ist letztlich alles eine Frage der Menge und Qualität des Arbeitsplatzangebots?

Kommt das Gespräch auf das Thema ‹Job und Beruf›, fragen mehr als zwei Drittel der Befragten nach dem Arbeitsklima. Dies ist im Wesentlichen unabhängig von Geschlecht, Schulbildung oder Alter, lediglich die über 60-Jährigen fallen hier mit 59% erkennbar zurück [FB 7e+]. Dass der Arbeitsplatz als Zentrum sozialer Kontakte den Familien- und Freundeskreis oftmals überflügelt, ist ein bekanntes Phänomen. Im Vergleich der Berufsgruppen interessieren sich allerdings weniger die Arbeiter und Angestellten besonders für das Arbeitsklima, sondern mit 76% vor allem Menschen in Leitungspositionen und Selbständige. Der Wunsch nach Arbeit in attraktivem Umfeld ist demnach durchaus kein unbefriedigter Anspruch, sondern ein in seiner Wichtigkeit weithin anerkanntes Bedürfnis.

Dennoch dürfte Unzufriedenheit oder gar Angst angesichts der Arbeitsmarktentwicklung zum Zeitpunkt der Umfrage eine Rolle gespielt haben, wie etwa beim Antwortverhalten auf die offene, also ohne vorgegebene Antwortoptionen gestellte Eingangsfrage, was ein Unternehmen tun sollte, um die persönlichen Erwartungen an sozial verantwortliche Unternehmen zu erfüllen. Wie also ist es zu bewerten, dass bei durchschnittlich nur 1,6 Nennungen für 31% der Befragten die Schaffung von Arbeitsplätzen bzw. die Vermeidung von Entlassungen oberste Priorität hat, knapp gefolgt von allgemein positiven Arbeitsbedingungen [FB 2+]? 53% nennen mindestens eines der beiden Themen und signalisieren die markante Vorrangigkeit des Themenblocks ‹Job›, dem eine breite Vielfalt weiterer Detailthemen gegenübersteht (vgl. 25). Auch in anderen Befragungen zeigt sich ein gleiches Bild: Sowohl Konsumenten als auch CEOs setzen europaweit die Arbeitsbedingungen zuoberst auf die Liste der Erwartungen an soziale Unternehmensverantwortung.[12]

Dass die ersten Assoziationen im Kontext Unternehmen und Soziales Arbeitsplatz und -bedingungen sind, mag nicht besonders verwundern, doch im Ausmass ist das Ergebnis gleichwohl überraschend. Dennoch muss davor gewarnt werden, die CSR-Thematik völlig darauf zu reduzieren. Dies aber tun in einer Befragung

12 Vgl. CSR Europe/MORI (Consumer 2000), 4; PriceWaterhouseCoopers (CEO 2002), 16; Environics International (Millennium 1999).

53% der internationalen Meinungsführer, wenn sie CSR schlicht als respektvolle Behandlung der Mitarbeiter definieren.[13] Spätestens wenn man die Aussagen der so eindringlich für Themen rund um den Arbeitsplatz eintretenden Befragten zur weitergehenden gesellschaftlichen Verantwortung betrachtet (vgl. 40), wird klar, dass mitarbeiterbezogene Themen eher als selbstverständliche Bestandteile denn als ganzer Inhalt eines CSR-Engagements anzusehen sind. Das schmälert aber die Herausforderung, in diesem klassischen Bereich zukunftsweisende Positionen zu erarbeiten, in keiner Weise. Innovative Arbeitszeitmodelle waren in der Umfrage auch einer der wenigen Gründe, als Unternehmen positiv aufzufallen (vgl. 87).

25. Frauenquote, Lehrstellen... – wo Schwerpunkte setzen?

Abgesehen vom Thema Arbeitsplatz und -bedingungen im engeren Sinne muss ein Unternehmen kompetente Antworten zu einer breiten Themenpalette haben, um den Erwartungen an ein sozial verantwortliches Unternehmen gerecht zu werden. Zum Teil bilden sich einfach Phänomene des gesellschaftlichen Wandels ab, wie zum Beispiel im Votum von 3% der Befragten für Frauenförderung [FB 2+]. Und so wäre es auch kaum überzeugend, wenn ein entsprechendes CSR-Engagement nur in der Einführung einer Frauenquote bestünde. Eher geht es doch um eine Transformation traditioneller Rollenvorstellungen im Geschäftsalltag. Dazu gehört – man denke nur an Einrichtungen wie einen Kinderhort – die Veränderung von Handlungsbedingungen, aber auch das argumentative Aufbrechen gewohnter, möglicherweise aber überkommener Entscheidungsmuster und Firmenwerte.

Statt um Chancengleichheit, geht es wohl überhaupt um eine Chance zur persönlichen Entwicklung, wenn 9% der Befragten das Anbieten von Ausbildungsplätzen einfordern. Soll ein Unternehmen dieses Thema dem der Frauenförderung also vorziehen – nicht wegen des Kurzschlusses von Meinungsumfragen auf das Design eines CSR-Engagements (vgl. 20), sondern vielleicht mit dem Hinweis auf die drohende Kränkung der aus dem Arbeitsleben ausgeschlossenen Jugendlichen in ihrer menschlichen Würde? Ein solches Argument wiegt sicher schwer, für eine pauschale Antwort reicht es hingegen nicht. Es bleibt eine – von vielen Firmen wohl noch nicht aufgegriffene – Herausforderung, sich intensiv genug auf eine Auseinandersetzung über sinnvolle Schwerpunkte einzulassen. Einerseits blieben ohne Fokussierung konkrete Effekte aus, was etwa jenen Unternehmen vorgehalten wird, die sich nur ganz allgemein zu ihrer Verantwortung bekennen. Andererseits

13 Vgl. Prince of Wales Business Leaders Forum / Burson-Marsteller (Century 2000), 1.

gilt es, die Gefahr zu meistern, als ‹Rosinenpicker› zu gelten. Zu Handlungsbedarf und -möglichkeiten in der spezifischen Situation muss sich jedes Unternehmen einen eigenen Überblick erarbeiten. Altersvorsorge, Lohngerechtigkeit auf allen Ebenen oder Partizipation im Sinne von Erfolgsbeteiligung und von Mitbestimmung blitzten in der Bevölkerungsbefragung als hier eventuell zentrale Themen auf. Zuoberst rangierte nach dem Themenblock Arbeitsplatz und -bedingungen im engeren Sinne übrigens das Thema Familienfreundlichkeit mit 11%.

26. ‹Öko›-Engagement – nicht der Rede wert?

Dass Umweltschutz für nicht weniger als 100% der Befragten zur sozialen Verantwortung dazugehört [FB 19d], drückt eine Selbstverständlichkeit aus, die zwar markant ist, vermutlich aber niemanden mehr erstaunt. Trotzdem noch der Rede wert ist das Thema für Menschen niedrigeren Alters und höherer Schulbildung. In der offen gestellten Eingangsfrage zu den persönlichen Erwartungen an sozial verantwortliche Unternehmen nannten diese zumindest mehr als doppelt so häufig Stichworte aus dem Umweltbereich, als dies mit 2% sonst der Fall war [FB 2+].

Auch wenn Umweltschutzfragen lediglich teilweise unter dem Aspekt kostensparender ‹Öko›-Effizienz behandelt werden können und es stattdessen auch um den fairen Umgang mit konfligierenden Interessen bezüglich Zustand und Nutzung der Natur geht (vgl. 13), ist die Herausforderung im ersten Gebiet nicht zu unterschätzen. Auch hier müssen Energien gebündelt werden, um innovative Formen ressourcenschonender Bedürfnisbefriedigung zu orten und operativ umzusetzen. Oft ist beharrliche und strategisch verankerte Überzeugungskraft nötig (vgl. 41), wenn etwa Vorurteile bei Mitarbeitern rasche Fortschritte verhindern oder Kunden in mühsamer Aufklärungsarbeit von alten Gewohnheiten abzubringen sind.

Mag man in Bezug auf ‹Öko›-Effizienz doch noch die Vorstellung antreffen, hier seien grossartige Verständigungsprozesse nicht nötig, trifft man in Bezug auf normative Fragen des Umgangs mit der Natur eher auf die Hoffnung, der Krug möge an einem vorübergehen. Die Pflicht zur Beteiligung an der Debatte darüber, wie mit dem ökologischen Fundament der globalen Gesellschaft und der darin eingebetteten Wirtschaft umgegangen werden *soll*, verspürt intuitiv in der Regel jeder, doch gibt es durchaus Anlässe zur Zurückhaltung. So fühlt sich mancher wohl von der Tatsache überfordert, dass zur Debatte unabdingbar auch bedürfniskritische Argumente gehören – auch wenn der totale Rückzug auf die Formel, hinsichtlich seiner Bedürfnisse dürfe niemandem hineingeredet werden, als zu wenig tragfähig erkannt ist (vgl. 39). Ein entschlossenes Erarbeiten und Beziehen firmenspezifischer Positionen in einer umfassend verstandenen Umweltdebatte könnte auch von der Tatsache verhindert werden, dass regionale und internationale Probleme stark miteinander verknüpft sind und letztlich in der gleichen Arena behandelt werden. Denn was nützt ein System für Regenwaldzertifikate, solange die globale Gesellschaft es nicht fertigbringt, die aus Not brandrodenden Bauern alternativ für die Pflege des Regenwalds zu bezahlen? In sinnvoller Weise ist ein ‹Öko›-Engagement nur dann der Rede wert, wenn es im vollen Bewusstsein der Zumutbarkeitslogik (vgl. 4) und mit dem Mut zu ordnungspolitischer Mitverantwortung (vgl. 35) betrieben wird.

27. Contra Kriminalität, pro Bildung – wie gross ist das Spektrum der Erwartungen aus der Bevölkerung?

Als Vorstudie war in einer repräsentativen Stichprobe der deutschen Bevölkerung gefragt worden, ob der Begriff ‹Soziale Verantwortung von Unternehmen› bekannt sei und erklärt werden könne – was von 69% der Befragten bejaht wurde (vgl. 2). Eine solche Erklärung kann bei komplexeren Themen jedoch nicht direkt erfragt, sondern nur schrittweise eingekreist werden. In der Befragung musste es deshalb darum gehen, ausgehend von den spontanen Assoziationen auf eine offene Frage (vgl. 24) behutsam, also nicht suggestiv, nach Präzisierungen zu fragen. Besonders relevant für diese schrittweise Vertiefung waren vier Fragen, die den möglichen Handlungsbereich von ‹Mitarbeiterschaft› über ‹Gesamtgesellschaft› und ‹Gesamtwirtschaft› bis hin zu ‹Folgegenerationen› erweiterten – besonders relevant, weil direkt auf die Frage nach der gesellschaftlichen Rolle von Unternehmen bezogen (vgl. 40). Dass soziale Unternehmensverantwortung viel mit der Behandlung von Mitarbeitern zu tun hat (vgl. 87), liegt nahe. Um so spannender ist es zu sehen, ob die Verantwortung für allgemeine gesellschaftliche Probleme wie etwa Armut, Kriminalität oder Bildung anders eingeschätzt wird.

Ohne Begrenzung etwa auf die Region rund um die Betriebsstandorte (vgl. 4) sprechen sich fast vier Fünftel der Befragten dafür aus, dass es eine Grundaufgabe von Unternehmen sei, etwas gegen solche Probleme zu tun. Obwohl die genannten Stichworte keineswegs naheliegende Unternehmensaufgaben abstecken, lehnen lediglich 5% der Befragten eine Verantwortung der Unternehmen entschieden ab [FB 12]. Bei den 18%, die hier ‹eher keine› Grundaufgabe der Unternehmen sehen, findet sich ein überdurchschnittlicher Anteil junger Menschen: Die Befragten im Alter zwischen 18 und 29 Jahre sind hier mit 31% vertreten [FB 12+]. Offenbar ist sich diese insgesamt eher überdurchschnittlich kritische und anspruchsvolle

Gruppe hier besonders unsicher, wie umfassend das Spektrum sein sollte, in dem Unternehmen ihre Verantwortung klären und wahrnehmen müssen. Grundsätzlich ist aber festzuhalten, dass die Erwartungen der Bevölkerung bezüglich allgemeiner gesellschaftlicher Probleme ebenso hoch sind wie hinsichtlich näher liegender Aufgaben in firmeninternen Kontexten.

28. Nun auch noch um zukünftige Generationen kümmern?

Im Rahmen des methodischen Vorgehens, die Umrisse der Gesamtvorstellungen von sozialer Unternehmensverantwortung stufenweise auszuloten (vgl. 27), kam schliesslich auch die mögliche Verantwortung für zukünftige Generationen in den Blick. Wiederum sind es knapp vier Fünftel der Befragten, die es als eine Aufgabe der Unternehmen ansehen, auch Konzepte zur Wahrung der Interessen von nachfolgenden Generationen vorzulegen und dies nicht allein ideellen Organisationen zu überlassen [FB 17]. Diese Erwartungshaltung mag zunächst nicht überraschen, denn schliesslich ist es kein abwegiger Gedanke, sich als Unternehmen auch mit um die Pflege und Erhaltung jener Gesellschaft zu kümmern, in die man eingebettet ist. Der unmittelbaren Umsetzung dieser Einsicht dürfte aber die Tatsache entgegenstehen, dass die Betroffenen noch nicht geboren sind und somit keine Ansprüche formulieren und einfordern können. Damit kommt hier idealtypisch das Erfordernis eines Stakeholderansatzes zum Ausdruck, der nicht als ein Eingehen allein auf Ansprüche mit Drohpotenzial missverstanden wird (vgl. 82).

Auffällig ist, dass nur drei Viertel jener Befragten, die das Ausarbeiten von Konzepten mit Blick auf die Lebensqualität zukünftiger Generationen fordern, zugleich auch für die Versorgung armer Regionen mit lebenswichtigen Produkten zu Selbstkosten eintreten [FB 19h+]. Darin könnte ein problematisches Verhältnis zwischen inter- und intragenerationeller Gerechtigkeit zum Ausdruck kommen, auf das besonders prominent der Nobelpreisträger Amartya Sen aufmerksam gemacht hat. Auch für ein Unternehmen kann es nicht angehen, überdurchschnittlich grosse Energien für Konzepte der Nachhaltigkeit auch im sozialen Sinne (vgl. 13) aufzubringen und zugleich offenkundige Aufgaben im Hier und Jetzt zu ignorieren.

Unklar bleibt, warum ausgerechnet bei diesem Thema das Antwortverhalten unabhängig davon zu sein scheint, ob im Haushalt des Befragten Kinder leben. Leichter lässt sich eine Erklärung finden, warum die Forderung nur schon nach Konzepten nicht geteilt wird – nämlich von 20% der Befragten ‹eher nicht› und von 3% ‹keinesfalls›, etwas mehr sogar bei höherer Schulbildung. Hierin dürfte sich nämlich die besondere Schwierigkeit widerspiegeln, das zumutbare Mass an sozialem Engagement angesichts schwieriger Zukunftsprognosen zu bestimmen.

29. Wie genau muss man die Produktionsbedingungen eingekaufter Waren kennen?

Von den Kernfragen im Rahmen einer stufenweisen Ausdehnung des potenziellen Verantwortungsbereichs (vgl. 24) war jene am rigorosesten formuliert, die danach fragte, ob sich Unternehmen um die sozialen Bedingungen in ihren Zuliefer- und Weiterverarbeitungsbetrieben *genauso* zu kümmern hätten wie um die sozialen Zustände im eigenen Hause. Dennoch sehen nur 10% der Befragten ‹keinesfalls› und beachtliche 49% durchaus eine solche Verantwortung [FB 16]. Das weist auf ein gestiegenes Bewusstsein für den ‹Pferdefuss› des in diesem Kontext oft angeführten Wettbewerbsarguments hin. Wer nämlich den Konkurrenzdruck als Grund angibt, kein Engagement über die Firmengrenzen hinaus zu entfalten, der muss logischerweise auch firmenintern jedes besondere Engagement aufschieben, bis ‹bessere Zeiten› kommen, also kein Wettbewerb mehr droht. Dieser Zeitpunkt liegt in der Unendlichkeit und so bleibt auch von der zunächst plausiblen Metapher, jedes Unternehmen müsse vor der eigenen Türe kehren, nicht mehr viel übrig.

Dort für die sozialen Zustände Verantwortung übernehmen zu wollen, wo direkte Entscheidungsbefugnis – und gewöhnlich juristische Haftbarkeit – vorliegt, ist gedanklich sicher ein richtiger Ausgangspunkt. Wer sich aber die Einwirkungsmöglichkeiten seines Unternehmens umfassend vor Augen führt und nicht sieht, warum an irgendeiner Stelle eine Mitverantwortung einfach ausgeschlossen sein könnte, für den ist die Beschäftigung mit den sozialen Bedingungen auch bei Lieferanten und Abnehmern sicher nicht der entfernteste oder gar ein abwegiger Punkt, um die Prioritäten für spezifische Engagements zu klären. Wie sollte man sonst etwa vom Konsumenten eine verantwortungsbewusste Auswahl fordern?

Ein Unternehmen, das aufgrund seiner eigenen Standards im Umgang mit sozialen Fragen ein natürliches Interesse an der Situation in der Lieferantenkette hat und sich beispielsweise mit Tools wie der SA8000-Zertifizierung engagiert, hat eine noch kaum erkannte Herausforderung angenommen: In konzentrischen Kreisen rund um die klassischen Aufgaben gilt es auszuloten, welche zusätzlichen Gestaltungsaufgaben *zumutbar* sind – und nicht etwa, was ohne jeden Effekt auf ursprüngliche Ziele *möglich* ist.

Fragen zum Verhältnis von Staat und Unternehmen

30. Geht es im Wesentlichen darum, gesetzliche Regelungen überflüssig zu machen?

Würde ein Unternehmen sein CSR-Engagement in erster Linie als wirkungsvolles Instrument gegen drohende Gesetze verstehen, wäre es um die Glaubwürdigkeit entsprechender Massnahmen schlecht bestellt. Es würde nämlich nur noch auf eine Verhinderungswirkung, nicht mehr aber auf die sachlichen Notwendigkeiten geblickt. Dennoch findet sich als Erklärung der Relevanz des Themas immer wieder gerade dieses Motiv. Es wird gewarnt, neue gesellschaftliche Erwartungen – etwa auch an die soziale Verantwortung von Unternehmen – würden von Seiten der Gesetzgeber regulierend aufgegriffen, wenn nicht schnell und glaubwürdig auf die Erwartungen eingegangen werde. Wird hier schlicht die Unvereinbarkeit von Verhinderungsfokus und Glaubwürdigkeitswirkung übersehen?

Möglich ist dies durchaus, denn noch mangelt es an kompetentem Umgang mit der Spannung zwischen intuitiven Verpflichtungsgefühlen einerseits und dem ‹Business Case› andererseits (vgl. 43), in den moralische Rechte und Pflichten bisweilen krampfhaft übersetzt werden. Das dürfte auch die Vorstellung gefördert haben, in den Führungsetagen herrsche eine ausgeprägte Ratlosigkeit in Sachen sozialer Unternehmensverantwortung (vgl. 1). Doch der Verdacht, der unter Zeitdruck prächtig gedeihende Reflex der Instrumentalisierung von allem und jedem für vordergründige Geschäftsziele habe zugeschlagen, muss sich nicht in jedem Fall bestätigen. Die Abwesenheit von Regulierungsbedarf kann durchaus auch als Leitidee begriffen werden – als unerreichbare, doch die Richtung des Handelns klar markierende Utopie. Arbeiteten Unternehmen ernsthaft darauf hin, könnte der von 67% der Befragten diagnostizierte Rückgang staatlicher Einflussnahme nur noch befriedigen, nicht mehr beunruhigen [FB 4].

Insgesamt zeichnet sich ein ernsthaftes CSR-Engagement dadurch aus, dass nicht auf drohende Regulierungsbestrebungen – ob nun mit oder ohne das beliebte Attribut ‹proaktiv› (vgl. 20) – reagiert, sondern sachbezogen agiert wird. Voraussetzung ist hier ein klares Bewusstsein dafür, dass Wettbewerb ohne Regeln zu hohe Ansprüche an die Individuen stellt und Wettbewerb mit zu starken Regeln deren Freiheiten und Potenziale zerstört.

31. Ist Freiwilligkeit die Essenz sozialer Verantwortung?

Sieht man von der Variante einer ausschliesslich taktischen – und darum streng genommen in Anführungsstriche gehörenden – ‹Argumentation› zur Verhinderung drohender Gesetze einmal ab (vgl. 50), ist die von Unternehmensseite immer wieder angemahnte Freiwilligkeit eines CSR-Engagements von unmittelbar einleuchtender Relevanz. Schliesslich lenkt Regulierungsdruck, auch wenn guter Wille eigentlich vorliegt, einen Teil der Energien in die reflexhafte Abwehr jener Impulse, die da den gewohnten Geschäftsalltag stören. So droht die Eigendynamik einer Kontrolle/Vermeidungsspirale. Erstrebenswert wäre dagegen ein innovativer Umgang mit sozialen Fragen, wie sie sich im Rahmen der Geschäftstätigkeit des jeweiligen Unternehmens konkret stellen.

Vor dem Hintergrund, dass eine vor allem *ausdrückliche* Beschäftigung mit dem Thema sozialer Unternehmensverantwortung für viele Unternehmen noch neu ist und ihnen die Bevölkerung diesbezüglich noch recht wenig zutraut (vgl. 7), kann die Rede von Innovativität und Kreativität allerdings nicht schon eine Floskel sein, sondern spricht eigentliche Pionierarbeit an. Schlicht unzureichend wäre es, beispielsweise die Mitgliedschaft beim ‹UN Global Compact› (vgl. 14) oder die Anerkennung der OECD-Richtlinien für multinationale Unternehmen schon als Inbegriff freiwilligen Eifers zu feiern. Mit Blick auf das von der Wettbewerbslogik untrennbare Problem des Trittbrettfahrertums zeichnet sich ein Pionier dadurch aus, dass er regelmässig auch in Vorleistung tritt, um in der Wirtschaftsgesellschaft neue Standards zu etablieren. Gelingt dies zukünftig besser, werden die Befragten nicht mehr über alle Berufsgruppen und Bildungsstufen hinweg durchschnittlich 42% der Unternehmen attestieren, sie sähen gar keine Notwendigkeit, sich aktiv um die Klärung ihrer sozialen Verantwortung zu bemühen (vgl. 41).

Obwohl es gerade im Bereich sozialer Unternehmensverantwortung keine Patentrezepte gibt und engagierte Freiwilligkeit darum so wichtig ist, muss also hoher Wert darauf gelegt werden, dass sich kein leichtfertiger Umgang mit diesem Gedanken einschleicht. Besonders in der elementaren Debatte um eine vernünftige Arbeitsteilung zwischen Staat und Unternehmen (vgl. 34) müssen sich Konzepte freiwilliger Selbstbindung in Wort und Tat erst noch bewähren. Dies gilt vor allem gegenüber der verbreiteten Idee, es sei eine klassische Aufgabe des Staates und eben nicht der Unternehmen, die soziale Verträglichkeit – besser: Nützlichkeit – ihrer Aktivitäten sicherzustellen. Gefragt, ob ein zunehmender Einfluss oder ein sukzessiver Rückzug des Staates beobachtet werde und wie dies zu bewerten sei, drücken beachtliche 69% der Befragten ihre Freude über eine wahrgenommene Zunahme bzw. ihr Bedauern über einen empfundenen Rückzug aus [FB 4/5+].

32. Was kann ein Unternehmen von seiner sozialen Verantwortung an Verbände delegieren?

Wenn auf Unternehmensebene tatsächlich so grosse Ratlosigkeit hinsichtlich des angemessenen Umgangs mit der CSR-Thematik herrscht, wie es von 60% der Befragten angenommen wird [FB 8], liegt der Gedanke nahe, zur Bündelung von Wissen, Erfahrungen und Fähigkeiten vermehrt Aktivitäten auf Verbandsebene zu entfalten. Im Sinne des Subsidiaritätsprinzips wäre so nicht gleich an staatliche Aktivitäten gedacht, wozu natürlich jene Befragten eher neigen, die Betrug und Täuschung im Unternehmensalltag nicht mehr nur als eine Ausnahme betrachten [FB 25+]. Für eine natürlich nicht überwiegende, aber teilweise Delegation der Klärung und Wahrnehmung sozialer Verantwortung auf die Verbandsebene spricht auch, dass Wettbewerbsnachteile für Vorleistungen erbringende Pioniere weniger ausgeprägt auftreten (vgl. 31), weil konzertierte Aktionen beispielsweise mit Blick auf verbindliche und sanktionierte Branchenstandards möglich sind.

Im Gegensatz zu staatlicher Regulierung, bei der die Rollen des handelnden Akteurs und des ihn ‹verfolgenden› Regulators auseinanderfallen und ein Gegeneinander das Denken bestimmt, herrscht bei Selbstregulierungsprozessen eher die Logik des Miteinanders. Es gilt, gemeinsam zu verfolgende Ziele und Szenarien zu erarbeiten, statt ‹wasserdichte› Gesetzestexte zu formulieren. Andererseits ist die Gefahr gross, dass Verbände im Vergleich zu einzelnen Unternehmen weniger leicht die Entscheidung fällen können, im debattierten Kontext einen markanten Vorstoss zu wagen. Eher gilt hier die Logik des grössten gemeinsamen Nenners, der eben oft sehr klein ausfällt – eine Skepsis, die auch in der Umfrage an einigen Stellen durchscheint. So ist Familienfreundlichkeit ein verbreitetes Anliegen im Kontext sozialer Verantwortung (vgl. 25) und es lassen gerade jene Befragten, in deren Haushalt Kinder leben, eine überdurchschnittliche Neigung zur klassischen Rolle des Staates erkennen, vorrangig für die Sicherung der sozialen Nützlichkeit unternehmerischen Handelns zuständig zu sein [FB 4/5+].

33. Welche gesetzlichen Regelungen muss sich ein sozial verantwortliches Unternehmen wünschen?

Bezüglich des Verhältnisses zwischen Staat und Wirtschaft erwarten vier Fünftel der befragten britischen Meinungsführer von den Regierungen, die Unternehmen stärker zu verantwortungsbewusstem Handeln im Geschäftsalltag zu ermutigen. Gedacht wird dabei an eine Kombination von Deregulierung sowie von Steuererleichterungen und Subventionen. Die Antwort kann also offenbar nur lauten:

Wünschen kann sich ein Unternehmen nur so wenig gesetzliche Einschränkung wie möglich. In dieselbe Richtung[14] weist eine Erhebung unter österreichischen Unternehmen: Von 78% der befragten Firmen wird als mit Abstand wichtigster Grund für einen Ausbau des sozialen Engagements die steuerliche Absetzbarkeit von Spenden genannt. Hier scheint allerdings klar, dass nicht der Kontext eines umfassenden CSR-Engagements, sondern klassischer Spendenaktivitäten gefragt war – oder mangels alternativer Vorstellungen gesehen wurde. Letztlich ist doch kaum vorstellbar, dass das Thema sozialer Verantwortung von den Unternehmen tatsächlich schlicht als Problem der Steuer- und Abgabenoptimierung oder der Strafvermeidung abgehandelt wird. So geben die Unternehmensleiter in einer internationalen Umfrage dann auch nur zu 4% staatliche Organe als dominierende Einflussgruppe in Bezug auf die eingeleiteten CSR-Aktivitäten an.[15]

Räumt man der Einschätzung aus der Bevölkerung, von der über die Hälfte die Möglichkeiten zur Wahrnehmung sozialer Verantwortung nicht ausgeschöpft sieht [FB 3], eine gewisse Berechtigung ein, kann es nicht verwundern, dass diese Gruppe mit 79% [FB 3/4/5+] deutlich stärker als der Durchschnitt von 69% dazu neigt, die aktive Rolle eher beim Staat zu suchen. Obwohl es zunächst so scheint, als ob dieser Wunsch von Unternehmensseite keinesfalls geteilt werden kann, besteht bei näherem Hinsehen kein Zweifel, dass gesetzliche Regelungen auch im Bereich sozialer Fragen sehr wohl im Interesse von Unternehmen sind – sofern sie nämlich faire Spielregeln für einen zivilisierten statt ‹mörderischen› Konkurrenzkampf sichern (vgl. 38) und sofern sie einen verlässlichen Planungshorizont bieten. Niemand kann ein Pokerspiel wollen, bei dem jene Firmen von Aktivisten zu spezifischer Berichterstattung über soziale Belange gezwungen werden, die sich gerade als verletzbare Ziele für Kampagnen eignen. Auch ohne Ambitionen auf eine Pionierrolle in der CSR-Entwicklung liegt der Wunsch auf eine gesetzliche Regelung einfach nahe, sofern diese eine grundsätzliche Berichtspflicht und grob abgesteckte Minimalanforderungen vorsieht, nicht aber mit detailverliebten Vorgaben die Ernsthaftigkeit eines notwendigerweise auch von Freiwilligkeit (vgl. 31) geprägten Engagements zerstört und durch oft wechselnde Vorschriften kreative Innovationen im Keim erstickt. Es bleibt jedoch eine offene Frage, ob es den Unternehmen in der öffentlichen Auseinandersetzung zukünftig besser gelingen wird, diese Grundeinsicht – im Sinne des Kantschen Diktums vom ‹öffentlichen Vernunftgebrauch› – angemessen zu artikulieren.

14 Vgl. Faruk (Responsibilities 2001), 1; CSR Austria (Verantwortung 2003), 25.

15 Vgl. PriceWaterhouseCoopers (CEO 2002), 17.

34. Stiehlt sich der Staat aus seiner Verantwortung?

Eine Zweidrittelmehrheit aller Befragten diagnostiziert einen Rückzug des Staates aus seiner klassischen Rolle, sozial wünschenswerte Ergebnisse unternehmerischer Aktivität sicherzustellen. Doch nur 12% derer, die zur Frage nach einer zu- oder abnehmenden Einflussnahme des Staates ein Urteil abgeben, begrüssen den von ihnen wahrgenommenen allmählichen Rückzug [FB 4/5+]. Tatsächlich taucht in der Debatte um soziale Unternehmensverantwortung immer wieder der Vorwurf auf, der Staat ziehe sich in erster Linie dort zurück, wo die grössten Sparpotenziale zu erwarten sind, und nicht dort, wo bestimmte Funktionen von privaten Trägern tatsächlich besser erfüllt werden können. Das wäre ein Vorzeichenwechsel der unhaltbaren Logik, als privater Akteur die Erträge privatisieren und die Kosten sozialisieren zu wollen (vgl. 4). Es geht also nicht an, die Wirtschaft allein mit dem Verweis auf leere Kassen beispielsweise zur Gründung privater Universitäten zu verpflichten und dabei inhaltliche Verengungen des Bildungsangebots und den Ausschluss gewisser Bildungsbedürftiger in Kauf zu nehmen. Auf beiden Seiten bedarf es einer differenzierteren Grundidee von vernünftiger Arbeitsteilung.

Dass die Freiheit zum Gebrauch von Macht und Einfluss mit der Pflicht verbunden ist, auch Verantwortung für die sozialen Folgen zu übernehmen, ist deshalb eine wichtige Maxime, weil das Schwinden staatlichen Einflusses als Faktum allgemein anerkannt ist. So macht immer wieder die plastische Aussage ihre Runde, von den 100 grössten Volkswirtschaften der Erde seien mehr als 50 private Unternehmen – gemessen an Bruttosozialprodukt und Umsatz. Auch weltweit wird mit Blick auf eine adäquate Aufteilung der Verantwortlichkeiten mehrheitlich eine engere Kooperation zwischen Staat und Wirtschaft gewünscht[16] und es geben immerhin 20% der deutschen Unternehmen als Grund für besondere CSR-Aktivitäten bereits die Überforderung des Staates an.[17]

Es ist also durchaus denkbar, dass Regierungen – weil es an Kompetenz fehlt oder sie von den globalen Entwicklungen überfordert sind – ohne ein tragfähiges Konzept Verantwortung abwälzen wollen. Als pauschales Abwehrargument taugt dies sicher nicht – etwa gegenüber den verstärkten Bestrebungen auf Ebene des Europäischen Rates und dessen ‹Entschliessungen zur sozialen Verantwortung der Unternehmen›. Wer mit Blick auf Eigeninteressen mehr Spielraum für marktliche Koordinationsprozesse fordert, kann dies ehrlich nur mit Konzepten tun, wie diese mitsamt der sozialen Verantwortung ausgefüllt werden können.

16 Vgl. Environics International (Monitor 2002), 10; Faruk (Responsibilities 2001).

17 Vgl. Maaβ/Clemens (Citizenship, 2002), 91.

35. Wieviel Einfluss auf die politische Willensbildung ist Unternehmen erlaubt?

Nicht nur in der Schweiz lässt sich mit Hilfe empirischer Studien beobachten, dass Unternehmensführer gern von geringen Einflussmöglichkeiten auf Politik und Regierung sprechen, zugleich aber in unzähligen Gremien vertreten sind.[18] Auf Ebene der europäischen Institutionen wird schon zum Allgemeinwissen gezählt, dass auf jeden offiziellen Funktionär ein inoffizieller Teilnehmer das politische Räderwerk mitfunktionieren lässt – Stichwort: Lobbyisten. Natürlich ist die Idee, Politik wäre auch ganz ohne den Einfluss von Unternehmensvertretern möglich, eine rein theoretische und kann kein Argument gegen politische Mitverantwortung wirtschaftlicher Akteure sein. Sicher keine ehrlich vertretbare Haltung ist aber ein Lobbying der Taktiererei mit eindimensionalem Blick auf eigene Interessen.

Woran erkennt man also eine politische Einflussnahme, die dem Geiste nach einer verantwortungsbewussten Geschäftstätigkeit entspricht? Zunächst muss sich natürlich überhaupt einmal die Erkenntnis durchgesetzt haben, dass gerade die Bemühungen um eine verantwortungsbewusste Geschäftstätigkeit angesichts der ordnungspolitischen ‹Gegebenheiten› regelmässig an Grenzen der Zumutbarkeit stossen. Danach geht es bisweilen um Nuancen, die auch sprachlich zum Ausdruck kommen. Wenn etwa durchweg die Rede ist von Vor- und Nachteilen (nämlich für einen selbst), von Möglichkeiten und Hindernissen (nämlich für eine hinsichtlich der Legitimität gleichgültige Durchsetzung) oder von Stärken und Schwächen (nämlich mit Blick auf ein nur als Machtsubjekt wahrgenommenes Gegenüber), dann dürfte es um den Willen und die Fähigkeit eines am Gemeinschaftsinteresse interessierten Einbringens der eigenen Position schlecht bestellt sein. Der Bürger, dessen Ansichten, aber auch Einsichten, im Zentrum der Befragung standen und der darum auch mit einigen Fragen auf seine persönliche Mitverantwortung für gesellschaftlich wünschbare Wirtschaftsaktivitäten angesprochen war (vgl. 16), kann auf derartige Weise sicher nicht überzeugt werden, dass ein Unternehmen um die Anerkennung als einem wertvollen Mitglied jener Gesellschaft bemüht ist, in die es mit seiner Geschäftstätigkeit eingebettet ist (vgl. 11).

Insgesamt geht es also weniger um das Mass an Einflussnahme als um die dabei an den Tag gelegte Haltung. Mit Blick auf das Thema sozialer Unternehmensverantwortung lässt sich sagen, dass CSR nicht nur für ein Objekt steht, auf das in einer mehr oder weniger integer geführten Debatte Einfluss genommen wird, sondern selbst der Inbegriff von umfassend verstandenem Unternehmertum ist.

18 Gfs-Forschungsinstitut (Macht 2002), 3.

36. Bestimmen die sozialen Tugenden einer Gesellschaft das Verhalten der Unternehmen oder umgekehrt?

Umgangssprachlich wird häufig von ‹der› Wirtschaft geredet. Dem kann ein eher systemisches Verständnis zugrunde liegen, das vom Gedanken der Eigenwilligkeit marktlicher Abläufe bestimmt ist, oder eher ein Verständnis, bei dem Wirtschaftsaktivitäten schlicht ein Teil der Lebenswelt sind, in der sich Menschen je nach ihrer Sozialisierung eben mehr oder minder tugendhaft verhalten.[19] Einseitig ausgeprägt führt beides zu einer problematischen Haltung in der Frage, welche Rolle den Unternehmen bei der Pflege jener sozialen Tugenden zukommt, die für effiziente Kooperationen im Rahmen von Geschäftsbeziehungen wiederum notwendig sind. Im Rahmen einer einseitigen Systembetrachtung würden solche Tugenden lediglich als etwas beobachtet, das sich ergibt oder nicht ergibt. Problematisch an einer einseitig lebensweltlichen Betrachtung wäre dagegen, dass allein privater Handlungsbedarf beim Einzelnen gesehen würde. Dringend nötig sind jedoch Bemühungen aktiver Gestaltung als Teil des Unternehmensalltags. Denn je weiter wirtschaftliches Denken in alle Bereiche des gesellschaftlichen Lebens vordringt, desto mehr richten die Menschen ihr persönliches Verhalten an der Beobachtung aus, welche Tugenden im Wirtschaftsalltag an den Tag gelegt werden. Denkt man beispielsweise an das Stichwort Steuermoral, kann es kaum befriedigen, wenn nach der Einschätzung von 69% der Befragten die Unternehmen ihrer Aufgabe, Steuern zu zahlen, schlecht oder sehr schlecht nachkommen [FB 15c].

Auch wenn klar ist, dass die Pflege sozialer, also das Zusammenleben in einer Gesellschaft betreffender Tugenden eine Sache der wechselseitigen Beeinflussung zwischen Unternehmen und anderen in diese Gesellschaft eingebetteten Akteuren ist, bleibt die Frage, wie weit sich ein Unternehmen hier in die Pflicht nehmen lassen sollte. Ein gewisses Mass pädagogischen Einsatzes etwa hinsichtlich des Konsum- oder Anlageverhaltens der einzelnen Wirtschaftsbürger (vgl. 16) gehört sicher dazu. Doch eine gewisse Tugendzumutung bleibt für den Einzelnen auch dann bestehen (vgl. 39), wenn man Unternehmen als soziale Systeme in einem durch *aktives* Handeln gepflegten sozialen Umfeld ansieht.

19 Vgl. dazu wegweisend die frühe empirische Studie von Ulrich/Thielemann (Erfolg 1992).

37. Können allein Personen Verantwortung übernehmen?

Überwiegend sind Unternehmen juristische Personen, die für ihre Handlungen zur Rechenschaft gezogen werden können. Dennoch drängen sich Zweifel auf, dass man ganz von den Menschen in diesen Unternehmen abstrahieren kann, wenn nach der Fähigkeit zur Übernahme von Verantwortung gefragt wird. Man denke etwa an die von 94% der Befragten geforderte Entwicklung von Produkten, die weit geringere Risiken bergen, als derzeit gemeinhin akzeptiert sind [FB 19c]. In einem solchen Fall müsste ‹sich› ein Unternehmen ‹entscheiden›, an welchen moralischen Rechten anderer es sich orientiert, statt lediglich marktliche Signale als massgebend zu erachten. Denn es sind ausserökonomische Massstäbe angesprochen, wenn jemand mehr Engagement für angebracht hält, als erwartet wird.

Entscheidungen treffen und moralische Verpflichtungen sehen, das können natürlich nur Menschen. Zuerst wird man an die ranghöchsten Manager denken, denn in ihrer Machtfülle bestimmen sie auch bei der Klärung und Wahrnehmung der sozialen Verantwortung ihres Unternehmens die Marschrichtung. Dass nicht nur auf der Ebene des Einzelnen, sondern auch auf jener der Organisation gedacht werden muss, machen bereits die eklatanten Zerreissproben für Manager deutlich, wenn sie alle Sinn- und Gerechtigkeitsfragen als Privatperson mit sich ausmachen müssen, während alle Massstäbe als Funktionsträger eindimensional auf eine Kennziffer wie den Börsenwert reduziert werden. Deutlich wird dies aber auch in der Tatsache, dass soziale Verantwortung nicht nur eine Frage von Richtungsentscheidungen ist, sondern eine Frage von unzähligen operativen Entscheidungen im Geschäftsalltag, mit denen die jeweils zuständigen Mitarbeiter leicht einmal überfordert sein können. In puncto Verantwortung *auch* auf der Organisationsebene zu denken führt also zu ausdrücklichem Thematisieren von Verantwortungsfragen als einem Teil der Geschäftstätigkeit. So kommt nicht nur eine umfassende Rollendefinition als Funktionsträger zum Ausdruck, sondern es werden Strukturen und Prozesse geschaffen, die den Mitarbeiter nicht ständig zu überfordern drohen, sondern seine Verantwortungsübernahme ermutigen und ermöglichen (vgl. 57).

Auch dieses Denken auf der Ebene der Organisation darf nie über das Ziel hinausschiessen und der Einsicht widersprechen, dass die Bereitschaft zur Übernahme von Verantwortung durch den Einzelnen zwingende Voraussetzung dafür ist. Empirisch nachweisbar senkt eine zu grosse Betonung der Organisationsstrukturen und ein entsprechend unpersönliches Arbeitsklima die Bereitschaft zum Nachdenken, was anständig und verantwortbar ist.[20] Das ist möglicherweise ein

20 Vgl. Kletz/Terrasse/Eiges (Ethics 2002),18.

Grund für die diesbezüglich geteilten Zukunftserwartungen der Befragten, denn schliesslich leiten 62% von ihnen die Einschätzungen aus eigenen Erfahrungen in privatwirtschaftlichen Unternehmen ab und wissen daher sicher um die Spannungen für den, der sich als Bürger der Organisation *und* der Gesamtgesellschaft versteht.

38. Sollte das freie Spiel der Marktkräfte nicht ungestört bleiben von gut gemeinten CSR-Aktionen?

Das Gegenteil von gut sei gut gemeint, besagt eine bekannte Redensart. Sie zielt darauf ab, dass die Nebenwirkungen menschlicher Pläne in der Regel grösser sind als absehbar und vor allem häufig genau in die falsche Richtung gehen. Gehaltvoll erscheint diese Redensart auch bezüglich der Klärung und Wahrnehmung sozialer Unternehmensverantwortung. Der Plan, sozial relevante Problemsituationen durch direkte Bearbeitung im Sinne eines ‹chirurgischen› Eingriffs zu eliminieren, führt wohl ebenso oft zu ‹hässlichen› Nebenwirkungen wie der Plan, diese Probleme indirekt durch vollkommene Deregulierung des marktlichen Koordinationssystems beseitigen zu wollen, auf dass das Gemeinwohl generell ansteige (vgl. 18). Wie also kann ein Unternehmen seine konkreten Schritte auf einem ‹mittleren Weg›, also jenseits solcher unzulässig vereinfachenden Redensarten, bestimmen?

Unklare Vorstellungen herrschen nicht nur oft in Führungsetagen (vgl. 1), sondern auch in der Bevölkerung. Darauf deutet zumindest das Resultat auf die Frage, um welche sozial relevanten Probleme sich ganz sicher nicht die Unternehmen kümmern müssten. Bei durchschnittlich kaum mehr als einer Nennung auf diese offen gestellte Frage wurde von 27% der Befragten und damit mit grossem Abstand am häufigsten auf familiäre und andere persönliche Belange verwiesen [FB 18+]. Dabei hatten diese Befragten zuvor – nicht anders als die übrigen – bezüglich des Umgangs von Unternehmen mit Mitarbeitern ein Engagement auch und gerade für Menschen mit Problemen aus dem Privatbereich gefordert (vgl. 87). Kein Widerspruch wären die beiden Voten mit der Maxime, dass die Übernahme von Verantwortung für die Lebenssituation anderer nur dann angebracht ist, wenn sie den Sinn für und die Fähigkeit zur Eigenverantwortung nicht verdrängt – denn sonst wäre ‹gut gemeint› sicher alles andere als gut. Solche und ähnliche Leitideen müssen sich Unternehmen erarbeiten, wenn sie im Namen des sozialen Fortschritts Marktmechanismen dort nutzen wollen, wo diese vielversprechend erscheinen, und dort direktere Lösungen suchen, wo dem nicht so ist.

39. Liegt die eigentliche Verantwortung nicht beim Verbraucher oder Investor?

Angenommen, ein in dem Sinne ‹faires› Handelssystem für Nahrungsmittel, dass auf Marktmacht gegenüber bestimmten Wirtschaftsakteuren mit unverschuldet schlechter Ausgangslage verzichtet wird, wäre weitgehend frei von widersinnigen Nebenwirkungen falscher Anreize. In diesem Fall wäre noch offen, wer hier die Initiative ergreifen muss. Sind es ausschliesslich die Konsumenten, die durch ihre Aussagen bei Marktforschungsaktionen und durch ihr Kaufverhalten Zwang auf die Unternehmen ausüben müssen? Oder sind es vor allem die Unternehmen, die ihre Kunden subtil oder unverblümt umzuerziehen haben (vgl. 16)?

Obwohl die Fragen eines kurzen Blocks in der ersten Phase des Interviews nur einige wenige Punkte angerissen haben und mehr der Sensibilisierung des Befragten (vgl. 3) als der Erhebung von Haltungen zur sozialen Verantwortung als einzelner Bürger dienen sollten, machen die Ergebnisse nachdenklich. So wurde in diesem Kontext auch danach gefragt, wie sehr beim Einkaufen auf Gütesiegel für Sozialverträglichkeit geachtet wird: Die Mehrheit achtet darauf nur gelegentlich oder nie und lediglich 11% tun dies nach eigenen – in Umfragen immer ein Stück weit übertriebenen – Angaben ‹sehr häufig›. Besonders auffallend ist, dass das Engagement mit zunehmender Schulbildung deutlich abnimmt: Der Durchschnitt von 36% wird von Menschen mit hoher Schulbildung um 8% unter- und mit niedriger Schulbildung um 8% überboten. Erstaunlich ist auch die ausgeprägte Abhängigkeit vom Alter: Das Spektrum reicht hier von 12% bei den 18- bis 29-Jährigen bis 47% bei den über 60-Jährigen [FB 7a+]. Die bequeme Lösung, dass der Konsument den Unternehmen das Engagement weitgehend abnimmt, stellt sich also nicht ein. Doch bedeutet das umgekehrt, dass die Unternehmen und somit der im Einzelfall handelnde ‹Organisationsbürger› (vgl. 37) den Verbraucher und damit den ‹Konsumbürger› ganz aus der Verantwortung entlassen sollten?

Zwar wäre der unzivilisierteste Fall des sich gegenseitigen Zuschiebens der Verantwortung vermieden, würden von Unternehmensseite Vorleistungen erbracht, um die soziale Gleichgültigkeit des in der Masse versteckten Einzelnen ein Stück weit zu kompensieren. Darin läge jedoch – sofern es stillschweigend geschieht – ein Schritt in die falsche Richtung. Denn jedes mit Blick auf die Rechte und Pflichten als Bürger eines Gemeinwesens gedachte Engagement sollte erkennbar das Prinzip zur Geltung bringen, dass *jeder* Bürger durch die Bemühung um eine verallgemeinerungsfähige Handlungsweise seinen Beitrag zu einer ‹wohnlichen› oder zumindest ‹bewohnbaren› Gemeinschaft leisten muss. Im Beispiel des ‹fairen› Handelssystems etwa müsste zum Engagement des Unternehmens auch die Suche nach geeigneten Wegen gehören, Konsumenten darauf anzusprechen, ob bei näherem Hinsehen die Balance gewahrt sei zwischen der Verantwortung, entsprechende Produkte professionell anzubieten, und der Verantwortung, diese bewusst zu kaufen.[21] Darin liegt eine zentrale Kommunikationsaufgabe.

Dieses logische Prinzip der Balance zumutbarer Vorleistungen trifft natürlich auch auf den Anleger zu, der mit seiner Investitionsentscheidung grossen Einfluss darauf hat, ob Unternehmen mit beachtlichem oder mit desolatem Engagement bei der Klärung und Wahrnehmung ihrer sozialen Verantwortung Finanzmittel für ihre Geschäftstätigkeit erhalten. Zwar sind die Befragungsergebnisse [FB 7b] ohne Kenntnis des Bevölkerungsanteils, der sich überhaupt mit Anlageentscheidungen jenseits der klassischen Varianten Sparbuch, Festverzinsliche oder konservative Aktienfonds befasst, nicht übermässig aussagekräftig,[22] sie deuten aber ebenfalls grossen Handlungs- und Kommunikationsbedarf an.

40. Produkte, Steuern, Arbeitsplätze – und das war‘s?

Überzeugende Produkte und Dienstleistungen in die Welt zu bringen, Menschen Entfaltungsmöglichkeiten im Arbeitsleben zu bieten und mit Steuergeldern Beiträge zu einer gesellschaftlichen Infrastruktur zu leisten, diese zentralen Aufgaben von Unternehmen sind in aller Regel unbestritten. Worin auch immer eine vollständige Erfüllung dieser Aufgaben genau liegt, es bleibt zunächst die Frage, ob damit der sozialen Unternehmensverantwortung bereits Genüge getan ist.

Lediglich jeder zehnte Befragte kann der Aussage, dass über diese zentralen Aufgaben hinaus keine Ansprüche an die Unternehmen gestellt werden sollten, völlig zustimmen. Dabei mag eine überdurchschnittliche Quote bei Menschen in Leitungspositionen (17%) noch nahe liegen, bei Facharbeitern (15%) überrascht dies eher. Möglicherweise hat hier eine Rolle gespielt, dass diese Berufsgruppe tätigkeitsbedingt in besonderer Weise auf hochwertige Produkte ausgerichtet ist. Kaum Bedenken bei einer recht engen Definition der gesellschaftlichen Rolle von Unternehmen haben jedenfalls nur wenige. Doch bleibt es mit 45% eine Minderheit, die die vorgegebene Aussage ausdrücklich ablehnt [FB 14+]. Zwar mag bei dem Votum, nicht ‹völlig›, sondern ‹eher› zuzustimmen, ein Teil der Befragten mehr an die Wichtigkeit als an die Suffizienz der genannten Aufgaben gedacht

21 Dafür interessieren sich CSR-Verbraucherbefragungen meist zu wenig und fragen stattdessen nur nach pauschalen Absichtserklärungen, vgl. Maignan (Comparison 2001), 57.

22 Hieran leiden die meisten Studien zu ‹Social Responsible Investment›, vgl. CSR-Europe (Investment 2001).

haben. Dennoch bleibt ein gewisser Widerspruch zu den hohen Ansprüchen an Unternehmen, wie sie bei den vier Hauptfragen zur möglichen Reichweite sozialer Unternehmensverantwortung (vgl. 27) zum Ausdruck gekommen sind. Dies ist als Indiz dafür zu werten, dass in der öffentlichen, nicht auf Expertenzirkel begrenzten CSR-Diskussion eines noch zu wenig bewusst geworden ist: Weil jeder, der sich als Wirtschaftsteilnehmer auf soziale Anliegen einlässt, auf die Frage nach einer vernünftigen Gesellschaftsordnung und einer tragfähigen Rollenverteilung stossen muss (vgl. 4), ist die Hoffnung, sich auf wenige eng abgegrenzte Aufgaben einer ‹normalen› Geschäftstätigkeit konzentrieren zu können, reine Illusion. Hier liegt für die klärungsorientierte Kommunikation besonderer Handlungsbedarf (vgl. 54).

Ohnehin verhindern die Ergebnisse einer Zusatzfrage vorschnelle Schlüsse aus der relativ zögerlichen Ablehnung des verengten Bilds von einem zeitgemässen Unternehmen. Auf die Frage, wie die Unternehmen den genannten Basisaufgaben heute nachkommen, ist das Urteil nur mit Blick auf Produkte und Dienstleistungen positiv. Während hier nur 16% der Befragten Unzufriedenheit signalisieren, ist dies in puncto Steuerzahlung bei 69% und in puncto Arbeitsplätze gar bei 81% der Fall [FB 15]. Dies führt vor Augen, dass nicht das ‹Ob›, sondern immer das ‹Wie› der Erfüllung unternehmerischer Aufgaben zur Debatte steht und zur Disposition gestellt werden muss. Eine unverkürzte Diskussion über soziale Unternehmensverantwortung dreht sich also darum, *wie* bei Entwicklung und Vermarktung von Produkten und Dienstleistungen auf die Anliegen aus der Gesellschaft eingegangen wird, *wie* Arbeitsbedingungen gestaltet sind und *wie* mit den sozialen Motiven hinter der Steuerpflicht umgegangen wird.

Eine ausdrücklichere Beschäftigung mit dem jeweiligen Unternehmensbild, wie es jeder Argumentation über soziale Verantwortung mindestens unbewusst zugrunde liegt, tut also Not. Dass durch die verstärkte Verlagerung moralischer und politischer Begründungsarbeit in die Unternehmen hinein mehr Interessenkonflikte zu lösen sein werden, ist ein heikler Umstand, der an anderer Stelle auch in der Befragung deutlich wurde (vgl. 48). Insgesamt geht es dabei aber nicht um utopische Erwartungen, wie die Zurückhaltung der Bürger, allzu viele Ansprüche an die Unternehmen zuzulassen, klar gezeigt hat.

41. CSR als Teil der Strategie – oder umgekehrt?

Derzeit beginnen Unternehmen eine ernsthafte und ausdrücklichere Auseinandersetzung mit der CSR-Thematik offenbar vielfach mit Systematisierungsversuchen bezüglich ihres Spendenwesens (vgl. 44). Wenn in diesen Fällen von ‹Strategie› die Rede ist, geht es also eher um einen Detailplan, der übrigens nicht immer auf eine maximale Imageverbesserung mit einem überschaubaren Budget zielt, sondern durchaus auch auf eine möglichst effiziente Bearbeitung der mit guten Gründen ins Visier genommenen Sachprobleme gerichtet sein kann. Eine Ausnahme ist es hier zu Lande eher noch, dass CSR bei der Entwicklung einer ‹Strategie› – im Sinne der langfristigen Ausrichtung aller Prozesse im Unternehmen – zum Thema wird. In den USA ist diese gedankliche Verknüpfung dagagen bereits üblich, geben dort doch mehr als die Hälfte der Unternehmen ‹Corporate Citizenship› – und das kann in gewissem Masse mit CSR gleichgesetzt werden (vgl. 11) – als Strategiebestandteil an.[23] Die Überarbeitung einer Unternehmensstrategie gleicht weniger der Lösung einer Rechenaufgabe als einer umfassenden und dauerhaften Suchbewegung. Es muss deshalb sehr nachdenklich stimmen, wenn die Befragten im Durchschnitt von nicht weniger als 42% der Unternehmen glauben, diese hielten es ausdrücklich nicht für notwendig, sich aktiv um die Klärung ihrer sozialen Verantwortung zu bemühen. Über ein Drittel der Befragten gibt sogar eine Schätzung zwischen 0% und 30% ab [FB 27+].

Unternehmen sehen sich heute mit der These konfrontiert, Vorbedingung eines tragfähigen CSR-Engagements sei eine Verankerung in der Unternehmensstrategie. Hier verbirgt sich eine grosse Herausforderung, denn mit dem Einfügen eines zusätzlichen ‹Kapitels› ist es keineswegs getan. Sobald die schriftlichen oder verbalen Verlautbarungen zur Unternehmensstrategie danach klingen, als gehe man nur scheinbar und opportunistisch auf die derzeit besonders stark debattierten sozialen Anliegen ein, tritt ein Imageschaden ein, der grösser sein dürfte als bei einer kompletten Aussparung des Themas (vgl. 50). Es muss vielmehr gelingen, bei der Definition von ‹Leitplanken› und ‹Leitsternen› – denn darin besteht letztlich eine Strategie – die eigene Interpretation des Gedankens sozialer Verantwortung voll zur Geltung zu bringen. Nur dann kann die angestrebte Kanalisierung der unzähligen Aktivitäten in einem Unternehmen so gelingen, dass der Einzelne wirklich auf sozial wertvolle Ziele hinarbeitet und jene Geschäftspraktiken tatsächlich ausgeschlossen sind, die keine gesellschaftliche Anerkennung verdienen. In diesem Sinne ist die Strategie eher ein Teil des CSR-Engagements als umgekehrt.

23 Vgl. Trustees of Boston College (State 2003), 21.

42. Rechnet sich soziale Unternehmensverantwortung?

Nur eine kleine Minderheit von 11% der Befragten glaubt, dass im Vergleich zu Unternehmen, die sich aktiv um ihre soziale Verantwortung bemühen, jene Unternehmen auf lange Sicht erfolgreicher sind, die sich den entsprechenden Aufwand sparen. Signifikante Abweichungen gibt es weder hinsichtlich des Geschlechts, der Schulbildung oder der beruflichen Stellung. Auffällig ist dagegen, dass in der Altersgruppe von 18 bis 29 Jahre die Quote von 11% auf 17% steigt und einmal mehr die junge Generation grössere Skepsis an den Tag legt [FB 41+]. Wogegen sich diese Skepsis genau richtet, konnte in dem halbstündigen Telefoninterview nicht ergründet werden. Ermutigend wäre es, wenn darin eine gesunde Zurückhaltung gegenüber einer leichtfertigen Gleichsetzung von sozialer Verantwortung mit Unternehmensgewinnen oder von Unternehmensgewinnen mit sozialer Verantwortung zum Ausdruck käme, wie sie US-amerikanischen Praktiken häufig unterstellt wird. Tatsächlich betonen Unternehmen dort in Befragungen jeweils mit Zweidrittel- oder Vierfünftelmehrheiten die direkte Steigerung der Profitabilität durch ein CSR-Engagement.[24]

Die Alternative zu einer allzu leichtfertigen Gleichsetzung besteht natürlich nicht im Aufbau eines falschen Gegensatzes – etwa dass sozial verantwortliches Handeln immer kostspielig sein muss oder dass ökonomisch kluges Handeln nie sozial verantwortlich sein kann. Doch es geht durchaus um die Erhaltung einer kritischen Aufmerksamkeit für sinnentstellende Vereinfachungen. Eine solche läge beispielsweise vor, wenn mit der pauschalen Aussage über die positive Wirkung ‹der› sozialen Verantwortung auf den Unternehmenserfolg das Bewusstsein für die Klärungsbedürftigkeit verloren ginge, worin genau jeweils eine verantwortbare Entscheidung bestehen kann. Was soziale Unternehmensverantwortung ist, wird nie in einem Katalog nachlesbar sein. Doch liegt genau diese Illusion so manchem CSR-Engagement zugrunde, wie es an stark begrenzten Themenstellungen und äusserst punktuell gedachten Aktivitäten erkennbar wird.

Im Zuge der Nachhaltigkeitsdebatte (vgl. 13) hat verbreitet der Gedanke der ‹Triple Bottom Line› mit finanziellen, sozialen und ökologischen Zielkriterien Einzug gehalten. Eine weitere sinnentstellende Vereinfachung läge also darin, im Gegensatz dazu doch wieder nur zu fragen, ob sich ein Engagement bezüglich der einen, hoch aggregierten Grösse des Unternehmensgewinns ‹rechnet› und damit auf alle unprofitablen CSR-Aktivitäten zu verzichten – eine Instrumentalisierung, hinsichtlich der die Bevölkerung äusserst kritisch, aber auch ratlos ist (vgl. 48).

24 Vgl. PriceWaterhouseCoopers (CEO 2002), 18; Trustees of Boston College (State 2003), 9.

43. Soziale Unternehmensverantwortung im ‹Business Case› – wie weit trägt die ‹Win-Win›-Logik wirklich?

In erster Linie muss es als Fortschritt gewertet werden, wenn Unternehmen sich heute aufmachen und jenen Aktivitäten konkret nachspüren, bei denen sich die klassische Logik unmittelbar vorteilhafter Geschäfte mit Ansprüchen an Integrität und Verantwortung verbinden lässt. Nur wenn konkrete Aktivitätsfelder bearbeitet werden, kann sich etwas verändern. Vor allem scheint die alte Denkblockade beseitigt, soziale Verantwortung sei lediglich ein lästiger Kostenfaktor (vgl. 42). Doch welches Unternehmensbild wird da genau skizziert, wenn die Interpretation von Befragungsergebnissen in die Empfehlung mündet, Unternehmen sollten verstärkt die für sie unmittelbar vorteilhaften Effekte – den ‹Business Case› – herausstreichen, da die Bevölkerung inhaltlich an den ‹guten Taten› gar nicht interessiert sei?[25]

Auf den ersten, oberflächlichen Blick leuchten solche – zunehmend auch von Hilfswerkvertretern oder etwa Europapolitikern ausgesprochene – Empfehlungen durchaus ein. Denn jeder Verdacht auf instrumentalisierende Hintergedanken und einen entsprechend halbherzigen Einsatz ist von vornherein substanzlos, wenn als Vorbedingung geprüft wird, ob eine ‹Win-Win›-Konstellation für die unmittelbar Beteiligten – und natürlich nur für diese – vorliegt. Doch bei näherem Hinsehen ist diese Glaubwürdigkeitsüberlegung nicht problem-, sondern hoffnungslos. Denn sie drückt aus, dass von Unternehmen einzig und allein die Maximierung des eigenen Vorteils erwartet werden könne, keinesfalls etwas wie Rücksichtnahme oder Argumentationsintegrität. So werden Unternehmen geradezu gedrängt, dem Friedmanschen Diktum der 70er-Jahre doch noch nachzuleben: Die Verantwortung der Unternehmen liege in der Maximierung der Gewinne und in sonst nichts.

Ganz praktisch zeigt sich dieser Zusammenhang, wenn es an die konkrete Messung der in den unterschiedlichen Bereichen angestrebten Vorteile geht – sei es kundenbezogen erhöhte Bindung, personalbezogen gesteigerte Motivation oder behördenbezogen verbesserte Reputation.[26] Auch wenn es nicht dazu kommt, dass jeweils bis zum ‹letzten› Beweis gezögert wird: Es ergibt sich eine Fall-zu-Fall-Kultur, in der beispielsweise die Einstellung von Behinderten (vgl. 92) nicht ‹möglich› wird, weil die Zwangsabgabe für die Nichterfüllung der obligatorischen Behindertenquote billiger ist. Kein Wunder, wenn die Bereitschaft zur aktiven Klärung der sozialen Verantwortung dann niedrig eingeschätzt wird (vgl. 16).

25 Vgl. ECC Kohtes Klewes (Stakeholder-Report 2003), 4.

26 Vgl. CSR Austria (Verantwortung 2003), 31 sowie Maaβ/Clemens (Citizenship 2002), 81.

Fragen rund um philanthropische Traditionen

44. CSR gleich grosszügige Gewinnverteilung?

Gleich in der ersten Phase des Interviews wurde ohne vorgegebene Antwortoptionen nach den persönlichen Erwartungen an sozial verantwortliche Unternehmen gefragt. In den Antworten finden sich eher Forderungen nach ‹klaren unternehmerischen Konzepten› oder nach ‹Leistung und Versorgung statt Frühkapitalismus› als der vermeintlich nahe liegende Wunsch nach spendabler Gewinnverwendung. Das trifft sogar dann zu, wenn man in die Liste der nicht mehr sinnvoll zu gruppierenden Restthemen geht: Kein halbes Dutzend der Aussagen von tausend Befragten liegt im Spektrum von ‹Kulturstiftung› über ‹Armenfürsorge› bis ‹Sponsoring› [FB 2+]. Dem steht gegenüber, dass österreichische Unternehmen auf die Frage nach der Form ihres Engagements am häufigsten, nämlich zu 93%, die Geldspende nennen.[27] Erliegen also britische Parlamentarier einer Illusion, wenn über die Hälfte von ihnen die Ansicht vertritt, Unternehmen sähen in sozialer Verantwortung heute weit mehr als nur Spenden an gemeinnützige Organisationen?[28]

Sicher ist kaum eine Konstellation denkbar, in der ein Unternehmen keinerlei ‹wohltätige› Zuwendungen budgetiert und dennoch die Anerkennung als sozial verantwortliches Mitglied der Gesellschaft verdient. Darum ist es auch so sinnvoll, wenn derzeit zahlreiche Unternehmen spezifische Kriterien für solche ‹Wohltaten› systematisch zu bestimmen versuchen (vgl. 48). Nun ist aber oft noch die Rede davon, dass eine Manövriermasse am Ende nur dann ‹übrig bleiben› kann, wenn zuvor ‹alles› für den Unternehmenserfolg getan werde. Dies erinnert daran, dass Gewinnverteilung viel früher einsetzt als erst bei klassischer Spendentätigkeit – die sich relativ zum Umsatz meist ohnehin nur im Promillebereich abspielt. Streng genommen ist jeder Aufwandposten eine ‹Verteilung›, die fast immer auch anders ausfallen könnte. Ebenfalls hier einzuordnen sind entgangene Gewinne, die mit härterem Verhandlungsgebaren nicht an andere Akteure hätten ‹verteilt› werden müssen. So gesehen ist CSR durch und durch ein Thema der Gewinnverteilung, allerdings gerade nicht im Nachgang an unternehmerische Aufgaben, sondern als allgegenwärtiger Teil davon.

27 Vgl. CSR Austria (Verantwortung 2003), 27.

28 Vgl. PriceWaterhouseCoopers (Politics 2001), 11.

45. Dienen Unternehmen der Gesellschaft am besten durch die Förderung gemeinnütziger Organisationen?

Die Klärung und Wahrnehmung sozialer Verantwortung hat im Wirtschaftskontext sicher viel mit der Frage zu tun, ob die Geldströme, wie sie von den unzähligen Vertragsabschlüssen eines Unternehmens ausgelöst werden, aus gesellschaftlicher Perspektive wünschenswert und gerechtfertigt sind. Dabei darf die Umrechnung auf geldwerte Vorteile nicht übertrieben werden, geht es bei Verantwortungsfragen doch auch um ein weites nicht materielles Feld – sei es die Rücksichtnahme auf psychisch labile Mitarbeiter, die Phantasie bei der Bedienung unternehmerisch bisher uninteressanter Bedürfnisse oder auch die Authentizität beim Einlassen auf ungewohnte Anliegen. Denkt man etwa an die Heimatgefühle derer, die mit ihrem Dorf einer neuen Startbahn weichen sollen, ist es bisweilen sogar gerade die Tatsache einer ausschliesslichen Thematisierung als Kostenfrage, die nicht zur Vorstellung von sozial verantwortlichen Unternehmen passen mag.

Kaum einem Unternehmen ist der Gedanke der Gemeinnützigkeit fremd, mit dem sich auch privatwirtschaftliche Akteure in den Dienst der Gesellschaft stellen. Dies gilt unabhängig davon, wie einfühlsam und sachbezogen Verständigungsprozesse in gesellschaftlicher Perspektive bereits glücken und ob noch immer bei einigen Geschäftsaktivitäten Verantwortbarkeitsdiskussionen von vornherein und willkürlich abgeblockt werden. Nach wie vor stösst man in diesem Zusammenhang jedoch auf die Denkfigur, dass für das Gemeinwohl am meisten herauskomme, wenn jeder Akteur seine Interessen möglichst unverwässert, um nicht zu sagen: rücksichtslos, vertritt. Dahinter steht die Hoffnung, dass die ‹unsichtbare Hand› des marktlichen Koordinationsmechanismus alle Handlungen ganz unabhängig von ihren ‹guten› oder ‹schlechten› Absichten zum Wohle aller ausfallen lässt.

Auch wenn ein Unternehmen diese Idee in ihrer zu stark vereinfachenden Reinform verworfen hat und sich – nicht nur widerwillig und scheinheilig – um bestimmte Anliegen auch unmittelbar kümmert (vgl. 18), ist zu bezweifeln, dass die Regel bezüglich der finanziellen Unterstützung gemeinnütziger Organisationen lautet: ‹Je mehr, desto verantwortungsbewusster!›. Es gilt doch, die Gesellschaftsdienlichkeit des Unternehmenszwecks jeweils möglichst klar darlegen zu können sowie konzeptionell schlüssig zu beurteilen, ob die eventuell einzuschaltende gemeinnützige Organisation zu diesem Unternehmenszweck passt, dabei jedoch effizienter ist. Rückenwind erhält diese Aufgabe durch den starken Anklang der Förderung des Ehrenamts (vgl. 68), das für gemeinnützige Organisationen tragende Bedeutung hat. Allerdings wird eine solche Förderung von den Befragten im Mittel nur bei 21% der Unternehmen vermutet [FB 20].

46. Ist Hilfe für Notleidende zwingender CSR-Bestandteil?

Die Antwort auf die Frage, ob im Rahmen sozialer Verantwortung die Versorgung armer Regionen mit lebenswichtigen Produkten zu Selbstkosten als eine Unternehmensaufgabe angesehen werde, hängt stark davon ab, ob eher ein enges oder ein umfassendes Bild von der gesellschaftlichen Funktion eines Unternehmens besteht (vgl. 40). Von den Befragten, die ein enges Verständnis stark befürworten, stimmen nur 59% zu, während von den Befragten, die ein enges Verständnis stark ablehnen, 87% zustimmen [FB 19h+]. Gerade bei einer Frage bezüglich der Armut in Entwicklungsländern, wo ‹lebenswichtig› meistens *über*lebenswichtig meint, gehen die Meinungen also stark auseinander. Dies nährt die Vermutung, dass der gutmenschliche Reflex einer – ‹selbstlosen› und ‹aufopfernden› – Linderung von Nöten der sozial Schwächsten dieser Welt gedanklich weniger stark mit sozialer Unternehmensverantwortung verknüpft wird, wie man oft meint. Das CSR-Thema ist nicht nur eines von anerkennenswerten – meist religiös verankerten – Reflexen, sondern vor allem eines der – vielleicht dort beginnenden – kühlen Klärung, was an gegenseitigen Ansprüchen im Einzelnen begründet werden kann und welche konkreten Schritte den diversen Beteiligten zumutbar sind. Passend dazu liegen die Antworten jener Befragten, die bei NGOs beschäftigt sind, bei dieser Frage einmal ganz im Durchschnitt. Offenbar wurde auch in Kreisen mit besonderem Interesse an der CSR-Thematik noch keine gefestigte Argumentationslinie zu der konkret vorliegenden Problematik der Unterstützung armer Länder durch die nicht kommerzielle Überlassung von Leistungen und Produkten erarbeitet.

Im gesamten Antwortmaterial finden sich keine Hinweise auf die pauschale Reduzierung von sozialer Unternehmensverantwortung auf gutmenschliche Helferreflexe. Dies ist mit Blick auf einen angemessen differenzierten Umgang mit den vielfältigen Herausforderungen ermutigend. Dennoch bleibt die Linderung von Not klar ein Themenbestandteil und ist gedanklich ein ergiebiger Ausgangspunkt für viele andere Aktivitäten. Denn letztlich hat man hier die augenfälligste Form des Problems vor sich, dass jemand als Unternehmer seiner selbst erfolglos ist – sei es wegen einer aussichtslosen Anfangsausstattung, sei es wegen verschuldeter oder unverschuldeter Fehlentscheidungen ‹unterwegs›. Den Verlierern im ‹Spiel› des marktlichen Wettbewerbs nicht nur gemäss ihrer Leistungsfähigkeit, sondern auch gemäss ihren Bedürfnissen gegenüberzutreten, ist ein bedeutendes, wenn nicht sogar das wichtigste Moment eines zukunftsweisenden Verständnisses sozialer Unternehmensverantwortung. In diesem Sinne sind ‹hässliche› und damit imagemässig kaum nutzbare Nöte eine Nagelprobe für die Ernsthaftigkeit der Hilfeleistung (vgl. 73) – obwohl solche Almosen natürlich nur auf Symptome zielen.

47. Sponsoring aus sozialer Unternehmensverantwortung?

Sofern es bei Sponsoring um Zahlungen mit vertraglich klar bestimmten Gegenleistungen im Bereich Bekanntheitssteigerung und Imagetransfer geht, sind hohe Budgets keinerlei Hinweis auf ein hohes Niveau bei der Wahrnehmung sozialer Verantwortung. Alltagssprachlich umfasst ‹Sponsoring› aber auch in vielen Unternehmen oft noch Spendenaktivitäten. Diese Vermischung ist insofern bedauerlich, als die jeweilige Herausforderung im CSR-Kontext recht unterschiedlich ist. In der Befragung zeigten sich denn auch Unsicherheiten bezüglich eines begründeten Urteils, ob ein soziales Engagement direkten Bezug zu den Produkten und Dienstleistungen, also zum Kerngeschäft des Unternehmens, haben soll oder nicht.

Schon die Vorstellungen bezüglich der tatsächlichen Situation sind geteilt. Der Anteil der Befragten, die einen direkten Bezug als die Regel ansehen, überwiegt nur leicht. Auffälligerweise gibt es keinerlei Zusammenhang zwischen dieser Einschätzung und der Meinung, wie es um den Bezug zwischen CSR-Engagement und Kerngeschäft bestellt sein *sollte*. So fürchten diejenigen, die einen Bezug für die Regel halten, die Gefahr von Abhängigkeiten oder Bestechlichkeit nicht mehr als jene, die den Bezug als Ausnahme ansehen [FB 22/23/24+].

Die Unsicherheit, ob insbesondere Spenden einen Bezug zum Kerngeschäft aufweisen sollen oder nicht, zeigt sich bereits in der mit 9% auffallend hohen Quote an Nicht- oder ‹weiss nicht›-Antworten [FB 22]. Sie drückt sich aber auch darin aus, dass auf die Frage nach den Gründen für die bekundete Einstellung eher Überzeugungen und Beobachtungen als echte Begründungen geäussert werden. So ist bei den Gegnern eine Zweidrittelmehrheit einfach überzeugt, dass man aus Spenden keine Vorteile ziehen darf bzw. der karitative Gedanke im Vordergrund zu stehen habe. Bei den Befürwortern weist hingegen eine Zweidrittelmehrheit schlicht auf die Vorteilhaftigkeit für beide Seiten hin [FB 23+]. Insgesamt überwiegen die Gegner mit 63% deutlich – übrigens völlig unabhängig davon, ob die gesellschaftliche Unternehmensfunktion eher eng oder weit definiert wird (vgl. 40).

Die Vorbehalte gegenüber Verknüpfungen zwischen CSR-Engagement und Geschäftstätigkeit betreffen das unverhohlen auf klar definierte Vorteile zielende Sponsoring nur scheinbar nicht. Sicher darf ein Sponsoringplan auch Aktivitäten vorsehen, die nicht ausdrücklich im Bemühen um Klärung und Wahrnehmung der sozialen Verantwortung entstanden sind – sofern damit im Einklang stehend. Doch vor allem liegt die Herausforderung darin, auch mit der Wahl der Sponsoringpartner die CSR-Idee des Unternehmens zum Ausdruck zu bringen.

48. Was ist eine ‹gute› Spende?

Über alle Befragten hinweg dominiert mit 35% das Votum, es dürfe einfach nicht sein, dass Unternehmen versuchten, sich mit ihrem sozialen Engagement Vorteile zu verschaffen [FB 23+]. Was beim Sponsoring nur andeutungsweise zum Tragen kommt, macht sich im Spendenwesen in voller Intensität bemerkbar: die Spannung zwischen sachlich guten Absichten und kommerziellen Motiven. In der Tat ist es kaum vorstellbar, dass ein Spendenbudget eine angemessene Verwendung findet, wenn sich die dafür Zuständigen nicht auf effektives Arbeiten an den vom Unternehmen gewählten Problemen konzentrieren können, weil sie ständig die direkten und indirekten Vorteile der jeweiligen Aktivität beurteilen sollen. Nicht umsonst werden regelmässig Stiftungen gegründet, deren im Einzelnen unabhängige Arbeit gesamthaft aber durchaus zu kommerziell wirksamer Imagepflege beitragen kann.

63% der Befragten stehen einer Verbindung zwischen CSR-Engagement und Kerngeschäft skeptisch gegenüber [FB 22]. Dies könnte als wichtige Kritik an leichtfertiger Instrumentalisierung (vgl. 22), aber auch als Kapitulationserklärung ausgelegt werden. Wem nämlich kein stimmiges Konzept gelingt, wie soziale Verantwortung nicht im Nachgang, sondern im Zuge des Tagesgeschäfts zur Geltung gebracht werden kann, hat auch bei sehr grosszügiger Spendentätigkeit nur einen Bruchteil der Herausforderung angenommen. Schliesslich gibt es mit ‹Corporate Giving› bereits einen Begriff, der anders als ‹Corporate Social Responsibility› nur die klassischen philanthropischen Aktivitäten meint. Eine ‹gute› Spende ist also eine, die zumindest ansatzweise eine Verbindung in den Geschäftsalltag hat und nicht auf den irreführenden, wenn auch zunächst plausiblen Gedanken reduziert ist, die Mittel für karitative Zwecke müssten zuvor verdient werden – egal wie.

Ein guter Ansatz auf dem Weg zu einem umfassenderen CSR-Konzept kann also durchaus sein, die bisherige Spendentätigkeit daraufhin zu untersuchen, wo sich mit Blick auf Entscheidungen im ‹normalen› Geschäftsalltag thematische Anknüpfungspunkte ergeben, und firmenintern entsprechende Sensibilisierungs- und Verständigungsprozesse zu verstärken. Hilfreich ist es, hier abzuklären, welche bislang rein finanziell gedachten Hilfeleistungen eher mit firmenspezifischem Know-how erbracht werden sollten – denn so ergibt sich die Verflechtung mit dem Geschäftsalltag automatisch. Wenn etwa diverse gemeinnützige Organisationen bisher gewohnheitsmässig eine finanzielle Zuwendung erhielten (vgl. 45), könnte nicht nur überprüft werden, ob gewisse Leistungen effektiver und vor allem mit Auswirkungen auf entsprechende Geschäftsprozesse nicht selbst erbracht werden sollten, sondern auch, ob operative Kooperationen erstrebenswert erscheinen.

49. Beruhen CSR-Aktivitäten auf Altruismus?

Was genau passiert, wenn eine Musik-CD nicht einfach mit Musik bestückt wird, sondern zudem mit dem Versprechen, einen festen Betrag des Kaufpreises der Krebshilfe zuzuführen? Zunächst geht dem Unternehmen ein Teil des Erlöses verloren. Möglicherweise steigt die Absatzmenge aber so stark, dass dies mehr als kompensiert wird. Sicher ist, dass die Bereitschaft zur Hilfeleistung an andere, also Altruismus, im Spiel ist. Unklar ist, wie genau. Im Vergleich mit zwei getrennten Vorgängen – der Käufer kauft nur die Musik und leistet seine Spende direkt an die Hilfsorganisation – wird die Lage komplexer. Denn mit der Erwartung, das Unternehmen müsse die Hilfsbereitschaft ein Stück weit teilen oder dürfe zumindest nicht von der Welle der Sympathie für die Hilfsorganisation profitieren, wird das Moment des Altruismus ins Unternehmen hineingetragen. Das ‹Cause Related Marketing›, das genau zwischen Sponsoring (vgl. 47) und Spende (vgl. 48) anzusiedeln ist, unterliegt dabei den gleichen Ansprüchen wie alle anderen Aktivitäten, die philanthropische Wurzeln haben und in ein modernes CSR-Verständnis münden sollen. Insbesondere geht es darum, dass die Aktivitäten zur gesellschaftlichen Wertschöpfungsidee des Unternehmens passen (vgl. 11) und alle geäusserten sozialen Anliegen hinsichtlich ihrer Zumutbarkeit geprüft werden (vgl. 4).

Ein solches Marketinginstrument ist durchaus interessant, weil es das Thema der sozialen Verantwortung in den Unternehmensalltag trägt. Wird in dem Kontext aber mit Blick auf die Wirkung auf den Konsumenten die Wahl getroffen, welches Anliegen zu fördern sei, empfiehlt sich eine lebensnähere Logik als nur die, dass jeder Wirtschaftsakteur nichts als seinen Nutzen maximiert. Im letzteren Fall hätte beispielsweise die Gruppe mit hohem Arbeitslosenanteil mit 75% wohl kaum sehr viel stärker die nicht kommerzielle Versorgung armer Regionen mit Produkten und Dienstleistungen gefordert als die Gruppe der Erwerbstätigen, die hier nur zu 70% zustimmten. Noch klarer fiel mit 31% zu 24% der Unterschied bei den Antworten mit vorbehaltloser Zustimmung aus [FB 19h+]. Voraussetzung für glaubwürdige Praktiken (vgl. 72) ist hier die Authentizität in Argumentation und Handeln. Problematisch scheint dabei die Aussage, CSR bestehe in ökonomisch motivierten Aktivitäten mit gesellschaftspolitischer Dimension. Ein Motto mit viel stärkerer Orientierungskraft wird daraus, wenn man den Zusammenhang umdreht: CSR als gesellschaftlich inspirierte Aktivität mit ökonomischer Dimension. Altruismus im fälschlichen Sinne der Aufopferung als Selbstzweck ist im Unternehmensalltag sicherlich fehl am Platz. Doch im Sinne von wohlverstandenem, in den Kontext menschlichen Zusammenlebens gestelltem Eigeninteresse hat er durchaus seine Berechtigung – spätestens, wenn man an ihn appelliert.

Fragen, wenn die Glaubwürdigkeit in Frage steht

50. Eignet sich CSR, um das Vertrauen in die Wirtschaft wiederzugewinnen?

Zumindest in der Schweiz ist seit der Jahrtausendwende die Einschätzung, die Wirtschaft versage eher oft als selten in den entscheidenden Dingen, kontinuierlich von 29% auf 57% angestiegen.[29] Dass sich ein Gefühl des Systemversagens (vgl. 18) immer stärker festsetzt, wird dabei nicht nur persönlichen Belastungen etwa durch Preiserhöhungen oder Jobunsicherheit zugeschrieben, sondern auch den häufiger zu Tage tretenden Skandalen. Das Vertrauen in die technische Leistungsfähigkeit der Unternehmen, sich professionell auf Märkten zu bewegen und dort geäusserte Bedürfnisse effizient zu decken, ist in sehr komplexer Weise verknüpft mit dem Vertrauen in die soziale Kompetenz, die Dinge nicht nur richtig, sondern aus gesellschaftlicher Sicht wirklich die richtigen Dinge zu tun. Wird Letzteres in einem sehr engen Sinne mit der Frage verknüpft, ob die Mehrheit der deutschen Unternehmen anständig und verantwortungsvoll arbeitet und Betrug oder Täuschung eine seltene Ausnahme sind, stimmen zwei Drittel der Befragten zu, ein Drittel nicht [FB 25]. Wer es ablehnt, in der oft diskutierten ‹Vertrauenskrise› nur ein vorübergehendes Phänomen zu sehen, das sich auch ohne weiteres Zutun wieder erledigen wird, der muss sich fragen, ob und wie CSR-Aktivitäten als Gegensteuer geeignet sind, damit zukünftig wieder weniger als ein Drittel der Bevölkerung Betrug und Täuschung im Unternehmensalltag für die Regel hält.

Auch wenn es in manchem Fall schliesslich doch zu weithin erkennbaren Alibiübungen kommt, ist es eine einfache und unstrittige Einsicht, dass halbherzig und unüberlegt eingeleitete Aktionen besonders grossen Schaden in Bezug auf die Glaubwürdigkeit des gesamten Unternehmens verursachen, wenn sie mit sensiblen Titeln wie sozialer Verantwortung versehen werden. Angestrengtes Überlegen, unter welchen Bedingungen ein Schaden vermutlich einträte, dürfte über kurz oder lang auffallen und die gleichen Glaubwürdigkeitsschäden verursachen. Sensibel ist die Thematik durch ihre Unverträglichkeit mit rein funktionalem Denken, das in der Verfolgung eigener Ziele alles und jeden auf die entsprechenden Auswirkungen und Beeinflussungsmöglichkeiten hin betrachtet. Gerade dieser Impuls macht aber

29 Longchamp et al. (Sorgenbarometer 2003), 38.

Unternehmertum wesentlich, wenn auch nicht erschöpfend aus. Es besteht somit die Gefahr, dass verantwortungsvolle Umgangsformen und die immer wieder neue Schärfung des Bewusstseins, wo eine Instrumentalisierung von Menschen und ihren Anliegen an Grenzen stossen muss (vgl. 22), ins Hintertreffen geraten. Wird dann das Thema sozialer Verantwortung in erster Linie in der Absicht aufgegriffen, den ‹verfügbaren› Handlungsspielraum gezielt zu erhalten oder zu erweitern, ist es für die Vertrauensbildung ungeeignet. Ohne authentische Bemühungen um die Klärung und Wahrnehmung der Verantwortung gegenüber Mensch und Gesellschaft dürfte sich das Vertrauen in die Wirtschaft kaum verbessern.

51. Was ist die Meinung der Öffentlichkeit überhaupt wert?

Würde man von den immensen Ausgaben auf dem Gebiet der Marktforschung auf den Wert der öffentlichen Meinung schliessen, sähe man einen beachtlichen Betrag vor sich. Es liegt jedoch auf der Hand, dass sich solche Befragungen in der Regel an ganz spezifische Zielgruppen richten und sehr selektiv nur an jenen Haltungen interessiert sind, die für die Absatzmöglichkeiten gewisser Produkte oder Dienstleistungen ausschlaggebend sind. Fragt man in diesem Sinne, was Meinungen aus der Bevölkerung ‹wert› sind, sind natürlich nur die Ertragspotenziale gezielter statt experimenteller Vermarktungsaktivitäten gemeint. Daher muss es nachdenklich stimmen, dass sich viele CSR-Befragungen ausschliesslich an Kunden auf Absatz- und Kapitalmärkten richten. In diesem Kontext wäre es auch eine Nachfrage wert, wie es die Teilnehmer des World Economic Forum 2004 gemeint haben, als sie im ‹Voice of the Leaders Survey› der Organisatoren zu 59% angaben, dass über 40% der Marktkapitalisierung eines Unternehmens auf deren Reputation zurück gehen und nur noch die Qualität der Produkte und Dienstleistungen selbst wichtiger sei.

Sind – so der Arbeitsstitel der Befragung – ‹Ansichten der Öffentlichkeit und Einsichten als Bürger› zur sozialen Unternehmensverantwortung gefragt, so geht es beim ‹Wert› der Antworten einzig um deren Bedeutsamkeit und Aussagekraft im Rahmen des Bemühens um argumentativ tragfähige Standpunkte. So wichtig es ist, dass Betroffene ihre Vorstellungen zu bestimmten Unternehmensaktivitäten erstens kund tun können und zweitens dazu auch eine Antwort erhalten, statt mit dem Hinweis auf lediglich subjektive Geschmacksurteile abgewehrt zu werden, so wenig kann ein Unternehmen derartige Vorstellungen als letztinstanzliches Urteil hinnehmen. Dies zeigt schon die Tatsache, dass es im Zeitalter der Massenmedien immer wieder zu einseitigen Wahrnehmungen breiter Kreise kommt. Wichtiger ist noch das Faktum, dass jeder Mensch – zum Teil unbewusst und damit zwangsläufig, zum Teil bewusst und dennoch vielfach berechtigterweise – eine gewisse Egozentrik an den Tag legt. So kann zum Beispiel auch die lange Liste von Aussagen zur Frage, worin die persönlichen Erwartungen an ein sozial verantwortliches Unternehmen bestehen [FB 2], nicht mehr sein als der Ausgangspunkt für einen Dialog. Dieser findet im Sinne der laufenden Standortbestimmung faktisch in und mit der Öffentlichkeit statt oder wird, wo dies nicht möglich ist, gedanklich simuliert – im Fachjargon: Stellvertreterdialog.

52. Kann es ein Unternehmen allen recht machen?

Bei mehreren Fragen des Interviews lässt sich eine breite Streuung der Haltungen beobachten. Das allein ruft schon in Erinnerung, dass jede Entscheidungssituation von gegensätzlichen Vorstellungen geprägt ist, wenn auch in unterschiedlichem Ausmass. Ob die Unternehmen ihre natürlich nicht unbegrenzten Möglichkeiten zur aktiven Klärung und Wahrnehmung der sozialen Verantwortung ausschöpfen, wird beispielsweise zwar von drei Vierteln der Befragten als knapp ausreichend oder eher ungenügend beurteilt, doch stehen den 10% sehr zufriedenen Befragten 14% sehr unzufriedene gegenüber. Die Polarisierung bei einzelnen Gruppen wie etwa den über 60-Jährigen, den nicht Erwerbstätigen oder den Selbständigen fällt sogar noch drastischer aus [FB 3+]. Logischerweise kann es also nicht darum gehen, faktisch alle zufriedenzustellen, sondern lediglich um den Selbstanspruch, sich auf möglichst alle Anliegen praktisch einzulassen.

Dies versuchen zu müssen, dazu bekennen sich immer mehr Unternehmen. Meist geschieht dies noch zaghaft und gekoppelt mit der Angst, die übertriebene Erwartung auf sich zu ziehen, Lösungen für all die teilweise unlösbar scheinenden Probleme in der heutigen globalen Welt bringen zu können.[30] Tatsächlich ist die Herausforderung gross. Das zeigen auch die Antworten auf die Frage, um welche sozialen Probleme sich ganz sicher nicht die Unternehmen kümmern müssten. So weist nicht nur jeder zwanzigste Befragte die Frage mit dem Hinweis zurück, angesichts der komplexen Wechselwirkungen seien Unternehmen prinzipiell für alles zuständig, sondern es wussten 30% der Befragten nicht einmal punktuell ein Beispiel [FB 18+]. Dass Unternehmen mit diesem Gedanken nicht umzugehen wissen, ist ein Zeichen dafür, dass im Zuge der andauernden Neubestimmung der gesellschaftlichen Aufgabenteilung (vgl. 31) noch keine Sicherheit im praktischen Abwägen von Zumutbarem entwickelt worden ist. Deshalb besteht ein Grossteil

30 Vgl. CSR Europe/The Copenhagen Centre (Attitudes 2001), 9-10.

der Herausforderung – eben weil keine Zuständigkeit für alles möglich ist (vgl. 4) – darin, die Verfahren für die Auseinandersetzung mit absehbaren und auch überraschenden Anliegen zu definieren. Hierzu gehört die Festlegung vertretbarer Bedingungen dafür, wann wer im Unternehmen auf eine konkrete Anfrage eintritt. So wächst einerseits die Fähigkeit zu unterscheiden, welche Anliegen unzumutbar und welche nur gewöhnungsbedürftig sind. Andererseits wird das Bewusstsein dafür geschärft, wann hinter öffentlichem Druck berechtigte, weil verallgemeinerungsfähige Argumente stehen und wann dahinter nur geschickt transportierte Partikularinteressen versteckt werden. Damit geht ein Unternehmensbild (vgl. 40) als eine Plattform einher, auf der unterschiedlichste Anliegen so vermittelt werden müssen, dass alle Beteiligten prinzipiell zustimmen könnten.

53. Kann etwas relevant sein, was vom Bürger nicht wahrgenommen wird?

Ginge es nach den Nennungen auf die Frage, welche Unternehmen konkret mit sozialen Problemen in Verbindung gebracht werden, könnten es Unternehmen der Alkoholbranche und der Tabakindustrie für unnötig halten, sich um die Klärung und Wahrnehmung ihrer spezifischen sozialen Verantwortung zu bemühen – von keinem der 1000 Befragten wird ein solches genannt [FB 6+]. Doch ein Blick auf die Urteile an anderer Stelle, ob den einzelnen abgefragten Branchen jeweils viel oder wenig soziale Verantwortung zugetraut wird, würde dies als groben Fehler entlarven. Hier bilden nämlich genau diese beiden Branchen die Schlusslichter [FB 28+]. Wer ernsthaft an das CSR-Thema gehen will, für den steht allerdings nicht nur aus Angst vor solchen Fehleinschätzungen fest, dass die oberste Leitidee dabei nicht die Wahrnehmung seitens attraktiver Zielgruppen sein kann. Opportunismus kann auf Dauer kein Nährboden für ernst genommene Aktivitäten sein.

Klar ist, dass sich auch und besonders im Kontext sozialer Verantwortung die Aufmerksamkeit eher auf skandalöse als auf vorbildliche Fälle richtet. Es gehört also einiges dazu, sich als Unternehmen den Ruf als CSR-Pionier zu verdienen. Positiv haben die Befragten zum Beispiel wiederholt das Tarifmodell ‹5000x5000› von Volkswagen vermerkt, was sich auch auf die Beurteilung der ganzen Branche niederzuschlagen scheint [FB 10+]. Umgekehrt ist Unauffälligkeit keinesfalls ein schlechtes, eher sogar ein gutes Zeichen – vielleicht ein Stück weit vergleichbar mit einem Fussballschiedsrichter, der während des Spiels nicht auffällt, solange er fair und ohne einseitige Parteinahme arbeitet. Dabei ist Unauffälligkeit nie die Folge von Untätigkeit, sondern immer von professioneller Arbeit. Im Umgang mit der CSR-Thematik heisst das vor allem, Konzepte nur bedingter Verantwortlichkeit zu überwinden. Unabhängig von vordergründigen Aufmerksamkeitseffekten ist dazu ein möglichst vorbehaltloses Einlassen auf diejenigen Anliegen zu versuchen (vgl. 21), die nicht erkennbar als nicht verallgemeinerungsfähige Sonderinteressen eingeordnet werden können. Etabliert sich so der Ansatz von klärungsorientierter Kommunikation, wird es *praktisch* dennoch eine Rolle bei der Prioritätensetzung spielen, wie ‹lautstark› ein Anliegen vorgetragen wird oder wie viel ‹Goodwill› verdient werden kann. Es gehört also dazu, darüber nachzudenken, wie mit Hilfe besonderer organisatorischer Massnahmen (vgl. 57) gezielt auf ‹schwache Signale› – oder besser: ‹schwache Stimmen› – geachtet werden kann. Jedenfalls besteht aus Sicht der Bürger grosser Nachholbedarf sowohl beim monologischen Teil der Kommunikationsarbeit (vgl. 74) als auch erst recht beim dialogischen (vgl. 77).

54. Wie ist mit positiven oder negativen Vorurteilen gegenüber einer Branche umzugehen?

Die Liste der Firmen, die insbesondere im Umgang mit ihren Mitarbeitern positiv aufgefallen sind, wird klar von den Unternehmen der Automobilbranche angeführt [FB 10+]. Auf die Frage, welche Unternehmen konkret mit sozialen Problemen in Verbindung gebracht werden, tauchen nach der Banken- und Versicherungsbranche vor allem die ehemaligen Staatsbetriebe der Post, Bahn und Telekommunikation sowie die Firma Siemens auf. Dabei wird – nicht ganz zur Frage passend – am häufigsten auf Arbeitsplatzabbau hingewiesen, was zeigt, das dies im vorliegenden Kontext ein wesentlicher Beurteilungsmassstab ist [FB 6+].

Sich als Unternehmen zu fragen, warum man positiv, negativ oder eben gar nicht aufgefallen ist, ist äusserst wichtig, auch wenn derartige Aussagen natürlich nicht überbewertet werden dürfen. So spielen einerseits aktuelle Entwicklungen und die entsprechende Medienaufmerksamkeit eine Rolle. Andererseits konnte in einem internationalen Vergleich empirisch festgestellt werden, dass die Urteile zur sozialen Verantwortung mit der Bedeutung der Branchen in den jeweiligen Ländern zusammenhängen.[31] Möglicherweise bildet sich im Sinne eines ‹Bodensatzes› auf Dauer durchaus ein tiefer verankertes Urteil heraus, dessen Gründe dann durch das betroffene Unternehmen gezielt erforscht werden könnten. So steht zumindest die typischerweise als ‹Risikobranche› geltende Chemieindustrie

31 Vgl. ECC Kohtes Klewes (Stakeholder-Report 2003), 51.

keineswegs am Ende der Liste, sondern landet im Mittelfeld – fast gleich viele Befragte trauen ihr viel oder wenig soziale Verantwortung zu [FB 28+].

Weiss ein Unternehmen Genaueres über die Begründungen vermeintlicher Defizite und Erfolge, kann es dort, wo es diese Urteile nur für Vorurteile hält, die Überzeugungsarbeit aufnehmen. Die Befragung weist dabei klar darauf hin, dass das – ob zu Recht oder Unrecht bestehende – Image von Produkt oder Dienstleistung einen starken Einfluss auf die Beurteilung des sozialen Verantwortungsbewusstseins des Unternehmens hat. Dies dürfte zum Beispiel bei der als ‹sauber› geltenden Branche der Energie- und Wasserversorgung eine Rolle gespielt haben, wo 68% der Befragten die soziale Verantwortlichkeit eher als gegeben ansehen. Während sich bei der Spielzeugbranche (55%) das ‹freundliche› Produkt auswirken dürfte, wird es bei der Alkoholbranche (14%) und der Tabakindustrie (12%) das ‹gesundheitsschädliche› Produkt sein – zum Teil unabhängig davon, wie die Unternehmen die spezifischen Herausforderungen ihrer Branche aufgreifen.

55. Was hat es mit der ‹Licence to Operate› auf sich?

Unternehmen können ihre Daseinsberechtigung immer weniger allein aus einem zahlenmässigen Beitrag zum Bruttosozialprodukt ableiten. Dies zeigt auch die grosse Bandbreite an Aufgaben, hinsichtlich derer Unternehmen heute von starken Mehrheiten der Befragten in die Pflicht genommen werden (vgl. 27). Es geht zunehmend auch um ein direktes Kümmern und unmittelbare Beiträge zum Wohlbefinden in der Gesellschaft und zwar nicht neben der Geschäftstätigkeit, sondern vor allem durch sie hindurch (vgl. 44). In Selbstgefälligkeit jedenfalls sollten sich Unternehmensführer nicht üben. So aber könnte es wirken, wenn sie hinsichtlich der CSR-Reputation ihres Unternehmens knapp zur Hälfte Stolz und zu weiteren 41% immerhin Zufriedenheit äussern.[32]

Beachtliche 86% der Befragten erwarten einen grösseren Erfolg bei jenen Unternehmen, die sich um die Klärung ihrer sozialen Verantwortung tatkräftig kümmern [FB 41]. Dies könnte den Reflex verstärken, sich um die ‹Licence to Operate›, also um die Unterstützung seitens der Politik, der Bevölkerung und aller Berufsgruppen[33] zu bemühen, um gedanklich *anschliessend* wieder dem üblichen Geschäft nachzugehen. Dies würde aber für das CSR-Konzept einen irreparablen Bruch bedeuten, wäre den Argumenten, worum sich ein Unternehmen aus sozialer

32 Vgl. PriceWaterhouseCoopers (CEO 2002), 16.

33 Vgl. PriceWaterhouseCoopers (Politics 2001), 7.

Verantwortung kümmert und worum nicht, logisch doch die Bedingung vorgeschaltet, dass der jeweilige Schritt nachweislich den Marktwert steigert.

Ein derartiger Zirkelschluss, der die ‹Lizenz zum Geschäftemachen› nicht wesensgemäss aus ausserökonomischen, sondern selbst wieder aus geschäftlichen Überlegungen ableitet, mag oft nicht beabsichtigt sein. Doch ein Scheitern ist vorprogrammiert, wenn in diesem Geist versucht wird, die zur Gewinnung breiter Unterstützung nötige Überzeugungsarbeit zu leisten – auch weil die erforderlichen Dialoge so auch weiterhin kaum als ergebnisoffene gelingen dürften (vgl. 77).

56. Wieviel externe Kontrolle ist nötig, um die Ernsthaftigkeit der Bemühungen zu dokumentieren?

74% der Befragten fühlen sich im Kontext sozialer Verantwortung schlecht über die Aktivitäten deutscher Unternehmen informiert [FB 35]. Das stellt nur eines der Indizien dar, dass eine gewisse Ratlosigkeit nicht allein in den Führungsetagen der Unternehmen herrscht (vgl. 1). Beide ‹Seiten› also müssen Interesse an einer gewissen Entlastung haben hinsichtlich des oft überfordernden Anspruchs einer möglichst vorurteilsfreien Beurteilung (vgl. 54) im unübersichtlichen Geflecht von Interessen und Motiven. Tatsächlich werden beträchtliche Vertrauenssteigerungen für den Fall bekundet, dass ein Unternehmen in seine CSR-Aktivitäten externe Agenturen einbezieht. Im Vergleich der fünf abgefragten Agenturen erhöhte die Einbeziehung von Behörden das Vertrauen zwar am wenigsten, doch wird dies immerhin von mehr als zwei Dritteln der Befragten begrüsst [FB 34]. Der Teil der Befragten, der sich im Kontext von CSR eher einen starken Einfluss des Staates wünscht, begrüsst dies sogar zu 73% (vgl. 31). Überraschend ist vielleicht, dass auch die Einschaltung von NGOs nur bei 70% der Befragten eine Steigerung des Vertrauens bewirkt. Dies ist zwar kein geringer Wert, stellt aber ein mögliches Indiz für das steigende Bewusstsein dar, dass manche NGO selbst nur Partikularinteressen ohne echten Anspruch auf Verallgemeinerungsfähigkeit verfolgt.

Obwohl zur Zeit der Befragung auch über Skandale der Wirtschaftsprüfungsbranche diskutiert wurde, begrüssen 83% der Befragten deren Einschaltung. Tiefe Einblicke durch einigermassen unabhängige Dritte werden also auch und gerade im CSR-Kontext als wichtig erachtet. Weniger unerwartet ist, dass die Beteiligung Betroffener von beachtlichen 87% gutgeheissen wird – vermutlich weniger in der Erwartung eines schlicht machtbasierten ‹Bargaining› als eines vernünftigen Aufeinanderzugehens. Mit 91% begrüssten die meisten die Einschaltung universitärer Institute – ein klares Votum für die selten parteiliche wissenschaftliche Neugier.

Fragen zur Vorbereitung von CSR-Programmen

57. Ist nicht jede CSR-Massnahme eine gute Massnahme?

87% der Befragten halten eine konzeptionell nicht gerade komplexe Massnahme wie die Förderung ehrenamtlicher Tätigkeiten von Mitarbeitern für beeindruckend und überschätzen deren tatsächliche Verbreitung denn auch eher (vgl. 68). Dies könnte zum Fehlschluss animieren, dass das CSR-Thema mit einigen punktuellen Massnahmen in loser Aneinanderreihung ausreichend abgehandelt sein könnte. So wäre jedoch nichts gewonnen, um sinnvoll mit der Vielzahl möglicher Ansprüche umzugehen, die sich immer seltener nur latent und immer häufiger massiv an die Unternehmen richten. Allein dies verdeutlicht, dass nur solche Massnahmen gut sein können, mit denen ein weiterer Schritt zu einem immer konsistenteren CSR-Konzept gelingt. Dieses entsteht Stück für Stück, beispielsweise indem ein offener Widerspruch zwischen verschiedenen Praktiken nicht einfach ignoriert und damit die Argumentationsintegrität insgesamt aufs Spiel gesetzt wird – sofern diese aus der Sicht anderer nicht überhaupt erst gewonnen werden muss (vgl. 74).

Vieles, was zum Thema sozialer Verantwortung gehört, findet gar nicht explizit als CSR-Massnahme statt. Von ‹Programm› muss aber insofern die Rede sein, als ein systematisches Bündel an Massnahmen nötig sein kann, um Übersicht zu gewinnen und mit Blick auf ein stimmiges CSR-Konzept das Unternehmensgeschehen durch gezielte Impulse zu beeinflussen. Tritt an die Stelle von blindem Aktionismus ein schrittweise auf Einsichten und Durchblick zielendes Programm, verändern sich zunächst die Handlungsbedingungen für den ‹Organisationsbürger› (vgl. 37), bei dem die Veränderung von Strukturen und Prozessen sozial verantwortliches Handeln ermöglichen und ermutigen soll.

Dabei darf nicht aus dem Blick geraten, dass auch solche Massnahmen keine guten wären, die auf der Suche nach einer vernünftigen Aufgabenteilung zwischen Staat, Wirtschaft und nicht zuletzt den Individuen (vgl. 39) es anderen Beteiligten zu leicht machten, sich ihrerseits aus der Verantwortung zu stehlen (vgl. 34). Ein CSR-Programm dient deshalb immer auch dem Ziel, die eigenen Handlungsoptionen und -grenzen auszuloten. Dies geschieht teilweise auch im Dialog mit anderen gesellschaftlichen Akteuren, so dass sich mit der Zeit das Urteil der Mehrheit in der Bevölkerung ändern dürfte, die Unternehmen schöpften ihre Möglichkeiten derzeit nicht in ausreichendem Masse aus (vgl. 3).

58. Was taugen ‹Best Practices›?

Welcher Schluss ist aus der Tatsache zu ziehen, dass nur ein Viertel der Befragten die Aufgabe der Unternehmen, mit der Erfüllung ihrer Steuerpflicht einen Beitrag zum Funktionieren der Gesellschaft zu leisten, angemessen erfüllt sieht [FB 15c]? Da man im Unternehmensalltag in der Regel unter Druck steht, ist ein oft starker Impuls vorhanden, den Vergleich mit anderen für die *Rechtfertigung* der eigenen Praktiken zu nutzen und dazu eher nach ‹unten› zu sehen. Liefe die Orientierung an ‹Best Practices› auf eine Imitation von ‹Benchmarks› im Sinne dominierender Handlungsmuster hinaus, käme die gleiche Logik zum tragen. Der eigentliche Grundgedanke einer Fokussierung auf Praktiken, die aus der Masse heraus ragen und gerade nicht verbreitet sind, würde ausgehöhlt – Stichwort: naturalistischer Fehlschluss (vgl. 20). Eine weitere Gefahr beim Hantieren mit ‹Best Practices› liegt darin, dass punktuell gute Erfahrungen anderer Unternehmen nicht ohne weiteres in den eigenen Unternehmenskontext übertragbar sind. Es darf also nicht um zögerliches Folgerverhalten oder inselhaftes Dilettieren im Zuge von Modewellen gehen (vgl. 7), wenn ‹beste› Praktiken ‹gut› sein sollen.

Diese Gefahren sind leicht erkennbar. So bietet die Auseinandersetzung mit ‹Best Practices› jedem Unternehmen, das sich nicht bewusst oberflächlich ans Werk macht, Quellen der Inspiration. Möglich wird eine Auswertung ganz konkreter Erfahrungen mit Blick auf die eigene spezifische Situation. Vergleiche mit anderen Unternehmen legen den ausdrücklichen Austausch und somit gemeinsames Lernen nahe. Es ist kein Zufall, dass Initiativen wie der ‹UN Global Compact› (vgl. 14) den Austausch von ‹Best Practices› nicht nur als Teilprojekt vorsehen, sondern dass die ausdrückliche Thematisierung von Massstäben ‹guten› Wirtschaftens letztlich deren Hauptzweck darstellt. Damit dieses Ziel erreicht werden kann, sind solche Lernplattformen auf Unternehmen angewiesen, die nicht nur firmenintern für eine aktive Beschäftigung mit der Frage sorgen, was als ‹Best Practices› gelten kann, sondern diese auch extern vorantreiben.

In diesem Zusammenhang ist bereits von ‹CSR-Leadern› die Rede. 22% der österreichischen Unternehmen dürfen sich dazu zählen, weil sie durch ein in Ausmass und Vielfältigkeit überdurchschnittliches Engagement im Kampf gegen Diskriminierungen, bei der Unterstützung von gemeinnützigen Organisationen und hinsichtlich flexibler Arbeitszeitmodelle eine Vorreiterfunktion einnehmen.[34] Es macht nichts, dass diese Kriterien noch sehr diskussionsbedürftig sind. Schlimm wäre dagegen, wenn diese Diskussion nicht wirklich geführt würde, ist doch der

34 Vgl. CSR Austria (Verantwortung 2003), 34-35.

Wettbewerb auch der guten Argumente im Begriff des ‹Leaders› angelegt. Dies gilt auch für ein weiteres Hauptmerkmal ernsthafter CSR-Engagements, nämlich die Bereitschaft, Vorleistungen zu erbringen, statt erst nachzuziehen, wenn alle Probleme beseitigt sind. Die Bevölkerung fordert ein solches ‹Leader›-Verhalten, wenn zum Beispiel bemerkenswerte 91% der Befragten die Entwicklung von Produkten verlangen, die weit geringere Risiken bergen, als derzeit akzeptiert sind [FB 19c]. Umgekehrt heisst Leadership aber nicht, andere Akteure aus ihrer Verantwortung zu entlassen und sich beispielsweise schlicht damit abzufinden, dass spezielle Labels und Anlageformen noch so wenig Eingang in die Handlungsgewohnheiten bei Konsumenten und Anlegern gefunden haben [FB 7a/b].

59. Expertenhilfe oder ‹gesunder Menschenverstand›?

Das Hauptmotiv, mit einer Bevölkerungsumfrage die Diskussion über soziale Verantwortung von Unternehmen anzuregen und anzureichern, beruht auf der Beobachtung, dass diese zu oft in geschlossenen Expertenzirkeln gefangen bleibt. Der ‹gesunde Menschenverstand›, also eine vergleichsweise unvoreingenommene, mehrdimensionale und durchaus auch intuitive Beurteilung fehlte darin also etwas. Auf der anderen Seite erhöht die Einschaltung universitärer Institute bei CSR-Fragen das Vertrauen von 91% der Befragten, im Vergleich zu anderen Drittbeteiligungen also am stärksten [FB 34d]. Der Grund dafür mag auch in der dem Wissenschaftler zugeschriebenen Mischung aus Expertentum und Gesamtschauorientierung liegen. Die vermeintliche Wahl zwischen Expertise und gesundem Menschenverstand wird allerdings hinfällig, wenn zwei Punkte beachtet werden.

Zum einen geht es in der Diskussion um soziale Unternehmensverantwortung zwar immer um konkrete Themen und Anliegen. Doch dabei werden immer schon die zugrunde liegenden Annahmen darüber mitdiskutiert, worin die gesellschaftliche Rolle eines Unternehmens bestehe. Die in die Gesellschaft eingebettete Wirtschaft wird so zu einer Angelegenheit politischer Verständigungsprozesse. Damit ist öffentlicher Vernunftgebrauch angesprochen und eben nicht ein besser wissender Sachverstand, der die vielen gesellschaftlichen Akteure, deren Lebensbedingungen schliesslich zur Disposition stehen, kaum angemessen berücksichtigen kann. Zum anderen muss angesichts des Gewirrs konkurrierender Argumente gesichert sein, dass im Rahmen des kollektiven Klärungsprozesses ausreichende Energie darauf verwendet wird, die verschiedenen Ansichten und Phänomene zu sammeln, zu systematisieren und so einer gründlichen Abwägung zugänglicher zu machen. Und hier können Experten – welcher Spezialisierung auch immer – wichtig sein.

Was bei ernsthaften Bemühungen um ein stimmiges CSR-Konzept nicht vorkommen darf, ist eine Abwehr von aufkeimender Kritik entweder durch Verweis auf Expertenwissen, indem zufällig interessenkonforme Aussagen zitiert werden, oder auf den ‹gesunden Menschenverstand›, missverstanden als die eigene nicht weiter begründete Meinung. Eine in diesem Sinne engagierte und ambitionierte Klärungsarbeit bildet zumindest in der Wahrnehmung der Befragten längst nicht die Regel (vgl. 77). Nach durchschnittlicher Einschätzung der Bevölkerung sehen 42% der Unternehmen noch nicht einmal Anlass für eine aktive Klärung ihrer sozialen Verantwortung (vgl. 41) – manifester oder nur scheinbarer Nachholbedarf?

60. Sind Checklisten der Anfang oder das Ende eines jeden CSR-Programms?

Wie immer, wenn im rein zeitlichen Sinne Anfang und Ende zusammenzufallen scheinen, handelt es sich auch bei Checklisten im Kontext sozialer Unternehmensverantwortung um einen andauernden Prozesszirkel: Erfahrungen am Ende einer Runde prägen den Anfang der nächsten Runde. Da mit Herausforderungen auf dem CSR-Gebiet genauso professionell umzugehen ist wie mit anderen, vielleicht gewohnteren Problemen des Geschäftsalltags auch, ist die Erarbeitung und Weiterentwicklung von Checklisten ein ganz normaler Vorgang.

Das Ende im Sinne eines Fehlschlags könnte es jedoch für anerkennenswerte Bemühungen um ein stimmiges CSR-Konzept bedeuten, wenn sich der Ruf nach Checklisten an Dritte richtet. Der Wunsch nach einfach handhabbaren Vorgaben ist dabei durchaus verständlich, vor allem angesichts der Komplexität der Thematik und dem Erfordernis, Prioritäten zu setzen – was in der Bevölkerung übrigens anerkannt wird, meinen doch immerhin 48% der Befragten, dass sich die Unternehmen mindestens ausreichend um ihre soziale Verantwortung kümmern [FB 3]. Allerdings weckt der Wunsch nach einer Checkliste den Verdacht, man wolle sich der Zumutung entledigen, autonome Entscheidungen zu treffen und zu vertreten, sowie sich klärenden Dialogen entziehen. Dass dies illusorisch wäre, dafür beweist die Bevölkerung mit der hohen Wertschätzung für die Einbeziehung Betroffener grosses Gespür – im Vergleich zu anderen Drittbeteiligungen löst dies am stärksten eine deutliche Vertrauenssteigerung aus, nämlich bei 49% der Befragten, während weitere 38% ihr Vertrauen auf diese Weise leicht erhöht sehen [FB 34e].

Jenseits von Instrumenten, die zu immer wiederkehrenden Teilproblemen die Erfahrungen anderer Unternehmen abbilden und eine wertvolle Hilfe sein können, wird es Globalchecklisten nach dem Motto: ‹Tausend Tricks, um ein sozial verantwortliches Unternehmen zu werden› also nicht geben. Systematisierungsversuche im Sinne von Gedankenstützen hinsichtlich typischerweise zu berücksichtigender Aspekte können hingegen gute Entscheidungshilfen sein, wenn klar ist, dass sie die Entscheidung selbst nie vorwegnehmen können.

61. Engagement auf breiter Front oder hoch spezialisiert?

Nur etwa jeder zehnte Befragte traut einer Zweidrittelmehrheit der Unternehmen zu, sich gesellschaftliche Anerkennung nicht allein durch Gesetzestreue zu verdienen, sondern auch durch wirkungsvolle Massnahmen zur Klärung und Wahrnehmung ihrer sozialen Verantwortung. Solche umfassend gedachten Aktivitäten zu entwickeln, wird im Durchschnitt 35% der Unternehmen zugetraut [FB 26+]. Betrachtet man die Auflistung der Tätigkeitsschwerpunkte jener 95% der deutschen Unternehmen, die sich explizit zu ‹Corporate Citizenship› (vgl. 11) bekennen, ist diese Einschätzung möglicherweise noch zu optimistisch: 94% leisten Geldspenden, 83% machen Sachgeschenke, 76% erbringen Gratisdienste, 57% stellen Mitarbeiter frei, bei 53% engagieren sich Führungskräfte persönlich, 46% gestatten die Nutzung von Betriebseigentum und 14% haben eine Stiftung.[35] Zwar vermittelt dies zunächst den Eindruck eines hohen Aktivitätsniveaus, doch ist mit der sprichwörtlichen Spende an die Feuerwehr oder einer Teilnahme des Firmenchefs an einigen Wohltätigkeitsveranstaltungen noch kein konsistentes CSR-Konzept gewonnen, das dem breiten Spektrum gesellschaftlicher Ansprüche gerecht werden (vgl. 27) und nachvollziehbare Argumente liefern könnte, wofür sich das Unternehmen engagiert und wofür nicht.

Dass ausgerechnet ein zu eng gefasstes Verantwortungsverständnis zur Folge haben kann, dass sich ein Unternehmen in der Vielfalt von Einzelwünschen verzettelt, entbehrt nicht einer gewissen Ironie. Umgekehrt bedeutet dies jedenfalls, dass häufig nur die Ausweitung des systematisch geprüften Aufgabenfelds eine Begrenzung ermöglicht – schlechte Alternative: sparen, kürzen, streichen und sich den Ruf einhandeln, nur sagen zu können, wofür man in der Gesellschaft *nicht* zuständig sei. Es gilt, mit Blick auf die historisch bedingte Ausgangssituation und die spezifische Geschäftstätigkeit, nachvollziehbare Prioritäten zu setzen, die nicht so breit gefächert sind, dass wirksame Aktivitäten unwahrscheinlich werden. Eine zu enge Spezialisierung löst dagegen den Verdacht aus, es fehle eine systematische oder sogar an Pionierleistungen interessierte Planung der CSR-Aktivitäten.

35 Vgl. Maaß/Clemens (Citizenship 2002), 62.

62. Welche notwendigen, welche fakultativen Elemente gehören zu einem CSR-Programm?

Zentrales Merkmal von Bemühungen um sozial verantwortliches Handeln, das sich weder von der Breite des Spektrums diesbezüglicher Anforderungen an die Unternehmen verunsichern lässt noch von vornherein in historisch entstandenen Einzelaktivitäten erschöpft, ist das Merkmal der Klärungsbedürftigkeit. In diesem Sinne kann es keine Inhalte oder Formen des Engagements geben, die unabhängig von der spezifischen Situation eines Unternehmens ‹notwendig› wären. Zugleich lässt sich schlussfolgern, dass ‹fakultativ› nicht heissen kann, die Aktivitäten wären beliebig oder unverbindlich. Denn sie sind an einen ernsthaften Klärungsprozess gebunden, für den auch die Deckung von Wort und Tat selbstverständlich ist.

Allerdings gibt es gewisse Elemente, die für ein ernsthaftes Engagement so typisch sind, dass ihr Fehlen nachdenklich machen muss. Dazu zu zählen ist etwa eine Spendentätigkeit auch hinsichtlich ‹hässlicher› und damit für die PR-Arbeit unbrauchbarer Notlagen (vgl. 46). Der potenzielle Einwand, es wäre viel sinnvoller, wenn sich darum nur individuelle, nicht aber korporative Bürger kümmerten, wäre nur dann tragfähig, wenn Unternehmensspenden nicht schon so weit verbreitet wären. So aber sind sie allen Unternehmen in gewissem, eben klärungsbedürftigem Masse zumutbar und der Einwand steht als fadenscheinige Ausrede da.

Typisch ist sicherlich auch die Dokumentation am Ende – oder besser: als Zwischenergebnis – von Klärungsprozessen, wie sie sich in Leitbildern, Führungsgrundsätzen oder Wertekodizes niederschlagen (vgl. 65). Die Suche nach Indizien, dass das CSR-Programm – also das Bemühen um systematische Klärung und Wahrnehmung der sozialen Verantwortung – im eigenen Unternehmen Lücken aufweisen könnte, erfordert – abgesehen vom Bereich der Dokumentation – einen prüfenden Blick auch in den Bereichen der Zuständigkeiten, des lernorientierten Gedankenaustauschs, der Weiterbildung und der Rechenschaftslegung. Falls nicht in allen diesen typischen Bereichen greifbare Aktivitäten erkennbar sind, könnte das Ausdruck eines unausgewogenen CSR-Engagements sein.

Dem Charakteristikum der Klärungsbedürftigkeit entsprechend kommt dabei der Sicherung eines intensiven Gedankenaustauschs über schwer zu beurteilende Fragen sowohl innerhalb der Firmengrenzen als auch darüber hinaus besondere Bedeutung zu. Das katastrophale Urteil der Bevölkerung in dieser Hinsicht ist entsprechend ernst zu nehmen (vgl. 77). Bedauerlich ist in diesem Zusammenhang auch, dass sich die Medien zu wenig konstruktiv an der Klärungsarbeit beteiligen. Warum sonst sollten 55% der Befragten einen Rückgang CSR-bezogener Berichterstattung empfinden [FB 1]?

63. Ein ‹magisches Dreieck› für CSR-Programme?

Ein ‹magisches Dreieck› im Sinne einer festen Vorgabe, die für alle Unternehmen Geltung beanspruchen könnte, ist naheliegender Weise unmöglich. Um überall anwendbar zu sein, müsste ein solches sehr abstrakt geraten, wodurch es dann wiederum nicht mehr instruktiv wäre. Obwohl beim Umgang mit ‹magischen› Denkmodellen Anlass zur selben Vorsicht besteht wie beim Umgang mit ‹besten› Praktiken (vgl. 58), ist der Rückgriff auf Erfahrungen anderer prinzipiell durchaus empfehlenswert. Das Aufgreifen eines Denkmodells – mit wie vielen Ecken auch immer – kann für die unternehmensspezifische Erarbeitung einer symbolischen Orientierungsschablone, die anders als Checklisten (vgl. 60) weniger die operative Arbeit als die Verständigung in konzeptionellen Fragen erleichtern soll, natürlich Beschleunigung bedeuten. Wie etwa eine Adaption der fünf A's des Vertriebsmanagements oder vier Z's der Mitarbeiterhonorierung kann ein selbst erarbeitetes ‹magisches Dreieck› als gemeinsamer Referenzpunkt dienen. Sogar dann, wenn man sich schnell darüber einig werden kann, dass eine Frage zu keinem der Eckpunkte passt, würde die Klärungsarbeit durch den gemeinsamen Referenzpunkt vereinfacht.

Ginge es nach den Ergebnissen der Befragung, müssten die Eckpunkte des Dreiecks mit Blick auf den Nachholbedarf in Bezug auf Transparenz (vgl. 76) und dialogische Lernbereitschaft wohl lauten: Kommunikation, Kommunikation und nochmals Kommunikation (vgl. 77). Betrachtet man das Antwortmaterial daraufhin, in welchen Rollen Unternehmen in Sachen sozialer Verantwortung heute besonders gefragt sind und angefragt werden, könnte man auf die Ecken ‹Arbeitgeber›, ‹Ansprechpartner in der Region› und ‹Pfleger der Wirtschaftskultur› kommen. So führt die Sorge um Arbeitsplätze und Arbeitsbedingungen nicht nur die Liste auf die offene Frage an, womit die persönlichen Erwartungen an sozial verantwortliche Unternehmen erfüllt werden (vgl. 24), sondern scheint auch bei weiteren Fragen immer wieder durch. Nach der zunehmenden Verbreitung des Gedankens, dass jeder im Sinne einer ‹Ich-AG› nur dann und so lange kooperieren und nicht nach Auswegen aus den Vereinbarungen formeller und informeller Verträge suchen soll, wie es für ihn unmittelbar vorteilhaft ist, stellt sich also die Frage, ob Unternehmen sich nicht doch wieder der aktiven Pflege einer gewissen Loyalität annehmen sollten – auf Gegenseitigkeit ausgerichtet, versteht sich.

Die Ecke des ‹Ansprechpartners in der Region› versteht sich schon aus dem attestierten Nachholbedarf in Sachen Dialogbereitschaft und -fähigkeit. Sie ergibt sich aber auch daraus, dass das heute erwartete umfassende Verantwortungsverständnis (vgl. 27) nur aus der Geschäftstätigkeit heraus und dort, wo diese stattfindet, entwickelt werden kann. ‹In der Region› meint dabei nicht auf diese begrenzt, sondern gedanklich von dort ausgehend. ‹Pfleger der Wirtschaftskultur› werden zukünftig insofern verstärkt gefragt sein, als auch in der Befragung die ungeklärte und so mit gewissen Widersprüchen verknüpfte Frage nach der neuen Rolle der Unternehmen in der Gesellschaft zum Ausdruck kommt (vgl. 40). Es besteht aber auch einfach ein starker Wunsch nach einer intensiveren Diskussion darüber, was anständig und verantwortbar ist: 98% jener Hälfte der Befragten, die mehr Diskussionen erwartet, begrüssen dies und 93% jener Hälfte, die in Zukunft eine Abnahme vermutet, bedauern es. [FB 42/43+].

64. Ist zusätzlich noch ein Wertemanagement nötig?

Die 34% der Befragten, für die Betrug und Täuschung im Unternehmensalltag zur Tagesordnung gehören (vgl. 50), würden vermutlich die Einführung eines ‹Wertemanagements› begrüssen. Es wäre allerdings bedenklich, wenn damit nur eine auf die Sicherstellung ‹korrekten› Verhaltens zielende Anstrengung gemeint wäre oder gar ein System zur Indoktrination der Mitarbeiter, damit im Unternehmen alle ‹an einem Strang ziehen› – und zwar in die von der Firmenleitung gewünschte Richtung. Dass dies in Unternehmen aber oft gerade der Fall ist, lassen die Antworten von jenen 75% der österreichischen Unternehmen befürchten, die nach eigenen Angaben über ein ‹Werte*system*› verfügen und Begründungen in dieser Tonlage geben.[36]

Abgesehen davon, ist seit den 90er-Jahren das ‹Value Based Management› als das Konzept der zu steigernden Börsenkapitalisierung geläufig. Ohnehin wird mit dem Begriff ‹Management› meist nur die Effizienzerhöhung mit Blick auf dieses übergeordnete, nicht zur Disposition gestellte Kriterium des finanziellen Erfolgs umschrieben. Es empfiehlt sich daher, im CSR-Kontext statt ‹Wertemanagement› eher der Begriff der ‹Wertepolitik›. Damit wird zum Ausdruck gebracht, dass es im Umgang mit konfligierenden Sinn- und Moralvorstellungen um ein einfühlsames Austarieren und Vermitteln, statt um ein Einebnen und Gleichschalten geht – und dabei darf es effizient zugehen, indem nämlich möglichst alle Vorstellungen zum Zuge kommen. Ein so verstandenes ‹Wertemanagement› wäre ein wichtiger Teil im Rahmen systematischer CSR-Aktivitäten und würde sich nicht nur firmenintern um konfligierende Wertvorstellungen kümmern. Mit Blick auf die gesellschaftliche Rolle des Unternehmens würde es zusätzlich versuchen, sich im besonders auf globaler Ebene komplexen Geflecht der Wertvorstellungen zurechtzufinden.

36 Vgl. CSR Austria (Verantwortung 2003), 11.

Fragen beim Design konkreter Massnahmen

65. Schriftliche Leitbilder – never leave home without it?

Was man schwarz auf weiss besitzt, kann man bekanntlich getrost nach Hause tragen: Ab einer gewissen Unternehmensgrösse ist die Verbreitung von Leitbildern nahe 100%. Dies verwundert kaum, ist es doch im Allgemeinen unbestritten, dass das Zusammenspiel von Mitarbeitern nur mit einer geteilten Zielvorstellung in exzellente Ergebnisse münden kann. Die Vorstellung jedoch, es gehe vor allem darum, allen Beteiligten etwas Schriftliches mitzugeben, damit dem möglichst jederzeit und überall nachgelebt wird, trägt nicht weit. Denn abgesehen von der – leider zu oft nur theoretischen – Einsicht, dass nur gemeinsam erarbeitete Leitideen auch geteilte, in der Unternehmenskultur verankerte Leitideen sein können (vgl. 95), würde damit die Aufgabe der Entwicklung eines Leitbilds drastisch unterschätzt. In einer Zeit der teilweisen Neubestimmung von Rolle und Aufgabe der Unternehmen und anderer Akteure in der und für die Gesellschaft (vgl. 34) geht es um nichts Geringeres, als die diesbezüglich im Unternehmen erarbeiteten Vorstellungen und Haltungen zum Ausdruck zu bringen und mit deren Dokumentation eine neue Runde im fortwährenden Klärungsprozess zu markieren.

Die meisten Unternehmen erwecken in der Bevölkerung offenbar noch den Eindruck, sie stellten sich der Herausforderung einer ausdrücklichen und von neugierigen Dialogen begleiteten Arbeit an stimmigen CSR-Konzepten jenseits einer traditionellen Spendenmentalität (vgl. 48) nicht oder nur zögerlich (vgl. 77). Unternehmen, die dagegen die Klärung ihrer sozialen Verantwortung auch und gerade als Klärung ihres gesellschaftlichen Zwecks begreifen, kommen zu einem Leitbild, das in Inhalt und Form geeignet ist, quasi als ein Leitstern mit echter Leuchtkraft Orientierung zu stiften und den Sinn der Unternehmensaktivitäten greifbar zu machen. Mit einigen allgemeinen Bemerkungen zu der Absicht, durch Spitzenleistungen im Markt führen zu wollen und dabei natürlich alle möglichen Stakeholder gleichermassen zu berücksichtigen, ist es dann nicht getan. Allein schon die Titulierung der Gesellschaft insgesamt als ‹Stakeholder› brächte zum Ausdruck, dass die Frage nach der Einbettung des Unternehmens in diese Gesellschaft noch nicht ganz den richtigen Stellenwert hat und weiter der Gedanke von – tendenziell lästigen – Ansprüchen von *aussen* dominiert.

Dass die angesprochene Herausforderung aber immer häufiger angenommen wird, dafür gibt es durchaus Hinweise, die allerdings im Einzelfall genauer geprüft werden müssen. So ist inhaltlich bisweilen sogar – obwohl bislang eher ein Schimpfwort – von ‹Weltverbesserung› die Rede und hinsichtlich der Form darf es anstelle statischer Broschüren schon einmal eine offene Sammlung von Fällen sein, die dynamisch wachsend ein beispielhaftes Bild skizziert und durchaus auch mit firmenexterner Beteiligung entsteht. Vermutlich, weil die zuvor nötige Klärungsarbeit noch zu wenig intensiv geleistet wird, ist es jedoch noch der Normalfall, dass sich drei Viertel der Befragten schlecht informiert fühlen [FB 35] und der gesellschaftliche Zweck der jeweiligen Firmenaktivitäten auch in speziellen Berichtsformaten nicht erfolgreich vermittelt werden kann (vgl. 79).

66. Was leisten Codes of Conduct?

Anders als Leitbilder, die von der Funktion her eher einem Leit*stern* gleichen, setzen Codes of Conduct Leit*planken*. Im ersten Fall geht es schwerpunktmässig darum, was gemacht werden soll, im zweiten Fall eher darum, was zu unterlassen ist. Ausschlaggebend ist dabei, dass sich Unternehmen nicht lediglich um die Einhaltung gesetzlicher Vorgaben bemühen, sondern sich freiwillig auch an Standards binden, die gesetzliche Vorgaben übertreffen. Dies kann zum Beispiel in Form zusätzlicher Produktinformationen geschehen, wie sie von 83% der Befragten als Teil der sozialen Verantwortung gefordert werden [FB 19f].

Tatsächlich geschieht auf diesem Gebiet vieles. Allerdings liegt dem oft ein reaktiver Geist und die ausschliessliche Motivation zugrunde, gesetzeswidrige Handlungen mit dem Risiko hoher Bussgelder zu verhindern. Thematisiert wird dies üblicherweise unter dem Stichwort ‹Compliance›, also der Übereinstimmung mit bestehendem Recht. Unmittelbare Beiträge zu einem stimmigen CSR-Konzept können davon nur ausnahmsweise erwartet werden, geht es dort vor allem doch um die nicht oder noch nicht in Gesetzen festgeschriebenen moralischen Rechte bestimmter Menschen und Gruppen. Ergiebiger ist hier die Betrachtung typischer Dilemmasituationen im Geschäftsalltag. In solchen Fällen erkennen Mitarbeiter zwar, dass das praktizierte Geschäftsgebaren nicht legitim oder zumindest fragwürdig ist, sind aber ohne ‹Rückenstützen› überfordert. Nötig sind organisatorische Einrichtungen, die zugleich Orientierung bieten, wie auch Schutz versprechen. Codes of Conduct als Ergebnis von ausdrücklicher Klärungsarbeit, welches Geschäftsgebaren das Unternehmen für sich als legitim definiert und welches es ausschliesst, finden immer häufiger auch Anwendung in Bezug auf zuliefernde

Geschäftspartner insbesondere in Entwicklungsländern. Gerade diesen Aspekt scheint man allerdings in der Bevölkerung bislang noch nicht in vollem Umfang nachvollzogen zu haben (vgl. 29).

Eine Verhaltensbeeinflussung bei Mitarbeitern kann ohne deren Einbeziehung als eine einsichtsfähige, ernst zu nehmende Personen schlicht nicht funktionieren (vgl. 91). Schon deshalb ist es erschreckend, dass lediglich 80% der britischen Unternehmen, die über Codes of Conduct verfügen, diese auch allen Mitarbeitern zugänglich machen – ganz zu schweigen davon, sie in jeweils geeigneter Form zu vermitteln.[37] Noch befremdlicher ist es, dass 90% keine Notwendigkeit sehen, ihre Standards ‹guten› Geschäftsgebarens auch gegenüber Kunden und Investoren zu kommunizieren, und dass fast die Hälfte der befragten Unternehmen die Standards nicht einmal auf Anfrage zur Verfügung stellt. Diese Resultate weisen massiv auf ein noch stark unterentwickeltes Bewusstsein der Unternehmen dafür hin, dass sich in selbst gesetzten Codes of Conduct natürlich in ganz zentraler Weise das Verständnis von der Rolle als Unternehmen in der Gesellschaft und der daraus erwachsenden Verantwortung ausdrückt. Und dieses Verständnis kann nicht auf dem Wege eines Erlasses durch die Unternehmensleitung weiterentwickelt werden, sondern nur in einem zum Teil auch öffentlichen, den Pluralismus der Meinungen und Standpunkte ein Stück weit einfangenden Klärungsprozess. Eingeschlossen ist die implizite oder gar ausdrückliche Aufforderung an die Zivilgesellschaft zur kritischen Einmischung. Die Frage an Grossunternehmen beispielsweise, wo sie wieviel Steuern zahlen sollten, dürfte sich hierzu besonders anbieten, denn die herrschende Praxis kann hier nur ein Viertel der Befragten überzeugen [FB 15c].

67. Was geht ohne ‹Ethics Officer›?

Mit dem Stichwort ‹Ethik› wurde in der Befragung zum Abschluss des Interviews danach gefragt, ob zukünftig im Geschäftsalltag erwartungsgemäss häufiger über Anstand und Verantwortung nachgedacht und diskutiert werde oder nicht. Das Urteil fiel insgesamt genau zweigeteilt aus. Auffälligerweise war die Einschätzung im Wesentlichen unabhängig etwa von Berufsgruppe, Erwerbstätigkeit oder dem Verständnis von den gesellschaftlichen Basisaufgaben eines Unternehmens (vgl. 40). Zugleich war sie aber in äusserst hohem Masse abhängig davon, ob Betrug und Täuschung als seltene Ausnahme angesehen wird. Wer meint, die Mehrheit der deutschen Unternehmen arbeite auf jeden Fall anständig und verantwortungsvoll,

37 Vgl. Arthur Andersen (Ethical Concerns 2000), 18.

glaubt in 65% der Fälle an eine zunehmende ‹Ethik›-Diskussion. Wer dagegen Anstand und Verantwortlichkeit keinesfalls für die Regel hält, glaubt das nur in 33% der Fälle [FB 25/42+]. Eine verstärkte Diskussion wird also nicht etwa deshalb erwartet, weil die Defizite für so gross gehalten werden, sondern eher zur Pflege einer durchaus vorhandenen Grundlage verantwortungsbewusster Wirtschaftsaktivitäten. Und dass diese tatsächlich aktiver Pflege bedarf, das deuten die mit abnehmendem Alter geringeren Erwartungen an.

Für die aktive Pflege einer Kultur sozialer Verantwortlichkeit (vgl. 95) kann ein Unternehmen Spezialisten einsetzen, die aus einer übergeordneten Stabsfunktion heraus versuchen, Handlungsbedarf und -optionen aufzuspüren, Impulse aufzunehmen und auszusenden, fragwürdige Gewohnheiten wie auch schuldhaftes Fehlverhalten zum Thema zu machen oder aber Fach- und Theoriekompetenz einzubringen. Abträglich für einen erfolgversprechenden Prozess der Entwicklung eines stimmigen CSR-Konzepts im ganzen Unternehmen wäre allerdings eine Verwechslung dieser Aufgabe mit jener eines reinen Compliance-Beauftragten (vgl. 66), eines Spendenverteilers (vgl. 48) oder gar eines Unternehmensgewissens, an das jegliche Verantwortung wegdelegiert werden kann.

In den USA hat der ‹Ethics Officer› in der letzten Dekade starke Verbreitung gefunden. Dass die zwischenzeitlich aufgetretene Welle an Betrugsskandalen die Verbreitung noch steigern dürfte, weist zugleich auf ein üblicherweise zu enges Aufgabenverständnis hin – bereits ist vom ‹Corporate Process Officer› die Rede, der sich der notwendigen Veränderungen mit Blick auf den Sarbanes-Oxley-Act annehmen soll (vgl. 10). So dürfte es hier zu Lande vorzuziehen sein, anstelle eines für ‹Ethik› Beauftragen mit sehr engem Verantwortungsverständnis lieber einen Zuständigen mit weniger ambitiösem Titel, dafür aber umfassenderem Verständnis von sozialer Unternehmensverantwortung darauf anzusetzen, dass in den unterschiedlichen Teilen des Unternehmens hinsichtlich der vielen klärungsbedürftigen Fragen echte Fortschritte erzielt werden. Unternehmen, die dies – möglicherweise in der berechtigten Angst vor Delegationseffekten – als überflüssig bezeichnen, setzen sich dem Verdacht aus, das Thema sozialer Verantwortung noch immer als eine unwesentliche Randfrage oder als Privatsache der einzelnen Mitarbeiter anzusehen. Umgekehrt sagt die Einsetzung eines speziell Zuständigen – der im Übrigen sowohl nach innen als auch nach aussen Wirkung erzeugen müsste – noch nichts darüber aus, ob dieser firmenintern und -extern bald als Symbol für ein breites Engagement oder für eine Alibiübung angesehen wird.

68. ‹Corporate Volunteering› – die Standardmassnahme?

Über ein Drittel der Befragten engagiert sich ehrenamtlich, wie sich auch in der Umfrage bestätigt [FB 7d]. Anerkennung erfährt dies üblicherweise nicht zuletzt mit dem Hinweis, dass freiwillige und selbstlose Hilfe als eine wichtige Voraussetzung für das lebenswerte Miteinander in einer Gesellschaft wertvoll ist. Vor diesem Hintergrund könnte gefragt werden, ob die Opferbereitschaft und damit der Wert des Engagements nicht verloren geht, wenn ein Unternehmen ehrenamtliche Tätigkeiten seiner Mitarbeiter systematisch fördert und diese damit von Belastungen befreit. Dieser Gedanke dürfte schon deshalb abwegig sein, weil in den meisten Fällen das Engagement weitaus grösser ist als der vom Unternehmen geförderte Anteil. Doch lenkt er den Blick auf einen wichtigen Aspekt: Wenn Unternehmen nämlich Arbeitszeit oder Finanzmittel zur Verfügung stellen, um die Reichweite von eigenverantwortlichem Engagement zu erhöhen, wird dadurch ein Stück weit auch Opferbereitschaft symbolisiert. Damit wird ein klares Zeichen dafür gesetzt, dass man mit Unternehmertum gerade nicht meint, buchstäblich ‹alles› daranzusetzen, den Gewinn kurzfristig oder auch langfristig zu erhöhen – obwohl in manchem Fall genau dieses Kalkül bei der Entscheidung für eine solche Massnahme ursprünglich im Spiel gewesen sein mag. In diesem Sinne sind gerade ‹Corporate Volunteering›-Fördereinrichtungen eine Form von CSR-Massnahmen, die von der Frage nach dem angemessenen Mix aus indirekten – via ‹unsichtbare Hand› des Marktes – und direkten Beiträgen der Unternehmen zu lebenswerten Gesellschaftsverhältnissen geprägt sind.

Als in diesem Sinne ausgeprägtes Symbol kann die systematische Förderung im Bereich ‹Corporate Volunteering› also durchaus als Standardmassnahme im Rahmen der Klärung und Wahrnehmung sozialer Unternehmensverantwortung gelten, an der sich weitere Aktivitäten orientieren können. Hauptmanko ist sicher die Tatsache, dass die Berührungspunkte mit dem Geschäftsalltag eher schwach sind und deshalb die Gefahr besteht, einer reinen Spendenmentalität verhaftet zu bleiben (vgl. 48). Rückwirkungen auf die Geschäftstätigkeit werden – meist mit dem Stichwort sozialer Kompetenz verknüpft – üblicherweise darin gesehen, dass die besonderen Erfahrungen der ehrenamtlich aktiven Mitarbeiter nicht nur deren Teamfähigkeit verbessern, sondern auch deren Gespür für ungewohnte soziale Anliegen erhöhen können. Vergleichsweise mögen dies bescheidene Effekte auf dem Weg zu einem umfassend gelingenden Umgang mit Verantwortungsfragen sein. Den Teil der Befragten, die Anstand und Verantwortung in deutschen Unternehmen auf jeden Fall für die Regel halten, mag das dazu bewogen haben, höheren

Erwartungen Ausdruck zu verleihen, indem sie doppelt so oft wie der Durchschnitt von einer harmlosen oder gar lächerlichen Massnahme sprechen [FB 21/25+].

Eher unklar ist, warum gerade die selbständig oder freiberuflich Tätigen zu hohen 15% dieses negative Votum abgeben. Es könnte damit zusammenhängen, dass diese Gruppe wie auch die in Führungspositionen Tätigen privat etwas mehr zu ehrenamtlichem Engagement neigt als der Durchschnitt [FB 7d+]. Man kann dies zum Anlass nehmen, vorhandene Förderprogramme daraufhin zu prüfen, ob sie tatsächlich auf alle Arbeitnehmerschichten gleichermassen zugeschnitten sind. Doch die Überarbeitung bestehender Programme dürfte für die meisten Unternehmen ohnehin noch nicht anstehen, müssen sie doch erst einmal über eine mögliche Neueinführung nachdenken. Denn nur etwa jeder Zehnte traut mehr als der Hälfte der deutschen Firmen zu, bereits über ein entsprechendes Programm zu verfügen, und durchschnittlich wird so etwas nur bei 21% der Unternehmen vermutet [FB 20+]. Ein Vergleich mit den Angaben von Unternehmensseite ist schwierig, kann doch von der meist abgefragten Tatsache, ob es zu Mitarbeiterfreistellungen für ehrenamtliche Tätigkeiten kommt, nicht unmittelbar auf eine systematische Förderung geschlossen werden – in Deutschland wären es sonst etwa die Hälfte der Unternehmen mit mehr als 250 Beschäftigten, in Österreich sogar noch etwas mehr.[38] Tendenziell dürften die Befragten das tatsächliche Niveau überschätzt haben, so dass rein von der Verbreitung her gesehen, eher noch nicht von einer oder gar ‹der› Standardmassnahme gesprochen werden kann.

69. Bildungsnotstand – Horizonterweiterung in Sachen sozialer Verantwortung als CSR-Massnahme?

Mehr als drei Viertel der Befragten sehen es als eine Aufgabe der Unternehmen an, auch etwas gegen allgemeine gesellschaftliche Probleme zu tun – etwa im Bereich der Bildung [FB 12]. Spätestens seit sich die nationalen Bildungssysteme eine europäische Vergleichsstudie gefallen lassen mussten und ein – wie bei jedem Wettbewerb teilweise anregender und daher fruchtbarer, oft aber auch hektischer und darum banalisierender – Streit um konkrete Verbesserungsvorschläge die öffentliche Diskussion prägt, stellt sich für ein Unternehmen die Frage, welche Aufgabe es hier für sich sieht.

Abgesehen von reinen Ressourcenknappheiten, denen üblicherweise nach klassischer Spendenlogik zu begegnen wäre, oder einem Mangel an Know-how,

38 Vgl. Maaβ/Clemens (Citizenship 2002), 62 sowie CSR Austria (Verantwortung 2003), 27.

wo sich die Wahrnehmung sozialer Verantwortung in der teilnehmenden Mitgestaltung von Lehrveranstaltungen vielleicht auch auf Schulebene äussern könnte, stellt sich natürlich die Frage nach Bildung von CSR-Kompetenz selbst. Will man die Verantwortung, die der staatliche Bildungssektor und insbesondere Wirtschaftsschulen hier in hohem Masse haben, nicht ganz dorthin abschieben, so muss man geeignete Formen finden für einen Beitrag zur Arbeit an den Denkmustern, was gesellschaftsdienliches Wirtschaften ausmacht. Ein Blick auf das Antwortverhalten der 18- bis 30-Jährigen zeigt eine auffällige Tendenz, nicht nur selbst – etwa beim bewussten Einkaufsverhalten oder Interesse an spezifischen Produktinformationen [FB 7a/19f+] – ein unterdurchschnittliches Engagement zu zeigen, sondern auch fast über alle Stufen der denkbaren Ausweitung gesellschaftlicher Aufgaben von Unternehmen hinweg (vgl. 27) geringere Ansprüche zu stellen [FB 11/12/16/17+]. Damit könnte durchaus ein ausgeprägteres Bewusstsein für die Schwierigkeiten verantwortlichen Handelns als einzelnes Unternehmen im globalen Wirtschaftsgeschehen zum Ausdruck kommen. Zumindest passte dazu die deutlich stärkere Befürwortung einer zunehmenden Einflussnahme des Staates [FB 4/5+] und die überdurchschnittlichen Vertrauenszuwächse bei der Einschaltung Dritter (vgl. 56). Ausserdem liegt die junge Generation bei der Einschätzung, dass die Unternehmen ihre Möglichkeiten in ausreichendem Masse ausschöpften, mit 58% Zustimmung deutliche 10% über dem Durchschnitt [FB 3+]. Allerdings glaubt sie von weniger Unternehmen, dass diese wirkungsvolle Massnahmen zustande brächten [FB 26+].

Trotz des möglicherweise ausgeprägteren Bewusstseins für die drohenden Überforderungen scheint bei der Gruppe der 18- bis 30-Jährigen kein klareres Konzept bezüglich des Umgangs mit dem spannungsreichen Verhältnis zwischen Gewinnerzielung und Verantwortungsfragen zu existieren. Anders als bei älteren Jahrgängen wird als persönliche Erwartung an sozial verantwortliche Unternehmen nur selten die ausdrückliche Forderung erhoben, das Denken nicht auf Gewinnmaximierung zu reduzieren (vgl. 2). Bezüglich eines möglichen Zusammenhangs zwischen Spendenwesen und Kerngeschäft tritt zudem gehäuft die undifferenzierte Einschätzung ‹unwichtig, aber auch nicht störend› auf [FB 22/23+]. Dass darin konzeptioneller Orientierungsbedarf zum Ausdruck kommt und nicht etwa eine unkritische Blauäugigkeit, belegt die Zweidrittelmehrheit bei der Einschätzung, Betrug und Täuschung seien eher die Regel als eine seltene Ausnahme – 13% über dem Durchschnitt [FB 25+].

Sucht vor diesem Hintergrund ein Unternehmen seinen Ansatzpunkt für einen Beitrag zur CSR-Bildung speziell in der jungen Generation, fallen zwei Phänomene ins Auge: Zum einen fühlen sich gerade diese Befragten besonders schlecht informiert, sind zugleich aber bedeutend optimistischer hinsichtlich der zukünftigen Verbesserung [FB 30+] der aktuell mangelhaften Kommunikationsbereitschaft der Unternehmen (vgl. 74). Es drängt sich hier auf, die Menschen an diesem Punkt abzuholen und den Beweis anzutreten, dass der Optimismus richtig ist. Mit Blick auf die besonders genutzten und zukünftig verstärkt gewünschten Informationskanäle – nämlich die Zeitschrift und das Internet [FB 37/38+] – kann beispielsweise eine online-Zeitung initiiert werden, die ausdrücklich auf die gedankliche Weiterentwicklung eines zukunftsweisenden wie zukunftsträchtigen Wirtschafts- und Unternehmensverständnisses in der jungen Generation zielt. Eine solche von der Wirtschaft getragene und bewusst auf eine selbstkritische Weiterentwicklung hin durchorganisierte Massnahme wäre eine Horizonterweiterung in doppelter Hinsicht: für den Bildungsstand in Sachen CSR wie auch für die Wahrnehmung konkreter Aufgaben in der Gesellschaft durch die Unternehmen.

70. Wie lassen sich bei CSR-Massnahmen Aufwand und Ertrag messen?

Bei der Frage, ob die Unternehmen die Möglichkeiten, sich aktiv um ihre soziale Verantwortung zu kümmern, in ausreichendem Masse ausschöpften, können weder die 48% positiv noch die 51% negativ urteilenden Befragten lediglich an einen Geldbetrag gedacht haben, der – etwa als fester Anteil von Umsatz oder Gewinn – die Grenze zwischen übertrieben oder unzureichend markiert (vgl. 8). Schon weil die ‹Möglichkeiten›, im Rahmen des Geschäftsalltags gesellschaftlich wünschenswerte Veränderungen zu erzielen, stärker vom unternehmerischen Einfallsreichtum als vom Mitteleinsatz abhängen, lässt sich die Frage nach dem Aufwand so nicht stellen. Gleichwohl liegt sie natürlich sehr nahe und so bieten diverse Studien Gelegenheit für Vergleiche. Bedeutet es etwa einen Nachholbedarf, wenn man nicht wie 90% der amerikanischen Unternehmen auch bei schwacher Ertragslage unvermindert Löcher in Gemeindebudgets stopfen hilft? Gehört man zu den 3% der deutschen Unternehmen, in denen die ‹Ausgaben für Corporate Citizenship› in den letzten fünf Jahren gesunken sind, oder zu den 35%, in denen diese anstiegen? Und kann man sich hier als Unternehmen mit weniger als 100 Mitarbeitern etwas darauf einbilden, dass in dieser Grössenklasse gemessen am Umsatz dreimal mehr als in Grossunternehmen ausgegeben wird?[39]

Ein solcher Vergleich kann Anregungen bringen, doch betreffen die Zahlen nur einen kleinen Ausschnitt des Themas sozialer Verantwortung. Denn wie kann

39 Vgl. Trustees of Boston College (State 2003), 15; Maaβ/Clemens (Citizenship 2002), 113ff.

gemessen werden, welchen Aufwand bzw. welche Gewinneinbussen es auslöst, dass alle Geschäftsprozesse konsequent auf – regelmässig überarbeitete – Standards verantwortlichen Handelns ausgerichtet sind? Und wie erst die Erträge, die sich als indirekte Folge in einem weiten Spektrum von gesteigerter Kundentreue über gesenkte Krankheitsausfälle bis zu besserer Behördenkooperation ergeben? Wird die Frage nach Aufwand und Ertrag von CSR-Massnahmen weder in der Weise verkürzt, dass lediglich Aktivitäten mit herkömmlicher Spendenmentalität in den Blick geraten (vgl. 48), noch in der Weise, dass die Gewinnmaximierung direkter Fokus allen Denkens bleibt (vgl. 42), richtet sie sich auf den Erreichungsgrad der zuvor abgesteckten CSR-relevanten Ziele. Damit ist natürlich auch der Versuch angesprochen, möglichst hohe Effekte mit einem Budget zu erzielen, das für ein als sinnvoll erachtetes Projekt oder Aktivitätsgebiet vorerst eingeplant worden ist. Die gleichen Kriterien, die diese Beurteilung ermöglichen, werden aber auch dazu benötigt, um solche Planungen überhaupt erst vornehmen zu können.

Als Voraussetzung für die Auswahl konkreter Ziele muss ein Unternehmen also übergeordnete Kriterien für sich definieren, die das ‹Was› und das ‹Wie› einer sozial verantwortlichen – und das heisst letztlich: gesellschaftsdienlichen – Geschäftstätigkeit abbilden und die Zusammenstellung entsprechender Indikatoren ermöglichen. Diese können dann mit Hilfe von Instrumenten wie der ‹Balanced Scorecard› operativ für Analyse und Planung im CSR-Kontext, aber auch für die Effizienzkontrolle spezieller Massnahmen genutzt werden. Unter dem Stichwort ‹Corporate Social Performance› wird vor allem im Kontext des Berichtswesens zum Teil daran gearbeitet, das ‹Kinderschuh›-Stadium zu überwinden (vgl. 79).

71. Bringt die operative Umsetzung zwingend ‹schlechte Kompromisse› mit sich?

Es zeigt sich verschiedentlich, dass die Befragten wohlwollend-kritisch auf die Aktivitäten der Unternehmen im Kontext sozialer Verantwortung blicken. Weder neigen sie zu Idealismus noch zu sinn- und richtungslosem ‹Realismus›. Ein Beispiel ist die Ausgewogenheit zwischen Zustimmung und Ablehnung in der Frage, ob die Unternehmen die Möglichkeiten einer aktiven Wahrnehmung ihrer sozialen Verantwortung ausschöpften [FB 3]. Wenn auch kein Idealismus, so gehören doch Ideale unausweichlich zu einem ernsthaften Bemühen um soziale Verantwortung dazu. Voraussetzung für CSR-Massnahmen, die nicht von vornherein zu einer wenig überzeugenden Hülse für rein private Interessen verkommen sollen, ist der gute Wille, mit wirtschaftlichen Aktivitäten eher Weltverbesserung als

Selbstbereicherung betreiben zu wollen. Weil Ideale aber definitionsgemäss unerreichbar sind, bleibt offen, wie nahe man ihnen Runde um Runde kommt und wie gross die nötigen Kompromisse jeweils sind. ‹Schlechte Kompromisse› lägen dabei nur dann vor, wenn eine im Kontext sozialer Verantwortung diskutierte Massnahme Ergebnis eines rein durchsetzungsorientierten ‹Bargaining› unter den Beteiligten wäre. Ein guter Kompromiss zeichnet sich dagegen dadurch aus, dass in einem von Argumentationsintegrität geprägten Verständigungsprozess vorerst kein weitergehendes gemeinsames Verständnis in einer Sache erzielbar erscheint.

Ob ein Unternehmen in der Abwägung von Zumutbarem eher das Mass einer Pionierleistung oder das einer Alibiübung erreicht, dafür haben zwar die direkt Beteiligten in der Regel eine klare Intuition, doch fehlt für diese Beurteilung ein objektiver Massstab. Im Bemühen, sich die Anerkennung als ein sozial verantwortliches Unternehmen zu verdienen, bleibt das Empfinden der Bevölkerung der zuverlässigste Indikator – Stichwort: ‹gesunder Menschenverstand› (vgl. 59).

Fragen zur Arbeit an der öffentlichen Meinung

72. Kommen die CSR-Bemühungen beim Bürger an?

Ob die CSR-Bemühungen der Unternehmen in der Bevölkerung begrüsst werden, dazu bietet die Befragung sehr unterschiedliche Anhaltspunkte. Das Spektrum reicht von relativ positiven Einschätzungen zur Vertrauenswürdigkeit der meisten Unternehmen (vgl. 50) oder bezüglich einer konkreten Massnahme (vgl. 68) bis zu grosser Unzufriedenheit mit der Erfüllung gewisser Kernaufgaben (vgl. 40). Ob die Aktivitäten in diesem Sinne gut ankommen, ist allerdings nicht unabhängig von der Frage nach einem angemessenen Informationsfluss. Hier wird deutlich, dass sich nur eine Minderheit von einem Viertel der Befragten gut informiert fühlt [FB 35]. Was sich hinter diesem Gefühl mangelhafter Informiertheit verbirgt, müssen Unternehmen – nicht nur im technischen Sinn – genauer klären.

Zunächst fällt ins Auge, dass das Gefühl, schlecht informiert zu sein, mit dem Alter von 90% auf 59% abnimmt – übereinstimmend mit der Abnahme von 87% in der vorberuflichen Phase auf 63% in der Phase der Pensionierung [FB 35+]. Dass dabei der Anteil derer, die eine ungenügende Verfügbarkeit von Informationen und nicht etwa eine Überforderung durch zu viele Informationen beklagen, ebenfalls stetig von 68% auf 50% abnimmt [FB 36+], könnte daran liegen, dass sich mit der Zeit ein gewisser Durchblick ergibt. Ebenso gut könnte das aber auch an einem allmählichen Rückgang des Anspruchsniveaus liegen, wofür zum Beispiel das folgende Ergebnis spricht: Je nachdem, ob sich für den Befragten die gesellschaftlichen Kernaufgaben von Unternehmen auf gute Produkte und Dienstleistungen, sichere Arbeitsplätze und angemessene Steuerzahlungen vollständig oder aber überhaupt nicht reduzieren lassen, sinkt das Gefühl der Informiertheit von 40% auf 24% und steigt der Informationshunger von 44% auf 70% – bezogen natürlich auf den Anteil der Befragten, die sich schlecht informiert fühlen [FB 14/35+].

Doch es geht nicht allein um eine bezüglich Menge und Inhalt gehaltvollere Informationsarbeit, sondern durchaus auch um ein differenziertes Eingehen auf verschiedene Zielgruppen. Das zeigt schon der Zusammenhang zwischen niedriger Schulbildung und einem von 21% auf 40% steigendem Anteil an Befragten, die Überforderungsgefühle beklagen. In diesem Punkt zeigt sich allerdings auch, dass nicht nur die Unternehmen in der Pflicht stehen, sondern ebenso – als eine der untersuchten Informationsquellen – unabhängige Organisationen. Denn auch hier sinkt die Nutzung mit dem Niveau der Schulbildung von 69% auf 50% [FB 37h+]. Wiederum voll und ganz gefordert sind die Unternehmen jedoch bezüglich des Phänomens, dass jene Befragte, die sich stark an Unternehmensinformationen orientieren, der Vorstellung einer sehr engen Rolle gesellschaftlichen der Unternehmen eher unkritisch gegenüberstehen [FB 14/37h+]. Ist dies ein Anlass zu Selbstzufriedenheit oder eine besondere Herausforderung für ein nachdrückliches Bemühen um die Anerkennung als sozial verantwortlichem Unternehmen?

73. Soll ein Unternehmen seine CSR-Aktivitäten für die Imagepflege nutzen?

Insgesamt melden 43% aller Befragten Bedarf an einschlägigen Informationen an, um ihre nach eigenem Empfinden schlechte Informationslage zu überwinden.[40] Umgekehrt würden sich sicher nicht 25% gut informiert fühlen, wenn nicht auch die Unternehmen ihren Teil dazu beitrügen [FB 35]. Öffentlichkeitsarbeit ist also ein wichtiges Aufgabenfeld im Rahmen ernsthafter CSR-Bemühungen. Wie diese Öffentlichkeitsarbeit aber im Einzelnen stattfindet, ist damit noch nicht geklärt.

Dass Informationsangebote von Unternehmensseite die Schlusslichter auf der Liste jener Medien sind, die das Bild von der sozialen Verantwortung deutscher Unternehmen besonders stark prägt, deutet bereits Probleme hinsichtlich eines glaubwürdigen und entsprechend intensiven Informationsflusses an. Ähnlich wenig wird nur noch das Internet genutzt, was seine Begründung klar im Zugang zu diesem Medium hat [FB 37]. Bestätigt wird diese Problematik durch die Feststellung, dass in den Unternehmen durch Dominanz der Innenwahrnehmung bei der Themenauswahl für entsprechende Informationsangebote das Leserinteresse regelmässig verfehlt wird.[41]

Ein Unternehmen, das in seinen Bemühungen um die Klärung und Wahrnehmung seiner sozialen Verantwortung Anerkennung finden möchte, muss daher sicherstellen, dass die Öffentlichkeitsarbeit niemals das Hauptziel aus den Augen verliert: die – nicht nur scheinbare – Legitimation der Unternehmensaktivitäten. Wenn um die ‹Licence to Operate› (vgl. 55) geworben wird, ist es erfahrungsgemäss eine nicht zu unterschätzende latente Gefahr, dass sich der legitime Wunsch nach einer Reputationsverbesserung verselbständigt und die Arbeit schliesslich zum aggressiven, rein wirkungsorientierten ‹Ausschlachten› eines zunächst ehrlichen

40 Vgl. imug (Verbraucher 2003), 5.

41 Vgl. ECC Kohtes Klewes (Stakeholder-Report 2003), 4.

Engagements verkommen lässt. Effekthascherei führt nicht nur zur Schädigung der Glaubwürdigkeit und damit zum Verfehlen der vordergründigen Zielsetzung, sondern schlägt alsbald auch auf die Prioritätensetzung beim CSR-Engagement selbst durch. Vermutlich fährt ein Unternehmen darum also besser, wenn es die Reputationsverbesserung bewusst als ein Nebenprodukt und nicht als Hauptziel selbst behandelt. So verstandene Öffentlichkeitsarbeit bemüht sich erkennbar um ein Darlegen der Gründe für strittige Aktivitäten und misst diese an den – dafür ausdrücklich aufgegriffenen – kritischen Argumenten in der Arena der öffentlichen Diskussion. Nicht zuletzt, weil es neben ausdrücklich unter dem Stichwort der sozialen Unternehmensverantwortung thematisierten Massnahmen unzählige nur implizit darauf bezogene Aktivitäten gibt, kann sicherlich nicht alles zur Geltung gebracht werden. Doch gänzlich auf Publizität zu verzichten, wie es 37% der deutschen Unternehmen tun, kann kaum der richtige Weg sein.

74. Darf man sich auf die lange Tradition sozialer Verantwortung in Deutschland berufen?

In öffentlichen Diskussionsprozessen zur Klärung der sozialen Verantwortung auf die geschichtlich gewachsenen ‹sozialen Errungenschaften› Bezug zu nehmen, ist schon deshalb sinnvoll, weil es bei der tatkräftigen Auseinandersetzung mit der CSR-Thematik in gewisser Weise um die Fortschreibung der Idee der ‹sozialen Marktwirtschaft› geht. So ist es auch kein Zufall, wenn auf die offen gestellte Frage nach den persönlichen Erwartungen an ein sozial verantwortliches Unternehmen immerhin 7% der Befragten als erstes an die Partizipation aller Mitarbeiter an den Entscheidungsprozessen denken oder 9% an die Altersvorsorge vor allem durch Betriebsrenten [FB 2+].

Es kann also durchaus legitim sein, auf soziale Leistungen zu verweisen, auch wenn sie obligatorisch sind – etwa bei der Bestimmung einer Zumutbarkeitsgrenze mit Blick auf den internationalen Wettbewerbsdruck. Pauschale Hinweise allerdings deuten eher darauf hin, einem scheinbar bequemen Denkreflex erlegen zu sein und Traditionen nicht als Grundlage, sondern als Ersatz für zukunftsorientierte Gestaltungsarbeit zu nehmen. Dass zwei Drittel der Befragten Verantwortungsbewusstsein in deutschen Unternehmen für die Regel halten, ist sicher auch Ausdruck der Vorstellung, dass das Eingehen auf soziale Anliegen im Zuge des Geschäftsalltags traditionell verankert ist. Diese Vorstellung findet sich jedoch vor allem in der älteren Generation und dürfte deshalb im Rückgang begriffen sein [FB 25+]. Was nützt es zu wissen, dass die Wirtschaft einst selbstverständlicher in die Gesellschaft eingebettet war, wenn entsprechende Phänomene lediglich im Geiste der Rückwendung und nicht mit nach vorne gerichtetem Blick daraufhin betrachtet werden, was für konkrete Massnahmen daraus abgeleitet werden können?

Ein Unternehmen, das nicht in der unlauteren Absicht, sich berechtigter Kritik zu entziehen, auf CSR-relevante Traditionen Bezug nimmt, greift damit vor allem den in der Befragung attestierten Nachholbedarf in lernorientierter Dialogfähigkeit auf (vgl. 77). Da derzeit die Einfachheit neoliberaler ‹Mehr Markt›-Patentrezepte vielfach als eine nur vermeintliche erkannt wird und dies ganz allgemein eine gewisse Orientierungslosigkeit in wirtschaftspolitischen Fragen auslöst, müssen Unternehmen auch und gerade in der Bezugnahme auf traditionelle Einrichtungen zur Geltung bringen, dass es immer wieder aufs Neue um die Legitimation von konkreten Aktivitäten – und auch von konkretem Nichteinlassen auf bestimmte Anliegen – vor der Öffentlichkeit geht.

75. Spielt die Einhaltung von Mindeststandards eine besondere Rolle für die Glaubwürdigkeit?

Gäbe es objektive Massstäbe für sozial verantwortliches Handeln, wäre alles viel einfacher! Wie die Berufung darauf, dass die Übernahme sozialer Verantwortung im Laufe der Geschichte zu einer in unterschiedlichster Form kodifizierten und institutionalisierten Gewohnheit geworden ist, kann auch ein solcher Stossseufzer sowohl eine Ausrede für Zögerlichkeit sein, als auch die Stossrichtung für aktive Gestaltungsversuche angeben. Ein wesentlicher Aspekt bei der Beurteilung der Glaubwürdigkeit eines Unternehmens und seiner CSR-Bemühungen ist zweifellos, ob es sich teilweise sogar operativ mess- oder zumindest abschätzbare Ziele steckt und wie hoch es die Latte dabei legt. Was firmenübergreifende CSR-Standards angeht, würde ohne sie ein ganz wesentlicher Bezugspunkt für kritische und selbstkritische Klärungsprozesse fehlen, auch wenn vieles nur im spezifischen Unternehmenskontext zu klären ist.

Standards können das Ringen um angemessene Ziele also nicht ersetzen, im Sinne eines weithin anerkannten Referenzpunkts sehr wohl aber erleichtern. So kommt wohl kein Unternehmen, das sich gemäss einer Forderung von 91% der Befragten im Rahmen seiner Geschäftstätigkeit um die Einhaltung der Menschenrechte bemühen will [FB 19a], um eine Auseinandersetzung mit jenen Standards herum, wie sie in einschlägigen UN-Deklarationen oder ILO-Empfehlungen festgehalten sind. Automatisch geschieht dies, wenn man sich am ‹Global Compact› (vgl. 14) beteiligt oder einen – dann sogar neutral kontrollierten – Standard wie

SA8000 für seine Lieferanten einführt. Denn dieses von der unabhängigen, nicht gewinnorientierten Vereinigung ‹Social Accountability International› getragene Zertifizierungssystem greift auf die von UNO und ILO thematisierten Kriterien zurück: Kinder- und Zwangsarbeitsverbot, Arbeitssicherheit und -gesundheit, Gewerkschaftsfreiheit, Diskriminierungsverbot, Arbeitszeitbegrenzung, Mindestlöhne. Wie es die ähnlich angelegten ‹Guidelines for Multinational Companies› der OECD sogar im Namen ausdrücken, sind diese insbesondere auf die krassesten Formen sozialer Probleme im Wirtschaftskontext zugeschnittenen Standards dabei nur in zweiter Linie für mittelständische Unternehmen gedacht. Doch schon weil diese ebenfalls immer mehr in internationale Handelsströme eingebunden sind, könnte auch hier der Verweis auf die fehlende Objektivität und Umsetzbarkeit nur eine Ausrede für Untätigkeit sein. Bis hin etwa zu einem ‹Standard des Umgangs mit Schwarzarbeit als Handwerksbetrieb› gilt ohnehin für Standards aller Ebenen die Logik freiwilliger Selbstbindung. Hier müssen die Unternehmen jeder Grösse gegenüber der Bevölkerung erst noch den Beweis antreten, dass sie es mehrheitlich ernst meinen. Der Wunsch, der Staat möge seine klassischen Kontrollfunktionen zukünftig verstärkt wahrnehmen, ist dort zumindest recht ausgeprägt (vgl. 31).

76. Sind nur ‹gläserne› Unternehmen sozial verantwortlich?

Das verbreitete Gefühl, bezüglich sozialer Unternehmensverantwortung schlecht über die tatsächliche Situation informiert zu sein [FB 35], führt die Bevölkerung offenbar vor allem auf das Informationsgebaren der Unternehmen zurück. So wird deren Bereitschaft, auch Unangenehmes offen zu kommunizieren, nur von 1% als sehr bzw. 16% als eher hoch beurteilt, während 15% der Befragten die Bereitschaft als sehr niedrig ansehen. Überwiegend wird die Offenheit der Unternehmen als mindestens unbefriedigend empfunden – 83% ist ein hoher Wert [FB 29].

Dabei handelt es sich aus Sicht der Bevölkerung nicht nur um einen leichten, sondern beachtlichen Nachholbedarf, wie die diesbezüglichen Erwartungen an die Zukunft unterstreichen. Während jede erwartete Verschlechterung als bedauerlich beurteilt wird, löst nämlich nicht jede vermutete Verbesserung schon Freude aus. Fast jeder Fünfte, der eine leichte Verbesserung erwartet, äussert sich unzufrieden darüber [FB 30/31+]. Grundsätzlich zeigt sich, dass eine positive Einschätzung des Ist-Zustands auch mit optimistischeren Erwartungen einhergeht und umgekehrt. Letztlich geht es also um eine Grundhaltung gegenüber den Unternehmen und deren Bemühungen, sich die Anerkennung als ein wertvolles Gesellschaftsmitglied zu verdienen. Das zeigt auch die Abhängigkeit der Trenderwartung von der Einschätzung in puncto Anstand und Verantwortlichkeit. Von denen, die Betrug und Täuschung auf jeden Fall für eine seltene Ausnahmen halten, erwarten 58% eine mindestens leichte Verbesserung, während diejenigen, die dies keinesfalls für eine Ausnahme halten, lediglich zu 20% positiv gestimmt sind [FB 25/30+]. Insgesamt überwiegt damit eine Haltung, die in einer grundsätzlich gegebenen Verantwortungsbereitschaft nicht etwa einen Gegensatz zum eklatanten Nachholbedarf in puncto Transparenz sieht, sondern die Basis für dessen Beseitigung.

Forcierte Anstrengungen um Transparenzerhöhung können natürlich nicht darin bestehen, einfach die ‹Schleusen zu öffnen› und massenweise Fakten und Vorstellungen zu präsentieren und womöglich über deren inneren Widersprüche hinwegzugehen, ohne um ihre Beseitigung bemüht zu sein. Kern des Bemühens bleibt der Versuch, mit sinnvoll zusammengestellten Informationen Rechenschaft abzulegen (vgl. 12) und in der Gesellschaft darum zu werben, für sein Handeln die Legitimation erteilt zu bekommen (vgl. 55). Eine der grössten Herausforderungen besteht dabei offenbar in der Überwindung des verständlichen und entsprechend verbreiteten Reflexes, nur dort zu berichten, wo man sich sicher fühlt.[42] Die oft übersehene Ursache dafür ist in der Regel eine Schwäche in der firmeninternen Kommunikation, denn hier ergibt sich ein Informationsfluss auch zu schwierigen oder peinlichen Fragen nicht von allein.

So berechtigt die Angst ist, dass jemand die preisgegebenen Informationen in wenig integerer Weise für vordergründige Argumentationen nutzen könnte, so aussichtslos ist der Versuch, den Eindruck glaubwürdiger Bemühungen um ein ehrliches Informationsgebaren zu erwecken, wenn nicht mit aller Kraft daran gearbeitet wird. Unternehmen können ihre eigene Glaubwürdigkeit durchaus ein Stück weit durch die Einbeziehung Dritter wie etwa von Universitätsinstituten oder Bürgerinitiativen ersetzen (vgl. 56). Sie sollten aber immer danach fragen, ob darin vielleicht bereits eine grundsätzliche Erschütterung des Vertrauens zum Ausdruck kommt und ob nicht bereits eine gewisse Grenze überschritten worden ist.

77. Selbst- oder Fremdwahrnehmung – wer hat Recht?

Das Urteil der ‹öffentlichen Meinung› kann sich im Nachhinein als krasses Fehlurteil erweisen, dafür gibt es zweifellos genügend Beispiele (vgl. 51). Unstrittig ist aber auch, dass ohne Irrtumsgefahr kein Unternehmen isoliert für sich definieren kann, unter welchen Bedingungen eine bestimmte Aktivität den Anliegen gewisser

42 Vgl. ECC Kohtes Klewes (Stakeholder-Report, 2003), 4.

Betroffener genügt und als sozial verantwortlich gelten kann. Es ist also aus Sicht eines Unternehmens sinnlos, entweder einem nur auf eigener oder einem nur auf fremder Wahrnehmung beruhenden Urteil von vornherein und kategorisch Recht zu geben. Was dazwischen liegt, hat es allerdings in sich: ein echter Diskurs. Hier müssen alle Beteiligten zunächst natürlich davon ausgehen, eine angemessene Vorstellung vom Diskussionsgegenstand einzubringen. Er darf aber angesichts der Möglichkeit eigener Fehlurteile dann nicht gänzlich durchsetzungsorientiert, sondern muss so ergebnisoffen angegangen werden, wie es angesichts der zeitlichen und intellektuellen Kapazitätsgrenzen nur eben möglich ist. Doch gelingt es nach Einschätzung von 83% der Befragten in der Regel nicht einmal, mit der Herstellung einer gewissen Transparenz die zentrale Voraussetzung für einen gelingenden Diskurs zu sichern (vgl. 76). So kann es kaum mehr verwundern, dass auch die Bereitschaft zum Dialog mit Kritikern nur selten positiv und von 13% der Befragten sogar als sehr niedrig eingeschätzt wird. Lediglich die Gruppe der über 60-Jährigen fällt auf, indem dort deutlich über dem Durchschnitt liegend 25% der Befragten ein positives Urteil abgeben [FB 32+]. Das deutet darauf hin, dass es ein in seiner Substanz bald verbrauchter Kredit sein könnte, wenn derzeit noch zwei Drittel der Befragten verantwortliches Handeln für die Regel halten (vgl. 50).

Will sich ein Unternehmen nicht vorwerfen lassen können, bewusst noch etwas von der vorhandenen Substanz zu leben und das Vertrauen dieser Mehrheit fahrlässig oder gar absichtlich zu enttäuschen, so arbeitet es an der strukturellen und kulturellen Verankerung der Einsicht, dass eine Handlung dann legitim ist, wenn ihr die Betroffenen potenziell zustimmen könnten. Dies natürlich unter der Bedingung, dass diese Betroffenen sich ebenfalls um eine Gesamtschau bemühen und nicht nur im Modus einer Durchsetzung von Einzelinteressen agieren. Unternehmen, die ihr CSR-Engagement nicht klar als eine derartige Legitimationsarbeit sehen, drehen sich gedanklich zwangsläufig im Kreis: Weil sie – wie es deutschen Unternehmen von grossen Teilen der Befragten bescheinigt wird (vgl. 41) – keinen Klärungsbedarf in Verantwortungsfragen sehen, haben sie keinen Dialogbedarf. Und ohne echte Dialoge ist die Klärungsbedürftigkeit vieler Fragen nicht erfahrbar.

Nach einem Einzelbeispiel gefragt, bei dem ein Unternehmen versucht, in lernorientiertem Dialog mit Kritikern eigene Denkmuster ein Stück weit zu überwinden, wussten 61% der Befragten keine Antwort und gaben 7% sogar ausdrücklich an, kein Beispiel zu kennen [FB 33+]. Dem Kern der Dialogaufgabe, im Perspektivenwechsel Meinungen zu bilden, wird offenbar noch zu wenig Achtung geschenkt. Frustrationstoleranz bezüglich fehlender Argumentationsintegrität oder einseitiger Wahrnehmung der jeweils anderen Seite wäre dazu eine Vorbedingung.

78. Ist ein opulentes www-Informationsangebot zwingend?

Hinter der von 30% der Befragten genannten Tageszeitung ist es mit einem Anteil von 24% vor allem das Internet, das verstärkt als Informationsquelle zum Thema sozialer Unternehmensverantwortung gewünscht wird [FB 38]. Doch bereits die Tatsache, dass hinsichtlich der derzeitigen Relevanz des Internets das altersmässige Gefälle von 62% bei den 18- bis 29-Jährigen bis hinunter zu 14% bei den über 60-Jährigen reicht [FB 37+], zwingt zu einer differenzierten Betrachtung. Ein Unternehmen, das sich um fortschrittliche Formen der Kommunikation nicht nur als Mittel der Informationsvermittlung, sondern auch als Ausdruck seiner Haltung zu Verantwortungsfragen bemüht, muss dieses ‹Digital Divide›-Phänomen berücksichtigen. So kann es sicher ohne übermässigen Aufwand Überblicksinformationen parallel zum Internetauftritt auch in Broschüren zugänglich machen und darin eine Anlaufstelle anbieten, die bei Interesse geeignet ausgedruckte Auszüge zusendet.

Da sich die Aussagen zum Internet nur zum Teil auf direkte Informationen von Unternehmensseite beziehen, ist die Bevorzugung von Tageszeitung, Internet und Fernsehen als verstärkt erwünschte Informationskanäle vor allem ein Hinweis auf ein Bedürfnis nach hoher Aktualität. Für die Gestaltung eines Internetauftritts ist zudem von einem integrierten Kommunikationsansatz auszugehen, der die verschiedenen Medien einbezieht. Schliesslich neigen die derzeitigen Nutzer des Internets – wie verständlicherweise auch von CD-ROM – zwar am meisten zu einer noch verstärkten zukünftigen Benutzung von Internetinformation, doch übersteigt die Quote auch hier kaum ein Drittel. Beim Wunsch nach mehr Information auf dem Weg von Fernsehen, Radio oder Zeitschrift liegen die Internetnutzer im Durchschnitt, bezüglich unabhängiger Organisationen liegen sie sogar darüber. Nur die Tageszeitung ist für diese Gruppe zukünftig weniger interessant [FB 37+].

Auch bei der Gestaltung der Inhalte muss für einen auf das CSR-Engagement bezogenen und zugleich soziales Verantwortungsbewusstsein selbst ausdrückenden Internetauftritt auf differenzierte Angebote geachtet werden. So sollte etwa auch die derzeit unterrepräsentierte Gruppe mit niedriger Schulbildung Zugang zu einem verständlichen Überblick erhalten und dort, wo Interesse besteht, in die Tiefe gehen können. Eine inhaltliche Verknüpfung mit anderen Medien böte sich bei dieser Gruppe mit Radiosendungen an, denn diese werden von 72% und damit überdurchschnittlich stark als Informationsquelle für die Meinungsbildung zum Thema sozialer Unternehmensverantwortung genutzt. Auch der Wunsch auf einen zukünftigen Ausbau dieses Kanals ist bei dieser Gruppe ausgeprägter [FB 38+]. Allgemein zu beachten ist dabei, dass das Gefühl, gut oder schlecht informiert zu sein, von den genutzten Informationsquellen unabhängig ist [FB 35/37+].

79. Haben gedruckte Spezialberichte ausgedient?

Nur 16% der Befragten geben an, bereits mehrmals in einen Spezialbericht über Nachhaltigkeit, soziale und ökologische Verantwortung oder gesellschaftliches Engagement gesehen zu haben [FB 39] und können dann im Durchschnitt nur 1,5 Beispiele nennen – 59% dieser Gruppe nennen nur eines oder sogar gar keines [FB 40+]. 54% der Befragten geben sogar offen zu, noch nie in einen solchen Bericht gesehen zu haben. Sollen Spezialberichte zukünftig also komplett durch neue Kommunikationsformate wie etwa den Internetauftritt ersetzt werden? Übersehen würde bei einem solchen Schnellschuss der besondere Charakter, der in der Erarbeitung eines meist jährlich publizierten Werks liegt. Zu einem festen Termin Rechenschaft ablegen zu wollen, zwingt anders als ein ständig laufender, jeweils detailorientierter Informationsprozess zur systematischen Darlegung des verfolgten bzw. dabei entstehenden CSR-Konzepts. Das strahlt auch auf die einzelnen Teile des Unternehmens aus, die Informationen liefern sollen und sich auf die Bewertung ihrer Aktivitäten mittels Indikatoren für die Lebensdienlichkeit einlassen müssen.

Doch obwohl ein Stück weit einfach die – Stichproben erlaubende – Existenz eines Spezialberichts zählt, besteht ein klarer Bedarf an Innovativität, tragen doch auch die ‹Klassenbesten› viel zu wenig zu einer CSR-Diskussion ausserhalb von geschlossenen Expertenzirkeln bei.[43] Ob aus der Abneigung gegen vordergründige ‹Hochglanzpublikationen› gleich geschlossen werden sollte, dass populäre, auch bildorientierte Formate zugunsten rein sachlicher Darstellungen zu vermeiden sind und ob hier überhaupt ein Gegensatz vorliegt, das muss ein Unternehmen für sich erst noch klären. Unmittelbar einleuchtend ist dagegen der häufige Wunsch nach Hinweisen auf weitere Informationsquellen. Schliesslich geht es um die Aufgabe, Zugang zu einem ehrlich gemeinten CSR-Engagement zu schaffen, und nicht etwa um das sich gern in die Öffentlichkeitsarbeit einschleichende Ziel, die Intention reiner Imagepflege weniger offen erkennbar werden zu lassen (vgl. 73).

Für die Ausgestaltung in Inhalt und Präsentationsformen sind natürlich auch bei Spezialberichten zielgruppenspezifische Unterschiede zu analysieren. So nutzt die jüngere Generation dieses Medium derzeit weniger, fällt aber durch stärkeres zukünftiges Interesse auf. Bürger mit niedrigerer Schulbildung fühlen sich stärker durch Spezialberichte geprägt, haben aber deutlich seltener hineingesehen. Zudem greifen Befragte, die sich gut informiert fühlen und verantwortliches Handeln für die Regel halten, signifikant stärker auf solche Berichte zu – ein Erfolg gelungener Information oder Ausdruck einer unkritischen Grundhaltung?

43 Vgl. ECC Kohtes Klewes (Stakeholder-Report 2003), 43 bzw. 6.

80. Wie wichtig sind gute Nachbarschaftsbeziehungen?

Wenn in einer gross angelegten, internationalen ‹Stakeholder-Befragung› über spezifische Nachhaltigkeits- bzw. CSR-Berichterstattung 40% der an der Thematik interessierten Menschen das Verhältnis zur Nachbarschaft als wichtiges Berichtsthema bezeichnen, ist das zumindest nicht wenig. Denn nur 0,1% der Befragten ordnen sich selbst als Anwohner ein. Zudem konkurriert dieser Gegenstand mit so Gewichtigem wie dem Umgang mit Menschenrechten, der von 63% der Befragten und damit am häufigsten als wichtig bezeichnet wird.[44] Das Motto ‹Wer in seiner unmittelbaren Umgebung keine direkten Beiträge zum Gemeinwohl leisten kann, wird dies im Rahmen der Geschäftstätigkeit auch indirekt nicht zu Stande bringen› mag teilweise auch hinter der hohen Anerkennung von Systemen zur Förderung des ehrenamtlichen Engagements von Mitarbeitern stecken [FB 21]. Tatsächlich ergeben sich rund um die Standorte von Unternehmen die am nächsten liegenden sozialen, also auf das Zusammenleben in einer Gemeinschaft bezogenen Fragen.

Zum Beispiel steht familienfreundliches Handeln ganz oben auf der Liste der Erwartungen an ein sozial verantwortliches Unternehmen [FB 2+]. Für ein Unternehmen ergibt sich daraus die Frage, ob hier allein mit Arbeitszeitregelungen oder ähnlichen internen Massnahmen etwas erreicht werden kann oder ob es auch um eine einmischende Stärkung kommunaler Leistungen und Einrichtungen gehen muss. Eine solche Einmischung ist angesichts der Vielfalt tangierter Interessen meist umstritten. So wird es darauf ankommen, ob sich das Unternehmen den Ruf verdient, mit klarer Line als verlässlicher Ansprechpartner zu agieren, oder ob es als ein Fremdkörper in der Gemeinschaft dasteht, der sich opportunistisch bis arrogant nicht wirklich auf die Anliegen einlässt. Es kann kaum auf Anerkennung stossen, nur jene Projekte voranzutreiben, die die Bereitschaft qualifizierter Mitarbeiter erhöhen, sich mit Blick auf die Lebensqualität in der Region anzusiedeln.

Systematisches Arbeiten an gutnachbarschaftlichen Beziehungen als Teil eines stimmigen CSR-Konzepts setzt natürlich das klare Bewusstsein dafür voraus, dass rein räumliche Nähe nur einer von mehreren Indikatoren für die Ausformung des Engagements ist. Man betrachte hier nur das Phänomen, dass in den USA, wo

44 Vgl. ECC Kohtes Klewes (Stakeholder-Report 2003), 19.

unter dem Begriff ‹Community Involvement› verbreitet eine sehr enge CSR-Idee gelebt wird, je nach Distanz zu Standorten profitabler Unternehmen einige Hilfsorganisationen die für Obdachlose gespendeten Lebensmittel vor dem Verderb bewahren, indem sie diese teilweise an Mitarbeiter verteilen, während anderswo Obdachlosenhilfe kaum existiert (vgl. 4). Hat ein Unternehmen diese Verkürzungsgefahr fest im Blick, sind die Nachbarschaften rund um die jeweiligen Standorte bezüglich weiterer Verantwortungsbereiche sicher ein prädestiniertes Feld, um mit Stakeholdern einen Umgang einzuüben, der von gegenseitigem Respekt, nicht von überheblicher Instrumentalisierung zeugt.

81. Wem ist ein Unternehmen im Zeitalter der Globalisierung Rechenschaft schuldig?

Angesichts der immer grösseren Arbeitsteiligkeit und einer zunehmend globalen Vernetzung zwischen den einzelnen Aktivitäten in der Wirtschaft entdecken heute Unternehmen jeder Grösse – sofern sie sich in Verantwortungsfragen um einen wachen Blick bemühen – immer häufiger Anliegen auch von Anspruchsgruppen, die nicht gerade vor der ‹Haustüre› domiziliert sind (vgl. 4). Die Unsicherheit in der Bevölkerung, wie tief in die ‹Supply Chain› hinein sich Unternehmen um sozial nicht nur verträgliche, sondern wünschenswerte Verhältnisse kümmern sollen (vgl. 29), spiegelt die Schwierigkeit wider, sich als einzelnes Unternehmen trotz aller Unübersichtlichkeit konkret um bewusst gewählte Lern- und Veränderungsprozesse zu bemühen und entsprechende Kontakte aufzubauen.

Der Charakter solcher Bemühungen hängt ganz wesentlich davon ab, ob zum einen das Bewusstsein dafür geschärft ist, dass im internationalen Kontext nur eine sehr löchrige Rahmenordnung mit gesetzlichen Vorgaben für den Schutz von Schwachen sorgt, und ob zum anderen ein aufgeklärter Stakeholderbegriff vorliegt. Denn im Wortsinne ist ein ‹Stakeholder› jemand, der Hölzchen im Spiel hat und damit auch gewisse Einflussmöglichkeiten, wohingegen ein stimmiges CSR-Konzept kaum auf einem prinzipiellen Ausschluss derer beruhen kann, denen diese Einflussmöglichkeiten fehlen. Diese beiden Voraussetzungen sind insofern ausschlaggebend, als allein der Wille, zu klärungsbedürftigen Fragen vor einer konstruktiv-kritischen Weltöffentlichkeit Rechenschaft abzulegen, verantwortungsbewusstes Handeln ‹erzwingt›, wenn ein Unternehmen in einer sozial relevanten Frage weder gesetzlich noch ökonomisch direkte Sanktionen befürchten muss.

Auch wenn einem Unternehmen die Bestimmung eines konkreten Handlungsfelds und der Aufbau von Kooperationen mit relevanten Akteuren gelingt, wird jede Aktivität unter dem Manko leiden, dass es immer gewisse unbearbeitete Anliegen geben wird, die nach dem seriös erarbeiteten CSR-Konzept die gleiche Berechtigung haben wie jene, denen man sich bereits widmet – die Energien sind und bleiben begrenzt. Ein wichtiger Schritt ist aber schon gemacht, wenn man nahe liegende Gruppierungen wie etwa die Bevölkerung am Standort nicht gegen weiter entferntere ausspielt. Dies bedeutet natürlich vielfach die Loslösung von gewohnten Denk- und Handlungsmustern und erfordert eine Lern- und Dialogbereitschaft, die nur 20% der Bevölkerung den Unternehmen zutrauen [FB 32].

82. Welche Stakeholder sind bei der Übernahme sozialer Verantwortung die wichtigsten?

Rechtlich abgestützte Ansprüche an Unternehmen haben verschiedenste Gruppen, darunter Kapitalgeber, Mitarbeiter und Kunden. Allen diesen Stakeholdern gegenüber Verantwortung jenseits der gesetzlichen Vorgaben zu beweisen, wird in einer internationalen Studie zusammen mit der Sicherung gesunder und sicherer Arbeitsbedingungen von 84% der befragten CEOs als entscheidend dafür angesehen, sich die gesellschaftliche Anerkennung als sozial verantwortliches Unternehmen zu verdienen.[45] Offen bleibt, ob in den Führungsetagen in ähnlich hohem Ausmass klare Konzepte vorliegen, wie aus der unendlichen Zahl von Anliegen, die ‹alle› mit dem Unternehmensgeschehen in Verbindung stehende Gruppen logischerweise haben müssen, diejenigen bestimmt werden, denen in der nächsten Zeit besondere Aufmerksamkeit zu widmen sei – 60% der Befragten bezweifeln dies [FB 8].

Soll das CSR-Engagement des Unternehmens insgesamt nicht unversehens doch vom einfachsten aller Stakeholderkonzepte, der ‹Shareholder Value›-Doktrin, geprägt sein (vgl. 9) und ebensowenig in vormoderner Kleingruppenmoral auf die unmittelbar ‹Dazugehörenden› beschränkt bleiben, so verbinden sich mit der Rede von ‹relevanten› Stakeholdern eher Gedanken an Gruppen, die durch besonders einschneidende Probleme auffallen, die besonders substanzielle Lern- und Dialogprozesse versprechen, die bei der möglichst effizienten Verfolgung sachlicher Ziele besonders grosse Hilfe versprechen oder auch die einen besonderen Beitrag zu verbesserten Rahmenbedingungen leisten können. Relevant sind natürlich auch jene Gruppen, die durch übertriebene oder unsachliche, aber deshalb nicht weniger penetrante Forderungen auffallen. Denn es stellt eine besondere Herausforderung dar, auch hier nicht nur kriegerisch aufzutreten, sondern passend zu seiner CSR-

45 Vgl. PriceWaterhouseCoopers (CEO 2002), 16.

Konzeption zu zeigen, welcher Stellenwert integerer Argumentation beigemessen wird. Es muss geltend gemacht werden, dass die ‹Lautstärke› von Forderungen nichts mit deren Berechtigung zu tun hat und dass hier andere Überlegungen bei der Bestimmung von Prioritäten eine Rolle spielen müssen. So rangieren etwa die Anliegen von Menschen, deren Lebensqualität durch bestimmte Aktivitäten des Unternehmens Einschränkungen erfährt, sicher einmal vor jenen Anliegen, bei denen das Unternehmen einfach über besondere Fähigkeiten verfügt, bestimmte marktlich nicht gedeckten Bedürfnisse zu befriedigen.

83. Zeigt sich soziale Unternehmensverantwortung auch im Qualitätsbewusstsein?

Der zentralen Aufgabe, gute Produkte und Dienstleistungen anzubieten, kommen die Unternehmen nach Ansicht von 83% der Befragten gut oder sogar sehr gut nach [FB 15a]. Ob damit allerdings schon alles zum Zusammenhang von Qualität und sozialer Verantwortung gesagt ist, diese Frage rückt die Stakeholdergruppe der Kunden in den Blick. Ein Unternehmen, das sich an anderer Stelle um einen soliden oder gar pionierhaften Umgang mit Verantwortungsfragen bemüht, dürfte auch in Bezug auf nicht oder nur schwer einschätzbare Qualitätsbestandteile eine besonders überzeugende Politik verfolgen – nicht nur aus Angst vor kostspieligen Skandalen. Dazu gehören auch besondere Anstrengungen zur Reduktion von Risiken bei der Nutzung des Produkts oder der Dienstleistung, wie sie von 94% der Befragten als Ausdruck sozialer Verantwortung erwartet werden [FB 19c].

Begreift ein Unternehmen auch sein Qualitätsmanagement als Ausdruck seiner grundsätzlichen Haltung zu Verantwortungsfragen, wird es sich nicht auf die Vermeidung versteckter Mängel oder die Anreicherung mit nicht eindeutig zurechenbaren Nutzenkomponenten beschränken, sondern möglichst häufig die direkte gedankliche Verbindung zum Stichwort ‹Lebensqualität› herstellen. Die Frage, wie die Angebote ausgestaltet sein müssen, um tatsächlich und nachhaltig zum gesellschaftlichen Wohl beizutragen, führt dann natürlich auch zu einigen bedürfniskritischen Fragen, zu denen sich das Unternehmen einen vertretbaren Standpunkt erarbeiten muss. Allein die Tatsache, dass ein Produkt Absatz findet, ist als Qualitätsindikator dann nicht mehr ausreichend. Unzureichend wäre dann auch die Zielvorstellung, nicht nur die relative, sondern auch die absolute Qualität des Angebots immer weiter zu steigern. Denn auch die Versorgung einkommensschwacher Kreise mit erschwinglichen Angeboten drückt Verantwortungsbewusstsein aus. Ein so gedachtes ‹Total Quality Management› sähe natürlich auch ein regelmässiges Öffnen des Blickwinkels über den Kunden hinaus auf alle anderen Stakeholder vor. Deren untereinander vielleicht konfligierenden Ansprüche an die Qualitätspolitik würden dann aufgegriffen und in einem die jeweilige Zumutbarkeit berücksichtigenden Abwägungsprozess einbezogen.

Sozial verantwortliches Qualitätsmanagement besteht also weniger darin, sich im Kontext Qualität einigen CSR-relevanten Sonderaspekten zu widmen. Vielmehr geht es um das Bemühen, auch in diesem zentralen Managementbereich die gelebte CSR-Konzeption des gesamten Unternehmens zum Ausdruck zu bringen – und dabei natürlich Schritt für Schritt weiterzuentwickeln. Dass im Konsumverhalten nur ein gutes Drittel der Befragten bewusst auf das Thema sozialer Verträglichkeit achtet [FB 7a], führt deutlich vor Augen, dass es auch gegenüber der ‹Anspruchsgruppe› der Konsumenten natürlich niemals um ein einseitiges Eintreten auf irgendwelche Ansprüche gehen kann – jeder Akteur hat seine Verantwortung zu klären und wahrzunehmen.

84. Sollten Unternehmen mit NGOs kooperieren?

Ein Viertel der Befragten sähen durch die regelmässige Einschaltung von NGOs ihr Vertrauen in ein Unternehmen bezüglich des Umgangs mit sozial bedenklichen Entwicklungen gemindert [FB 34c]. Dies dürfte in erster Linie am mittlerweile gewachsenen Bewusstsein für die teilweise fehlende demokratische Legitimierung einiger Organisationen liegen, die umso unerbittlicher bisweilen recht punktuelle Partikularinteressen durchzusetzen versuchen. In manchem Fall kommt darin aber sicher auch die Angst zum Ausdruck, NGOs könnten ihre Funktion verlieren, wenn sie zu eng mit Unternehmen kooperierten. Übrigens weichen die bei NGOs beschäftigten Befragten in diesem Punkt nicht signifikant vom Durchschnitt ab. Allerdings ist diese Gruppe so klein, dass – entsprechend vorsichtige – Analysen auch zu weiteren Fragen nur für speziell Interessierte sinnvoll wären.

Tatsächlich wäre in der Frage nach dem ‹Ob› und ‹Wie› einer Kooperation zwischen NGOs und den Unternehmen eine zu innige Umarmung ebenso wenig wünschenswert, als wenn verhärtete Fronten den Normalfall bildeten. Aus gesamtgesellschaftlicher Sicht fortschrittliche Entwicklungen im Wirtschaftsalltag werden kaum von einer bis zur Unkenntlichkeit verwischten Aufgabenteilung begünstigt. Ebenso wenig hilfreich ist aber die nach wie vor auch von Unternehmensseite vertretene Vorstellung, die Aufgabenteilung bestehe darin, dass NGOs Jagd auf unverantwortlich handelnde Unternehmen machen, die sich ihrerseits ganz auf ein Tarnen und Täuschen konzentrieren könnten. Dies führt dann auf beiden Seiten dazu, dass zynisch, also wider besseres Wissen, gehandelt wird, wenn es nur in die jeweilige Kampagne oder Gegenkampagne passt, und dass Unternehmen unverantwortlich handeln ‹müssen›, wenn sich die NGOs in ihrer Rolle ungeschickt anstellen. Spitzt man analog den Fall einer zu engen Kooperation gedanklich zu, müssten NGOs die Unternehmen am Ende vor selbstruinösem Handeln schützen.

Die ‹goldene Mitte› kann also nur dort liegen, wo Unternehmen von NGOs gut begründete, also auf verallgemeinerungsfähige Argumente gestützte Beiträge erwarten, die ohnmächtigen Anliegen eine Stimme geben und Anregungen zu vernachlässigten Themenfeldern einbringen – und dies, wenn nicht in naiver, so doch in unverkrampfter Weise, denn es ist auf Unternehmensseite ein verständlicher Reflex, als erstes an die Schwierigkeiten einer Umsetzung des jeweils aufgegriffenen Gedankens zu denken. Mit einer solchen Vorstellung von Aufgabenteilung wäre es dann sogar denkbar, dass NGOs von Unternehmen finanziell unterstützt werden, damit eine unabhängige und sachorientierte Arbeit nicht von der Logik der Spendenakquisition ausgehöhlt wird. Damit würde sich nicht zuletzt auch ein Weg öffnen, um die Branche und das Unternehmen aktiv vor ‹schwarzen Schafen› sowie ‹inneren Schweinehunden› zu schützen. Ob so etwas denkbar wird, hängt in erster Linie vom jeweils vorliegenden Unternehmensverständnis ab. Auch in der Bevölkerung ist hier ein deutlicher Zusammenhang festzustellen: Wer die Kernaufgaben von Unternehmen mit den Stichworten guter Produkte und Leistungen, Arbeitsplätze und Steuerzahlungen völlig ausreichend umrissen sieht, neigt in 16% der Fälle zu einem Vertrauensanstieg bei der Einschaltung von NGOs, wer dagegen ein sehr weites Spektrum zu den Kernaufgaben von Unternehmen zählt, neigt dazu in 30% der Fälle [FB 14/34c+].

85. Was kann von Behördenseite erwartet werden?

Üblicherweise wird von der ‹Zivilgesellschaft› als einem Gegenstück zu Wirtschaft und Staat gesprochen. Je engagierter die Unternehmen daran arbeiten, sich die Anerkennung als sozial verantwortliches und somit auch in direkter Weise wertvolles Mitglied der Gesellschaft zu verdienen, desto stärker werden sie zu einem Teil dieser Zivilgesellschaft. Es zeigt sich, dass in einer Situation, in der ein Unternehmen seine soziale Verantwortung bezüglich einer konkreten Problematik klären muss, das Vertrauen der Bevölkerung bei der Einschaltung von Behörden fast genauso stark ansteigt wie bei NGOs. Der verbleibende Unterschied dürfte auf die behördenskeptische Haltung der Erwerbslosen zurückgehen [FB 34b+]. Es drängt sich deshalb die parallele Frage nach einem ‹zivilgesellschaftlichen Engagement› auch durch staatliche Organe auf. Begriffliche Verwirrung sollte zwar vermieden werden, doch kann es im Zuge der Bemühungen eines Unternehmens um ein stimmiges CSR-Engagement durchaus fruchtbar sein, im Kontakt mit Behörden zum Ausdruck zu bringen, dass man die Förderung des Gemeinwohls nicht nur theoretisch und abstrakt als deren Auftrag ansieht. Behörden können auf der Suche nach gesellschaftlich wünschenswerten Unternehmensaktivitäten und dem entsprechenden Geschäftsgebaren ganz praktische Beiträge zu innovativen Problemlösungen leisten, wenn sie nicht in die Rolle einer distanzierten Exekution ungeliebter hoheitlicher Aufgaben gedrängt, sondern als ein ernsthafter Gesprächspartner in die Auseinandersetzung mit den jeweils involvierten Akteuren hereingeholt werden.

86. Wie gelingen ernsthafte Stakeholderdialoge?

Wer nicht selbstkritisch zu seinem Handeln stehen kann, ist auch kaum zu offenen Dialogen fähig. Sowohl hinsichtlich der Bereitschaft der Unternehmen, realitätsgetreu Rechenschaft abzulegen (vgl. 76), als auch hinsichtlich ihrer Fähigkeit, fragwürdige Gewohnheiten im Gespräch mit Kritikern zu orten und zu überwinden (vgl. 77), sehen die Befragten überwiegend ‹schwarz›. Das wirft die Frage nach einer einfachen Leitidee auf, mit der man sich als Unternehmen daranmachen kann, das Gegenteil unter Beweis zu stellen. So, wie sich die Befragten zu einigen Punkten sehr kritisch, insgesamt aber eher wohlwollend äussern, dürfte hier der berüchtigte Gedanke ‹konstruktiver Kritik› hilfreich sein – ‹berüchtigt›, da er leider oft damit verwechselt wird, Kritik müsse in Form von Gegenvorschlägen mit ‹machbaren› Lösungen präsentiert werden. Dies aber würde für Dialoge – mit welchen Stakeholdern auch immer – nur bedeuten, ‹Maulkörbe› zu erteilen.

Konstruktiv meint hier nicht mehr und nicht weniger, als dass alle Beteiligten erkennbar das Ziel verfolgen, verallgemeinerungsfähig begründete und deshalb gemeinsam tragbare Handlungsoptionen zu erarbeiten. Destruktiv wäre es dagegen, seinem Gegenüber den guten Willen und die Lernfähigkeit abzusprechen. Dies ist etwa der Fall, wenn auf Grundsatzpositionen gepocht wird, obwohl Vorschläge zu überschaubaren und doch ausbaufähigen ersten Schritten auf dem Tisch liegen, bei denen die Gefahr einer Zementierung auf zu niedrigem Niveau gering ist. Um im Zuge derart konstruktiv geführter Dialoge die kritischen Beiträge von seinen Stakeholdern aktiv abzuholen, kann ein Unternehmen sowohl periodische Panels etwa in der Funktion eines ‹Seismografen› als auch konkrete Mediationsrunden im Sinne von ‹Stossdämpfern› für manifeste Konflikte (vgl. 19) initiieren oder mittragen.

87. Werden Entlassungen durch vernünftige Gespräche mit den Betroffenen sozial verantwortlicher?

Im Vergleich zu anderen Kernaufgaben von Unternehmen wie dem Anbieten guter Produkte und Dienstleistungen oder der Mitfinanzierung des öffentlichen Lebens durch Steuerzahlungen fällt die Beurteilung bezüglich der Aufgabe, Arbeitsplätze bereitzustellen, am schlechtesten aus: Lediglich 17% der Befragten sind hier nicht unzufrieden [FB 15b]. Voraussetzung dafür, sich im Unternehmen systematisch mit der Pflege gegenseitiger Loyalität zu beschäftigen (vgl. 63), ist ein klarer konzeptioneller Gedanke zum Stichwort ‹Entlassungen›. Bemüht sich ein Unternehmen um ein stimmiges CSR-Engagement, kann es nicht so tun, als gehe es hier um höhere Gewalt. Zu Notsituationen, in denen nur noch grobe Entscheidungen unter Vernachlässigung vieler vernünftiger Überlegungen gelingen, kann es zwar kommen. Der Normalfall in professionell geführten Unternehmen ist jedoch vom Weitblick auf die Wettbewerbssituation und wohl erwogenen Veränderungen nicht nur an den Prozessen, sondern auch an den Strukturen und damit an Zahl und Inhalt der Stellen geprägt. Entlassungen allein sind noch kein Zeichen fehlender sozialer Verantwortung, doch stellt sich natürlich die Frage nach dem ‹Wie›. Dabei wäre es natürlich nichts anderes als zynisch, wenn hier – obwohl die Vermeidung ‹sozialer Kälte› auch im Kontext von Entlassungen eine wichtige Rolle spielt – prinzipiell nur ein einfühlsames Gespräch zur Bekanntgabe vollendeter Tatsachen gemeint wäre. Umgekehrt ist auch die vollständige Einbeziehung aller potenziell Betroffenen nicht zuletzt wegen problematischer Gruppendynamiken auch aus deren Sicht nicht immer wünschenswert. Bei der Sondierung alternativer Problem- und Lösungsperspektiven, aber auch geschätzter Angebote im Spektrum von der internen Versetzung bis zum seriösen Outplacement, muss es daher in dem Sinne um vernünftige Gespräche gehen, als nach Kräften der Idee einer ergebnisoffenen Suche gefolgt wird. Dabei gilt es auf die Tatsache Rücksicht zu nehmen, dass es für viele Menschen kaum etwas Einschneidenderes gibt als den Verlust ihres Arbeitsplatzes. Entscheidungen über die Köpfe der Betroffenen hinweg sind in einem Unternehmen, das sich um sozial verantwortliches Handeln bemüht, klar erkennbar die Ausnahme, nicht die Regel.

Nicht nur bei betriebsbedingten Kündigungen im Zuge strategisch wichtiger Veränderungen zeigt sich die firmenspezifische Haltung zum Thema Entlassungen darin, wie die Zumutbarkeit für die diversen Stakeholder überprüft und abgewogen wird, sondern auch im Kontext von Einzelschicksalen. Unabhängig von Schulbildung oder Erwerbsstatus sehen es 79% der Befragten als eine Aufgabe sozial verantwortlicher Unternehmen an, Mitarbeiter mit persönlichen Problemen zu unterstützen [FB 11+], statt diese ‹Belastungen› in vorauseilendem Gehorsam gegenüber der Wettbewerbsdynamik so früh wie möglich an die Allgemeinheit abzuschieben. Hinter dem Votum steckt vermutlich weniger die Einsicht, dass gerade diese Politik jene Wettbewerbsdynamik noch steigert, als vor allem die Intuition der Befragten, dass in einem sozial verantwortlichen Unternehmen ‹Vernunft› nichts sein kann, dass sich gegen die betroffenen Menschen richtet, sondern etwas, was sie in den Mittelpunkt stellt. In diesem Sinne vernünftige Gespräche ergeben sich dann nicht nur mit Blick auf Ausnahmeprobleme von Einzelnen, sondern auch in Bezug auf Wünsche breiter Mitarbeiterkreise etwa bezüglich Arbeitsbedingungen oder Arbeitszeiten – mit diesen Themen zumindest sind Unternehmen bei den Befragten positiv aufgefallen [FB 10+].

88. Zahlen sozial verantwortliche Unternehmen mehr?

Bezüglich des Umgangs mit den Mitarbeitern fallen natürlich auch jene Unternehmen positiv auf, die besondere finanzielle Zusatzleistungen bieten [FB 10+]. Angesprochen auf negative Auffälligkeiten im Kontext sozialer Unternehmensverantwortung kommen den Befragten aber Vergütungsfragen nicht in den Sinn. Es bleibt hier bei den Problemkreisen Arbeitsplätze und Arbeitsbedingungen [FB 6+]. Eine Verkürzung des Themas sozialer Unternehmensverantwortung auf die Frage des Entgeltniveaus ist also weniger verbreitet, als bisweilen in der CSR-Debatte vorausgesetzt wird. Dennoch stellen Niedriglöhne für ein Unternehmen, das sich die Anerkennung sozial verantwortlichen Handelns verdienen will, durchaus eine zentrale Herausforderung dar. Zwar ist klar, dass eine einfache Maximierung des generellen Lohnniveaus keine Zielvorstellung sein kann, die einer Zumutbarkeitsabwägung mit Blick auf die berührten Interessen standhalten könnte. Ebenso klar sind aber Lohnerhöhungen dann ein sehr plausibler Kandidat für ein legitimes Anliegen, wenn Mitarbeiter erst noch in die materielle Situation versetzt werden müssen, ein selbstbestimmtes, würdiges Leben zu führen. Besonders mit Blick auf die unteren Lohnklassen eines Unternehmens ist es deshalb ein wichtiges, wenn auch nicht ausreichendes Indiz für ein überzeugendes CSR-Engagement, wenn der

Branchendurchschnitt übertroffen wird. Rühmt sich ein Unternehmen dagegen besonders niedriger Lohnkosten – und das womöglich im Kontext wiederholter Rekordgewinne – so ist dies eher ein schlechtes Zeichen, wird hier doch entweder grundsätzlich das an sich legitime Kapitalverwertungsinteresse der Eigentümer einseitig berücksichtigt oder zumindest übertrieben gewichtet, wenn es um die Wahl von Intensität und Tempo der Rationalisierungsbestrebungen geht.

Zumindest für die Bevölkerung ist diese zentrale Herausforderung besonders dann ungewohnt, wenn nicht nur an direkt Beschäftigte gedacht wird, sondern tief in die globale Wertschöpfungskette hinein auch an Mitarbeiter der Zulieferbetriebe. Das relativ geringe Anspruchsniveau mag auch der strikten Frageformulierung geschuldet sein (vgl. 29). Doch es fällt auf, dass auch diejenigen, die in der Sorge um besondere Mitarbeiterbelange eine Aufgabe der Unternehmen sehen, nicht signifikant stärker eine Zuständigkeit für die sozialen Zustände auch in Zulieferbetrieben einfordern [FB 11/16+]. Dabei betreffen Mindestlohnfragen dort oft die Überlebensgrenze und bedeuten zugleich nur geringe Preisaufschläge für die Endprodukte. Ein in Fragen sozialer Verantwortung engagiertes Unternehmen lässt sich von falschen ‹Sozialismus›-Vergleichen nicht beirren und zieht längst operative Konsequenzen daraus, dass es einen Unterschied macht, ob man überall das gleiche Entgelt oder überall über dem Lebensminimum zu zahlen versucht.

89. Sind extreme Managergehälter sozial verantwortbar?

Die Befragten nutzten auch die offenen Fragen nicht als eine Gelegenheit, um Vergütungsgesichtspunkte als bedeutendes Thema der sozialen Unternehmensverantwortung zu bezeichnen. Allerdings gibt es eine Ausnahme: Als persönliche Erwartung an sozial verantwortliche Unternehmen wird von 8% der Befragten und damit am Siebthäufigsten das Thema gerechter Bezahlung von Mitarbeitern und Führungskräften genannt. Von denen, die Anstand und Verantwortungsbereitschaft keinesfalls mehr für die Regel in deutschen Unternehmen halten, sprechen sogar 24% dieses Thema an, was klar die öffentliche Diskussion über adäquate oder eben unverantwortlich hohe Managergehälter widerspiegelt [FB 21/25+].

Grob zu unterscheiden sind in diesem Kontext extrem hohe Bezüge, die auch oder gerade in Zeiten fehlenden Unternehmenserfolgs kassiert werden, und solche, die sich aus Bonuszahlungen ergeben und dabei – nicht nur zum Schein – an den mindestens mittelfristigen Erfolg des Unternehmens gekoppelt sind. Orientiert sich ein Unternehmen an Letzterem und entspricht damit auch den Forderungen im Zuge der ‹Corporate Governance›-Debatte (vgl. 10), so bleibt doch die Frage nach der angemessenen Höhe der Entgelte. Denn einem um soziale Verantwortung bemühten und damit auch an Gerechtigkeitsgefühlen interessierten Unternehmen kann es kaum gleichgültig sein, wenn Anlass für den Verdacht besteht, gemeinsame Anstrengungen oder auch einmal glückliche Marktentwicklungen versetzten einzig einige wenige Angestellte in die Lage, ihre Machtposition zur Selbstbereicherung zu nutzen – mit Risikoargumenten, die angesichts des sich üblicherweise schnell drehenden Jobkarussells fadenscheinig wirken können, mit Verweisen auf einen Markt, der wegen personeller Verflechtungen oft gar nicht spielen kann, und in Dimensionen, bei denen ein Verhältnis zu menschlicher Leistungsfähigkeit nicht mehr gegeben ist. Es gibt sehr viele Argumente, die für hohe Entgeltdifferenzen sprechen, doch es gibt nur einen Grund für unbegrenzte Vergütungsregelungen: Die Unfähigkeit, im Rahmen eines stimmigen CSR-Konzepts konkrete Prinzipien für das Unternehmen auszuarbeiten. Ergibt sich in einem CSR-engagierten Unternehmen konkreter Anlass für solche Diskussionen, muss diese Herausforderung angenommen werden, wenn auch zunächst nur mit simplen Regelungen wie etwa einem Maximalfaktor zwischen zwei Hierarchiestufen. Darüber hinausgehende Bonusbeträge würden für CSR-relevante Aktivitäten verwendet, die wegen bislang unzumutbarer Finanzbelastung zurückgestellt worden sind. Solche mit der Zeit verfeinerte Systeme sind eine sicher nicht unwesentliche Form, die Haltung des Unternehmens zum Thema sozialer Verantwortung zum Ausdruck zu bringen.

90. Teilzeitarbeitsplätze oder Gewinnbeteiligung?

Ein Unternehmen, das sich engagiert um die Klärung und Wahrnehmung seiner sozialen Verantwortung bemüht, steht vor unzähligen Detailthemen, denen es sich in nächster Zeit möglicherweise verstärkt widmen sollte. So sind für die Befragten beispielsweise Gewinnbeteiligung und alternative Arbeitszeitmodelle zwei solcher Themen, die sowohl auf die Frage nach den persönlichen Erwartungen an ein sozial verantwortliches Unternehmen in nennenswertem Ausmass erwähnt werden [FB 2+] als auch auf die Frage, womit Unternehmen hinsichtlich ihres Umgangs mit Mitarbeitern positiv aufgefallen sind [FB 10+]. Eine Volksabstimmung oder auch nur eine Mitarbeiterbefragung kann die Frage nach angemessener Prioritätensetzung kaum beantworten, doch ist es durchaus eine Grundvoraussetzung für ein seriöses CSR-Engagement, echtes Interesse für die konkreten Anliegen zu zeigen. Es geht also vor allem darum, ein tieferes Verständnis der jeweils manifesten oder latenten Anliegen zu entwickeln. Entspricht Gewinnbeteiligung einem Bedürfnis, müsste beispielsweise herausgefunden werden, was abgesehen von finanziellen

Anreizen genau dahinter steckt – etwa in Gegenüberstellung zum Wunsch nach einer verstärkten Einbeziehung aller Mitarbeiter in die Entscheidungsprozesse, wie er in der Befragung in noch stärkerem Masse geäussert wurde. Ist ‹Teilzeit› ein Schlagwort, das Mitarbeiter beschäftigt oder naheliegenderweise beschäftigen könnte, so ist offensichtlich, dass es um die autonome Gestaltung der Lebensform und eine entsprechende Arbeitszeitgestaltung geht. Ein Unternehmen, das seinen Teil zu lebenswerten Verhältnissen in der Gesellschaft leisten möchte, muss für diesbezügliche Veränderungen zumindest offen sein. Weniger offensichtlich ist, welches Modell zum spezifischen Kontext des Unternehmens passt. Das Spektrum reicht hier von Heimarbeit über unbezahlten Urlaub bis hin zu Jobsharing.

Auch bei Themen wie dem der jeweiligen Überstundenpraxis liegen die legitimen Anliegen nicht unbedingt auf der Hand: Geht es im konkreten Fall darum, die persönliche Belastung von Mitarbeitern im Auge zu behalten, oder um ein Modell, das mit Blick auf die gerechte Arbeitsverteilung in der Gesellschaft verallgemeinerungsfähig ist? Ein stimmiges CSR-Konzept kann sicher nicht in einen ‹Masterplan› münden, der vom grünen Tisch aus die verschiedensten Detailthemen regeln möchte. Es kommt vielmehr darauf an, sich auf jene Anliegen ernsthaft und konkret einzulassen, denen sich ein Unternehmen von seiner Definition der gesellschaftlichen Aufgabe her stellen sollte. Wenn zwar kein ‹Masterplan›, so ist eine Liste gut begründeter Prioritäten also durchaus ein starkes Indiz für aktive und systematische Bemühungen eines Unternehmens um die Klärung und Wahrnehmung seiner sozialen Verantwortung.

91. Üben sich sozial verantwortliche Unternehmen in organisationaler Demokratie?

Im Wesentlichen unabhängig von Alter, Schulbildung oder beruflicher Stellung äussern 7% der Befragten die Vorstellung, sozial verantwortliche Unternehmen bemühten sich in besonderer Weise um die Einbeziehung aller Mitarbeiter in die Entscheidungsprozesse [FB 2+]. Angesichts der Vielfalt möglicher Schwerpunkte im Themenfeld sozialer Unternehmensverantwortung ist dies durchaus ein starkes Votum. Andererseits drückt sich darin nicht gerade eine plakative Kernforderung nach ‹Mehr Demokratie im Unternehmen!› aus. Es gibt keinen Anlass, daran zu zweifeln, dass viele Menschen die ‹Qual der Wahl› in einem grossen Spektrum möglicher Einscheidungen eher belastend als attraktiv empfinden. Eine effiziente Arbeitsteilung setzt die bewusste und freiwillige Abgabe – nicht den Entzug –

eines Teils der denkbaren Mitbestimmung voraus, so wie dies in ähnlicher Weise auch für die praktische Organisation staatlicher Demokratie nötig ist.

Es bleibt aber eine grosse Herausforderung auf dem Weg zu einem stimmigen CSR-Konzept, aus einer Abkehr von reinem ‹Shareholder Value›-Denken (vgl. 9) die praktischen Konsequenzen zu ziehen und nicht nur den Eigentümern, sondern unter anderen auch den Mitarbeitern Rechenschaft über die Entscheidungsgründe und -hintergründe abzulegen und letztlich in angemessener Weise auf konträre Vorstellungen einzusteigen. Eine schwer interpretierbare Zahl muss mit Leben gefüllt werden: 48% der deutschen Unternehmen beziehen derzeit Mitarbeiter in Entscheidungsprozesse ein.[46] Sinn und Gerechtigkeit von Unternehmensaktivitäten nicht an Resultaten ablesen zu wollen, sondern in den praktizierten Prozeduren zu suchen, entspräche dem Stand ethischer Forschung. Versucht ein Unternehmen geeignete Formen ‹organisationaler Demokratie› – zunächst mit Blick auf seine Mitarbeiter – zu institutionalisieren, kann es dann auch im Zusammenspiel mit weiteren Stakeholdern geeigneten Raum für Willensbildung schaffen, ohne seine Kompromiss- und Entscheidungsfähigkeit zu sehr aufs Spiel zu setzen.

92. Welche Diskriminierung ist sozial verantwortbar?

Nach der praktischen Relevanz einer Auswahl CSR-bezogener Aktivitäten befragt, ergibt sich für österreichische Unternehmen folgende Liste im Spektrum von 95% bis 52%: Vorbild für Mitarbeiter zu sein, Mitarbeiter gleich zu behandeln, ein faires Gehaltssystem zu etablieren, Verträge transparent und ehrlich zu halten, Preise fair zu gestalten, Diskriminierungen zu beseitigen, ökologisches Bewusstsein im Unternehmen zu stärken und Frauen in Leitungspositionen zu fördern.[47] Mindestens drei der Aktivitäten bezogen sich also direkt auf Diskriminierungsfragen. Was das absolute Niveau der Quoten zu bedeuten hat, ist ohne weitere Nachfrage schwer zu sagen. Es könnte ein Indiz für grossen Handlungsbedarf sein oder aber im Gegenteil darauf hinweisen, dass Probleme jeweils ernst genommen werden, auch wenn sie nur ausnahmsweise auftreten. Betrachtet man dagegen das relative Niveau, überrascht es wenig, dass die Förderung von Frauen als ein sehr spezifischer Punkt seltener gewählt wird als die allgemein formulierten Themen. Auch dass Mitarbeiterfragen wie die der Gleichbehandlung immer die am nächsten liegenden Themen im Kontext sozialer Unternehmensverantwortung sind, ist kaum

46 Vgl. Maaβ/Clemens (Citizenship 2002), 106.
47 CSR Austria (Verantwortung 2003), 14.

erstaunlich. Insgesamt handelt es sich aber um alles andere als ein Nicht-Thema, auch wenn die ‹Beseitigung von Diskriminierungen› inhaltlich noch unklar bleibt.

Der Eindruck eines Nicht-Themas entsteht jedoch aus den Antworten der Bevölkerung, die keine Diskriminierungsprobleme in den offenen Fragen aufgreift. Vermutlich ist dies darauf zurückzuführen, dass klassische Probleme in diesem Kontext wie die willkürliche und sachfremde Benachteiligung etwa wegen Hautfarbe oder Religion hier zu Lande nicht sehr verbreitet sind – oder nicht ins Auge fallen, obwohl der Bedarf für ‹Diversity Management› in multinationalen Unternehmen schliesslich existiert. Ein zweiter Grund dürfte aber darin liegen, dass es in der Natur von Diskriminierungspraktiken liegt, dass sie nicht offensichtlich sind. Für ein Unternehmen, das sich aktiv für die Klärung und Wahrnehmung seiner sozialen Verantwortung einsetzt, besteht also aller Anlass, die Abwesenheit von Diskriminierung nicht pauschal voraus zu setzen, sondern konkret zu prüfen. Es geht schliesslich um nicht weniger als die Sicherung von Chancengleichheit, die zuweilen übrigens erst durch Diskriminierung – in diesem Fall allerdings im Sinne von Bevorzugung – hergestellt werden kann. Steigt die Sensibilität hinsichtlich Diskriminierungspraktiken gegenüber Mitarbeitern, steigt sie sicherlich auch mit Blick auf andere Stakeholder – man denke nur an Kunden einer Versicherung.

93. Welche Rolle soll das CSR-Thema bei Einstellungen und im Beurteilungswesen spielen?

96% der Befragten fordern, dass gegenüber Behinderten positive Diskriminierung geübt wird, indem sie durch entsprechende Einstellungs- und Beurteilungskriterien bewusst gefördert werden [FB 19e]. Darin zeigt sich das klare Bewusstsein, dass sich die Personalentwicklung eines sozial verantwortlichen Unternehmens nicht eindimensional und kurzsichtig am simplen Motto orientieren kann: ‹Wer ist für die fragliche Aufgabe gerade am besten qualifiziert, um dort unmittelbar hohe Leistung erbringen zu können?›. Immer häufiger betonen Unternehmen, mit der Reputation sozialer Verantwortlichkeit falle es leichter, qualifizierte Mitarbeiter zu gewinnen.[48] Dies garantiert allerdings nicht, dass Personalentwicklungsstrategien mit Blick auf ein stimmiges CSR-Konzept bereits der Normalfall sind. Auch aus Sicht eines so umworbenen Kandidaten liegt der Verdacht nahe, hier herrsche ein instrumentalisierender Geist vor (vgl. 22), der ohne echtes Interesse an den sozialen Anliegen nur die Wirkung auf potenzielle Bewerber im Auge hat. Ein solcher

48 Vgl. Maaβ/Clemens (Citizenship 2002), 81.

Verdacht wird die Entscheidung dieses Kandidaten wohl eher negativ beeinflussen, was die vordergründigen Aktivitäten schliesslich auch noch sinnlos macht.

Es muss also zum einen darauf geachtet werden, die bezüglich der sozialen Verantwortung vertretenen Positionen auch in den Personalentwicklungspraktiken konsequent zur Geltung zu bringen. Das gilt beispielsweise für die Auswahl bei Neueinstellungen und Beförderungen, aber auch hinsichtlich der Umgangsformen mit zu beurteilenden Menschen, die auch in Situationen des Überangebots nicht in entwürdigender Weise gegeneinander ausgespielt und etwa im Assessment-Center zu rücksichtsloser Profilierung animiert werden dürfen. Zum anderen achtet ein ernsthaft am CSR-Thema interessiertes Unternehmen natürlich darauf, dass sozial verantwortliches Handeln nicht nur eine Floskel bleibt, sondern in Bewertungskriterien einfliesst und so operativ zur Geltung kommt. Und damit verknüpft ist die üblicherweise noch kaum bearbeitete Aufgabe, über die Beurteilungsinstrumente hinaus tatsächlich alle Anreizsysteme darauf auszurichten, dass nur die in sozial verantwortbarer Weise erzielten Erfolge als Erfolge angerechnet werden.

94. Lässt sich Verantwortungsbereitschaft antrainieren?

Ein Unternehmen, das durch das Handeln jedes einzelnen Mitarbeiters als ein sozial verantwortliches Mitglied der Gesellschaft auffallen möchte, stellt sicher, dass die Sensibilität für die teils komplexen Fragen stets neu geweckt wird – auch durch geeignete Weiterbildungsmassnahmen. Was auf diesem Gebiet tatsächlich geschieht, dazu gibt es zwar vielfältige Untersuchungen, doch bleibt unklar, was in Bezug auf Ausmass und Inhalt hinter den oberflächlichen Angaben steckt. So dürfte die Intensität von Schulungsmassnahmen nicht immer die Schwelle echter Wirksamkeit überschreiten und auch die Einbeziehung aller Mitarbeiter oft nicht gewährleistet sein. Inhaltlich ist offen, inwiefern über die Bewusstseinsförderung hinaus tatsächlich praktische Fähigkeiten und Fertigkeiten gefördert werden.

Themenbedingt dürfen entsprechende Massnahmen nur in zweiter Linie auf Wissensvermittlung und Verhaltenskonditionierung zielen. Leider steht dies in den ansonsten sehr interessanten US-amerikanischen ‹Ethik›-Trainings zumeist im Vordergrund. In erster Linie geht es jedoch darum, am – sofern nicht vorhandenen, kaum antrainierbaren – guten Willen von jedem einzelnen Mitarbeiter anknüpfen (vgl. 22). Mit der Förderung seiner kritischen Kompetenz sollte ermöglicht und ermutigt werden, dass er als agiler Organisationsbürger insgesamt zu einer Unternehmenskultur beiträgt, die von der Bereitschaft geprägt ist, Verantwortung zu übernehmen.

Fragen zur Unternehmenskultur

95. Verbessert CSR die Unternehmenskultur?

Von den drei Vierteln der österreichischen Unternehmen, die sich um die Pflege eines ‹Wertesystems› bemühen, wollen damit fast alle ihre Unternehmenskultur verbessern und stärken.[49] Dies wirft die Frage auf, woran eine Verbesserung zu bemessen ist. Nicht zufällig tauchen hier Vokabeln wie ‹korrektes Verhalten› auf. Tatsächlich dürfte es ein aussichtsloses Unterfangen sein, um die Anerkennung als sozial verantwortliches Unternehmen zu werben, wenn regelmässig grundlegende gesellschaftliche Normen verletzt würden. Eine Verbesserung der Unternehmenskultur bestünde in diesem Falle darin, dass die moralische Basis für verlässliche Geschäftsbeziehungen durch aktive Pflege vor schleichendem Zerfall geschützt würde. Studien zeigen auf, dass sich angesichts steigenden Wettbewerbsdrucks und häufigerer Interessenkonflikte die Belastungsproben für den Einzelnen steigern.[50]

Wenn von Verbesserungen der Unternehmenskultur die Rede ist, spielen aber auch Hoffnungen auf Effizienzgewinne in den Unternehmensprozessen eine grosse Rolle – Stichwort: weniger ‹Reibungsverluste›. Zweifellos ist in arbeitsteiligen Abläufen ein gutes Arbeitsklima mit entsprechend hoher Einsatzbereitschaft und Kommunikationsintensität eine Grundvoraussetzung für den gemeinsamen Erfolg. Genau für dieses Arbeitsklima interessieren sich aber 85% von jenen Befragten, die Betrug und Täuschung keinesfalls mehr für eine seltene Ausnahme halten, während in der anderen Gruppe nur 65% dieses Interesse zeigen [FB 7e/25]. Klar erkannt wird offenbar, dass ein gutes Arbeitsklima auf dem Spiel steht, wenn Verantwortungsbewusstsein und soziale Kompetenz zur Mangelware werden.

Die Qualität der firmeninternen Beziehungen hängt also noch viel direkter als die der firmenexternen Beziehungen davon ab, zu welchem Ergebnis der bewusste Versuch eines Unternehmens, seine Kultur zu pflegen, jeweils führt. Gerade die Rede von ‹dem› Unternehmen und seinem Handeln, wie sie auch im CSR-Kontext gebräuchlich ist, bringt zum Ausdruck, wie sehr die im Umfeld eines Mitarbeiters gepflegten Gewohnheiten dessen Verhalten prägen[51] und wie aussichtslos zugleich

49 Vgl. CSR Austria (Verantwortung 2003), 11.
50 Vgl. Kletz/Terrasse/Eiges (Ethics 2002), 17.
51 Vgl. Kletz/Terrasse/Eiges (Ethics 2002), 16.

der Gedanke ist, die Gesamtheit der Verhaltensweisen von Mitarbeitern als Objekt für gezielte Interventionen mit klar kalkulierten Wirkungen anzusehen. Pflegt also ‹das› Unternehmen ‹seine› Kultur, so ist soziale Verantwortung nicht einfach ein Thema, was dem Mitarbeiterkollektiv eingetrichtert werden kann, damit aus Sicht der Unternehmensleitung bestimmte Verbesserungen erzielt werden. Vielmehr geht es um einen Prozess mit gewisser Eigendynamik, bei dem sich zeigt, ob jeder gut begründete Anstoss aufgenommen wird und so der Kern sozialer Verantwortung zum Ausdruck kommt – und sich immer stärker in den Gewohnheiten verankert.

96. Alles eine Frage des guten Vorbilds der Führungskräfte?

In der Regel kann nicht einmal nur der Schein des Bemühens um aktive Klärung und Wahrnehmung der sozialen Verantwortung aufrechterhalten werden, wenn sich die Unternehmensleitung nicht ausdrücklich und klar dazu bekennt. Da Unternehmen naturgemäss in einem gewissen Mass hierarchisch organisiert sind, kann zudem nicht oft erwartet werden, dass weisungsgebundene Mitarbeiter sozial verantwortliche Praktiken gegen den erklärten Willen von Vorgesetzten durchsetzen. Selbst ein Stillschweigen von Vorgesetzten würde die Situation nicht ändern, wird so doch nur die Verantwortung für jene Fälle abgeschoben, bei denen nachträglich Konsequenzen fällig werden. Die Ausübung der Vorbildfunktion ist also schlicht eine Vorbedingung für ein seriöses CSR-Engagement.

Vor diesem Hintergrund könnte es nachdenklich stimmen, dass bezüglich der CSR-Thematik 60% der Befragten von echter Ratlosigkeit in den Führungsetagen ausgehen und dieser Anteil auch bei jenen nicht signifikant niedriger ist, die selbst in Leitungspositionen tätig sind [FB 8+]. Doch eigentlich wäre es für die Ernsthaftigkeit eines CSR-Engagements gerade ein schlechtes Zeichen, wenn nicht auch eine gewisse Ratlosigkeit offen zugegeben und damit der Tatsache entsprochen würde, dass in diesem Feld viele Fragen äusserst klärungsbedürftig sind. Noch viel nachdenklicher muss es deshalb stimmen, dass im Durchschnitt 42% der Unternehmen in der Vorstellung der Befragten keinerlei Anlass zu weiteren Klärungsbemühungen sehen. Dabei weicht die Einschätzung von Befragten in Leitungspositionen erneut nicht signifikant ab [FB 27+]. Zur Vorbildfunktion gehören vor allem auch Signale, dass bestmöglich begründetes Handeln angestrebt wird.

Am schwierigsten dürfte es für das mittlere Management sein, die Vorbildfunktion erfolgreich auszufüllen. Während für das Top-Management ‹nur› die Erklärung der prinzipiellen Absicht und die Stärkung des mittleren Managements in Ausnahmesituationen ansteht, geht es dort ganz konkret um ein alltägliches

Vorleben, wie im operativen Geschäftsalltag mit den unvermeidlichen Dilemmasituationen umzugehen ist. Aus der Spannung zwischen anspruchsvollen Erfolgszielen und hohen Standards im Umgang mit Verantwortungsfragen ergeben sich verschiedene Brüche und nicht sofort lösbare Widersprüche, mit denen das mittlere Management zwar leben muss, an die es sich aber nicht einfach gewöhnen darf. Für die Gefahr, in Lethargie zu verfallen, könnte gerade die Redewendung ‹Alles eine Sache des guten Vorbilds!› ein Warnzeichen sein. Denn darin drückt sich oft die Auffassung aus, es gehe allein um das persönliche und private Starksein und nicht wesentlich auch um die Veränderung von Strukturen und Prozessen in der Organisation, um einer bestimmten Unternehmenskultur Vorschub zu leisten (vgl. 37). Dies wäre insofern der Anfang vom Ende einer wünschenswerten Unternehmenskultur, als diese sich durch wiederkehrende Erfahrungsmuster spiralförmig fortentwickelt – entweder im Sinne einer steten Verbesserung oder einer steten Verschlechterung.

97. Gefährden CSR-Aktivitäten die Eigenverantwortlichkeit?

Den berüchtigten ‹Delegationseffekt›, bei dem die ausdrückliche Bestimmung von Zuständigkeiten dazu führt, dass sich die jeweils anderen Akteure zu sehr von eigener Verantwortung entlastet fühlen, müssen Unternehmen im Innenverhältnis ebenso im Auge behalten wie im Aussenverhältnis. Im Aussenverhältnis geht es zwar um die laufende Neubestimmung einer sinnvollen Aufgabenteilung mit den diversen Stakeholdern bezüglich einer gemeinsam gepflegten gesellschaftlichen Ordnung (vgl. 40). Die Pflege einer entsprechenden Unternehmenskultur darf aber gerade nicht auf das übertriebene Bild eines Fürsorgeunternehmens zielen. Kulturprägend ist hier letztlich jede operative Aktivität, doch besondere Zeichen werden natürlich mit ausdrücklichen CSR-Massnahmen gesetzt: Beispielsweise kann bei der – in der Bevölkerung sehr geschätzten – Förderung ehrenamtlicher Tätigkeiten von Mitarbeitern (vgl. 68) mit einer ‹50:50-Regel› signalisiert werden, dass eine Einsatzbereitschaft über das bereitgestellte Zeitbudget hinaus erwartet wird.

Im Innenverhältnis wäre im Extremfall das Missverständnis denkbar, dass das Unternehmen die Verantwortung des einzelnen Mitarbeiters für dessen Lebensgestaltung in nicht unwesentlichem Ausmass übernehmen soll. Doch in diesem Sinne hat die grosse Mehrheit der Bevölkerung die Frage, ob sich Unternehmen bei persönlichen Problemen wie Alkoholismus oder Neigungen zu häuslicher Gewalt gleichgültig zeigen sollten [FB 11], gewiss nicht verneint – sonst wären kaum familiäre und häusliche Belange von 27% der Befragten und damit mit

Abstand am häufigsten als jenes Problem benannt worden, um das sich sicher nicht die Unternehmen kümmern müssten [FB 18+]. Praktische Fragen bezüglich des Einflusses von CSR-Massnahmen auf die Eigenverantwortung ergeben sich jedoch vor allem bei dem Versuch, firmenspezifische Werte oder Tugenden zu fördern: Ehrlichkeit, Zuverlässigkeit und Verantwortung führen die Liste einer Befragung österreichischer Firmen an, europaweit sind es Integrität, Ehrlichkeit, Fairness, Respekt, Loyalität, Transparenz und Verantwortung.[52] Die grösste Gefährdung einer stark von Eigenverantwortung geprägten Unternehmenskultur dürfte dann bestehen, wenn die Förderung sozial verantwortlichen Handelns in der Berufsausübung der Mitarbeiter auf die Kontrolle ‹korrekten› Verhaltens zielt und nicht auf die Förderung von Kompetenzen, mit denen die häufig schwierigen Güterabwägungen in nicht opportunistischer Weise bewältigt werden können.

98. Zerstört ‹Whistle Blowing› die Verantwortungskultur?

Was Eigenverantwortung ausmacht und wie weit sie gehen kann oder soll, diese Frage stellt sich besonders im Kontext von ‹Whistle Blowing›. In der deutschen Übersetzung des ‹Verpfeifens›, die kaum befriedigender möglich ist, deutet sich mit der einseitig negativen Konnotation das Problem bereits an: Der Grenzbereich zwischen Zivilcourage und eigennützigem Verrat ist schmal, wenn ein Mitarbeiter den ‹Dienstweg› überspringt oder gar direkt an die Öffentlichkeit gerichtet etwas bekannt macht, das mit sozialer Verantwortlichkeit nicht in Einklang zu stehen scheint – und sei es nur eine eigene schwierige Entscheidung, für die der Rückhalt der Vorgesetzten fehlt.

Häuften sich ‹verpfiffene› Problemfälle, könnte die Bevölkerungsmeinung bezüglich der Fähigkeit, auch problematische Entscheidungen möglichst offen zu kommunizieren, noch schlechter werden (vgl. 76). Dies gilt aber nur dann, wenn das betroffene Unternehmen nicht belegen kann, dass es die Mitarbeiter aktiv zu ‹Whistle Blowing› ermuntert und angemessen vor nachteiligen Folgen schützt. Zudem muss der Schutz für womöglich zu Unrecht Beschuldigte gewährleistet sein, aber auch eine ausreichend verständnisvolle Behandlung Schuldiger, soweit unzumutbarer Druck im Spiel war. So kann trotz steigender Skandalmeldungen die Anerkennung als sozial verantwortliches Unternehmen durchaus wachsen, was dagegen undenkbar ist, wenn der unternehmenskulturell verankerte Normalfall im Ignorieren von Fehlentwicklungen und von fragwürdigem Handeln besteht.

52 Vgl. CSR-Austria (Verantwortung 2003), 11; Kletz/Terrasse/Eiges (Ethics 2002), 19.

Fragen an die Zukunft

99. Was macht ein ideales CSR-Engagement aus?

Die Auseinandersetzung mit einer CSR-Befragung, die den Arbeitstitel ‹Ansichten der Öffentlichkeit und Einsichten als Bürger› trägt, kann durchaus auf den Versuch zielen, aus den Ansichten der Mehrheit ein Idealmodell relevanter Massnahmen abzuleiten. Es dürfte sich jedoch sehr bald als problematisch erweisen, nur auf den derzeit herrschenden Meinungen aufzubauen, verändern sich diese bisweilen doch recht schnell und beruhen nicht selten auf oberflächlichen oder gar fehlerhaften Informationen. Zudem ist es bei einem derartigen Vorgehen sehr unwahrscheinlich, dass ein ‹CSR-Programm› (vgl. 62) über eine Sammlung von mehr oder weniger typischen Aktivitäten hinauskommt.

Um sich die Anerkennung als ein sozial verantwortliches Unternehmen nachhaltig verdienen zu können, ist ein Interesse an den ‹Einsichten als Bürger› und die entsprechende Grundbereitschaft, das eigene Tun im Hinblick auf die gesellschaftliche Bedeutung zu hinterfragen, vielversprechender. Ein CSR-Engagement kann dann kaum mehr zu einer Randaktivität mit dem Charakter eines Instruments für unkritisch weiterverfolgte Ziele geraten. Höchstens handelt es sich dann um ein Instrument, um überhaupt erst die richtigen Fragen zu stellen – Fragen, die vor den Grundannahmen über die gesellschaftliche Rolle des Unternehmens gerade nicht Halt machen (vgl. 40). Stattdessen steht entlang konkreter Herausforderungen die Suche nach einer tragfähig begründbaren Aufgabenteilung zwischen den gesellschaftlichen Akteuren im Mittelpunkt (vgl. 34). Wird somit ein ideales CSR-Engagement nicht in einem Standardrepertoire aus punktuell gesellschaftsdienlichen Aktivitäten wie Spenden und ähnlichem gesucht (vgl. 48), zeigt es sich vielmehr in der unternehmenskulturell verankerten Bereitschaft, aufmerksam mit manifesten oder latenten Anliegen verschiedenster ‹Stakeholder› (vgl. 82) umzugehen und die jeweils zumutbaren Handlungsoptionen zu klären – unabhängig davon, in welchem Bereich der Geschäftstätigkeit Fragen entstehen. Im Zuge eines so verstandenen idealen CSR-Engagements setzt sich ein Unternehmen natürlich besonders für die Beseitigung der offenbar weit verbreiteten Defizite bezüglich offener Information (vgl. 76) und lernorientierter Kommunikation (vgl. 77) ein.

Ein ideales CSR-Engagement hat also mit realitätsfremdem Idealismus nichts gemeinsam, auch wenn es ohne Ideale logisch unmöglich ist, sich in der häufig verwirrenden Anspruchsvielfalt des globalen Wirtschaftsgeschehens zu orientieren (vgl. 81). Ideale fallen in der Regel nicht ‹vom Himmel› und müssen deshalb im Unternehmensalltag in ausdrücklicher Argumentationsarbeit für den spezifischen Kontext bestimmt werden. Das mag für manchen noch gewöhnungsbedürftig sein, obwohl das Gegenteil von ‹zu philosophisch› (vgl. 23) ganz offensichtlich doch ‹gedankenlos› ist. Deshalb ist ein ideales CSR-Engagement davon geprägt, dass zwar – immer wieder neu – Schwerpunkte gesetzt werden, um Strukturen oder Prozesse im Unternehmen und damit letztlich auch seine Kultur zu verändern, dass aber gedankliche Tabus auch nicht leichtfertig zementiert werden.

100. Wohin wird die CSR-Reise gehen?

Aufgekommen in den 50er-Jahren und in Expertenkreisen fest etabliert seit den 70er-Jahren hat die Diskussion über soziale Unternehmensverantwortung heute eine Schwelle erreicht, bei der bezüglich des herrschenden Unternehmens- und Wirtschaftsverständnisses die Rede vom ‹Paradigmenwechsel› nahe liegt. Doch solche markigen Vokabeln lenken nur davon ab, dass es kaum um eine plötzliche Veränderung, sondern lediglich um einen schrittweisen Wandel im Zuge facettenreicher Bemühungen gehen kann. So erwarten auch nur 50% der Befragten, dass im Geschäftsalltag zukünftig häufiger über Verantwortungsfragen diskutiert wird [FB 42]. Auch in einer explorativen Befragung von Experten, die sich mit der CSR-Thematik intensiv, aber aus sehr unterschiedlicher Perspektive beschäftigen, ist es einhellige Meinung, dass die Entwicklung insgesamt nicht rasant sein wird.[53]

Der Evolutionspfad aus Aktivitäten im Modus kontinuierlicher Verbesserung dürfte dabei zum einen durch das Phänomen markiert sein, dass sich Mitarbeiter sowie Konsumenten des direkten Zusammenhangs zwischen ihrer Lebensqualität und dem Geschäftsgebaren bzw. den strategischen Vorstellungen der Unternehmen immer bewusster werden. Zum anderen wächst der Organisationsgrad und die Fähigkeit zu koordiniertem Vorgehen bei jenen Gruppierungen, die sich für die Anliegen weiterer Stakeholder einsetzen. Insgesamt wird also nicht einfach der Druck steigen, sich als Unternehmen auch auf ungewohnte Anliegen einzulassen, sondern es wird vor allem immer mehr kompetente Gesprächspartner für qualifizierte Überlegungen zu einer sinnvollen und fairen Rollenverteilung im Rahmen einer weiterhin und wirklich sozialen Marktwirtschaft geben (vgl. 40). Dies ist insofern wichtig, als ein zunehmender Schatz an Erfahrungen mit Massnahmen,

53 Vgl. Strandberg (Future 2002), 3.

die im Namen der sozialen Unternehmensverantwortung konzipiert und umgesetzt werden, die Definition gewisser Standardinhalte und -vorgehensweisen erlauben wird, im Vordergrund aber immer die Klärungsarbeit im spezifischen Kontext des jeweiligen Unternehmens stehen muss.

Wenn 86% der Befragten damit rechnen, aktiv um die Klärung ihrer sozialen Verantwortung bemühte Unternehmen seien letztlich erfolgreicher [FB 41], dürfte dies auch mit der Erwartung verknüpft sein, dass die europäische Gesetzgebung aktive Unternehmen nicht allein lassen wird und immer mehr der entsprechenden Elemente obligatorisch werden – besonders im Berichtswesen. Ob es hierbei eher zu fragwürdigen Detailvorgaben inhaltlicher Art oder eher zu groben Mindeststandards formaler Art kommen wird, hängt ganz wesentlich von der Intensität und Glaubwürdigkeit entsprechender Diskussionsbeiträge von Unternehmensseite ab.

101. Welche Impulse gehen von einem sozial verantwortlichen Unternehmen für die Zukunft aus?

Wenn neuerdings die Rede davon ist, ‹Leader› zeichneten sich gerade nicht mehr durch Flexibilität aus, sondern fielen stattdessen durch Agilität auf, darf solchen begrifflichen Spitzfindigkeiten natürlich keine übertriebene Relevanz beigemessen werden. Schliesslich kommt es auch beim Thema sozialer Unternehmensverantwortung nicht hauptsächlich darauf an, ob nun Corporate Social Responsibility, Corporate Citizenship, Nachhaltigkeit oder sonst ein nützlicher Begriff zum Zuge kommen, sondern ob im Einzelfall ein gründlich erarbeitetes und entsprechend stimmiges und überzeugendes Konzept dahintersteht. Wer Agilität der Flexibilität begrifflich vorzieht, kann damit jedoch durchaus zum Ausdruck bringen wollen, eine gestaltungsorientierte Perspektive höher zu achten als eine letztlich reaktive Grundhaltung, wie sie sich in der Anpassung auf – bisweilen oder gar häufig nur vermeintliche – Sachzwänge des Marktgeschehens zeigt. Ein nachahmenswertes CSR-Engagement ist dann vor allem durch Impulse für Entwicklungen geprägt, die insgesamt zu einer lebensdienlichen Wirtschaftsweise führen.

Möglichst unmittelbare Beiträge zur Verbesserung der Lebensqualität in der globalen Gesellschaft zu leisten ist dabei eine Zielsetzung, die nicht nur zu multinationalen Unternehmen passt – obwohl diese angesichts der Tatsache, dass ihre Budgets teilweise grosse Nationalstaaten in den Schatten stellen, natürlich in besonderer Weise gefordert sind. Im ‹Fair Trade›-Sektor etwa zeigt sich jedoch, dass in der derzeit aufkeimenden Dynamik, mit der das Thema sozialer Unternehmensverantwortung in der breiten Öffentlichkeit gerade erst an Bedeutung gewinnt, besonders mittelständische Unternehmen kreativ und innovativ Nischen auftun und besetzen können. In jedem Fall wirken Impulse im Namen sozialer Verantwortung, die der Gesellschaft etwas ‹bringen› und nicht etwas zurückgeben sollen, vor allem einmal auf Marktentwicklungen – obwohl in zweiter Linie auch Impulse zur Veränderung des ordnungspolitischen Rahmens unternehmerischer Aktivitäten wichtig sind. Multiplikatoreffekte können allerdings auch auf einigen anderen Wegen erzielt werden, man denke nur an die Wünsche gegenüber Schulen und Hochschulen hinsichtlich zu fördernder Qualifikationen.

Wirklich zukunftsweisende Impulse setzen im Kern voraus, dass der bewusst oder unbewusst noch immer existierende Gedanke überwunden wurde, beim Wirtschaften und in der Unternehmensführung gehe es einzig um eine Herausforderung an Klugheit und strategisches Geschick, während Ethik ausschliesslich Privatsache sei. Ein CSR-Engagement besteht – und sogar ein vorgetäuschtes muss sich in den berüchtigten ‹Sonntagsreden› darauf berufen – aus ethischer Argumentation in praktischer Absicht. Es geht also um den Versuch, Beiträge zu gutem Leben und gerechtem Zusammenleben zu bestimmen, ohne sich lächerlich zu machen, weil man es sich zu leicht macht oder aber heroisch und darum sinnlos aufopfert. Dies heisst jedoch nicht, dass von ‹Ethik› oder ‹ethisch reflektiertem Handeln› ständig die Rede sein muss. Ganz im Gegenteil sollte mit der kulturgeschichtlich bedingten Verkrampfung, die von diesem Begriff ausgeht, behutsam umgegangen werden – wie beispielsweise auch bei der Interpretation der Schlussfrage des Interviews (vgl. 17).

Richtungsmässig gut begründete Impulse sind nur bei einem Engagement denkbar, das nicht die Abkürzung zur ‹Wahrnehmung› der sozialen Unternehmensverantwortung sucht, sondern entsprechender Klärungsarbeit angemessenen Raum gibt. Beispielsweise ist die Veränderung der Tatsache, dass derzeit nur 10% der Befragten die Möglichkeiten durch die Unternehmen in ausreichendem Masse ausgeschöpft sehen, nur dann möglich, wenn man sich genauer mit der Interpretation dieses Befragungsergebnisses beschäftigt hat. Dabei müssen vielleicht nicht unbedingt mehr als 100 und eine Frage gestellt werden, aber sicher viele über die bis hierher vorgeschlagenen hinaus...

Das Projekt: Dank an Auftraggeber und Partner

Wenn eine Bevölkerungsumfrage gestartet wird, liegt vermeintlich auf der Hand, worum es geht: Realitäten feststellen, um darauf reagieren zu können. Die Zeiten, in denen es noch aufrüttelte, wenn Marktforscher eine erhöhte Kaufbereitschaft als Folge des Eindrucks sozial verantwortlicher Unternehmensführung feststellten, liegen aber hinter uns. Längst ist klar, dass allein die Anpassung an Konsumentenwünsche nicht hilft, die verbreitete Unsicherheit der Unternehmen, wie sie ihre soziale Verantwortung konkret definieren sollen, zu senken. Entsprechend ausgiebig wird heute über soziale Unternehmensverantwortung gesprochen, meist jedoch in geschlossenen Expertenzirkeln und ohne die Vorstellungen jener gesellschaftlichen Kreise zu berücksichtigen oder einfach zu kennen, um die es letztlich geht – kurz: Es wird zuviel *über* die Menschen geredet und zuwenig *mit* ihnen.

Die Initiative und Finanzierung eines Projekts, das entsprechendes Datenmaterial erheben und zugänglich machen soll, stösst damit in eine eklatante Lücke. Für diesen wertvollen Beitrag gebührt der Philip Morris GmbH, München, grosse Anerkennung und für das Vertrauen bei der Vergabe des anspruchsvollen Auftrages an das civis®-Team des Instituts für Wirtschaftsethik grosser Dank. Dank gebührt auch der forsa – Gesellschaft für Sozialforschung und statistische Analysen, Berlin. Ohne ihre intensive und partnerschaftliche Kooperation bei der Entwicklung des Fragebogens und ihre Fachkompetenz bei der Durchführung der Befragung hätte das nun vorliegende Datenmaterial nicht annähernd seine Bedeutung.

Welche Bedeutung das Datenmaterial und insbesondere die Interpretationsvorschläge und -hilfen dieses Buches tatsächlich bekommen, liegt nun allerdings ganz in der Hand der Nutzer. Während diese Auswertungsarbeit auf möglichst breitbandige Anregungen aus war, blickt man mit anderen Augen auf die Daten, wenn eine spezifische Problematik zu lösen ist oder wenn besondere soziodemografische Gruppen interessieren – zum Teil deutliche Unterschiede beispielsweise zwischen den Geschlechtern oder den alten und neuen Bundesländern nur am Rande abzuhandeln, wäre den Phänomenen nicht gerecht geworden. Die weitere Nutzung des Datenmaterials ist ausdrücklich erwünscht, vielleicht auch als Grundlage für weitere Forschungsprojekte – etwa einer spiegelbildlichen Befragung von Unternehmensvertretern und Experten. Hauptsache bleibt aber, dass in den Unternehmen selbst nun intensiver ‹geforscht› wird, also Mängel an nachdrücklicher und kreativer Klärung und Wahrnehmung der jeweils konkreten sozialen Verantwortung beseitigt werden. Nach dem Motto: CSR ist, wenn der anvisierte soziale Fortschritt mehr Zweck als Instrument ist!

Quellenangaben: Empirische Studien und Basisliteratur

Arthur Andersen (2000): Ethical concerns and reputation risk management. A study of leading UK companies, London.

Carroll, Archie B. (1999): Corporate Social Responsibility. Evolution of a Definitional Construct, in: Business & Society, 38/3.

CSR Austria (2003): Die gesellschaftliche Verantwortung österreichischer Unternehmen, Wien.

CSR Europe (2002): The European Survey on Socially Responsible Investment and the Financial Community, London.

CSR Europe / MORI (2000): The First Ever European Survey of Consumers' attitudes towards Corporate Social Responsibility, London.

CSR Europe / The Copenhagen Centre (2001): A Survey on Companies' Attitudes and Training Needs on CSR, Brussels.

ECC Kohtes Klewes (2003): Global Stakeholder Report 2003. Geteilte Werte?, Bonn/London.

Environics International (1999): The Millennium Poll, Toronto.

Environics International (2002): Global Issues Monitor, Toronto.

Europäische Kommission (2002): Europäische KMU und soziale und umweltbezogene Verantwortung, Beobachtungsnetz der europäischen KMU Nr. 4, Brüssel.

Faruk, Adam (2001): The New Business Responsibilities – A Survey of Management Practice and Attitudes, London.

GfS-Forschungsinstitut Zürich (2002): Bericht zur Studie ‹Macht und Verantwortung in Schweizer Unternehmen›, Zürich.

imug Institut für Markt–Umwelt–Gesellschaft e.V. (2003): Themenspot Verbraucher und Corporate Social Responsibility, Hannover.

Kaplan, Jeffrey M. / Berenbeim, Ronald E. (2004): Ethics Programs. The Role of the Board: A Global Study, New York.

Kletz, Pierre / Terrasse, Christophe / Eiges, Gil (2002): Business and Ethics. Results of the efmd Survey. In: efmd FORUM 2.

Longchamps, Claude et al. (2003): Das Sorgenbarometer 2003 der Credit Suisse, Zürich.

Maaβ, Frank / Clemens, Reinhard (2002): Corporate Citizenship. Das Unternehmen als ‹guter Bürger›, Wiesbaden.

Maignan, Isabelle (2001): Consumers' Perceptions of Corporate Social Responsibilities: A Cross-Cultural Comparison, in: Journal of Business Ethics 30, 57-72.

PriceWaterhouseCoopers (2002): 5th Annual Global CEO Survey. Uncertain Times, Abundant Opportunities, www.pwcglobal.com.

PriceWaterhouseCoopers (2001): The politics of responsible business. A survey of political and business opinion on corporate social responsibility, www.pwcglobal.com.

Strandberg, Coro (2002): The Future of Corporate Social Responsibility, Report for Vancity Credit Union, Vancouver.

Prince of Wales Business Leaders Forum / Burson-Marsteller (2000): The responsible century? Summary of an international opinion leader survey on CSR, London.

Trustees of Boston College (2003): The State of Corporate Citizenship in the US 2003, Boston.

Ulrich, Peter (2002): Der entzauberte Markt. Eine wirtschaftsethische Orientierung, Freiburg.

Ulrich, Peter (2001): Integrative Wirtschaftsethik. Grundlagen einer lebensdienlichen Ökonomie, 3. Auflage, Bern/Stuttgart/Wien.

Ulrich, Peter / Thielemann, Ulrich (1992): Ethik und Erfolg. Unternehmensethische Denkmuster von Führungskräften – eine empirische Studie, Bern/Stuttgart/Wien.

Die ‹Drehscheibe›: Fragebogen mit Basisresultaten

Die genaue Formulierung und Reihenfolge der Interviewfragen kann sehr wichtig sein – dazu hier der Originalfragebogen. Zur Übersichtlichkeit sei hier auf Details wie Nachfragefilter, Randomisierung und Interviewerdirektiven sowie auf die oft sehr differenzierten Ergebnislisten zu den offenen Fragen verzichtet.

Frage 1 (vgl. 3, 7, 62)
Jetzt ganz konkret zum Thema ‹soziale Verantwortung von Unternehmen›: Wird dieses Thema Ihrem Empfinden nach von den Medien heutzutage ...

... vermehrt aufgegriffen oder	40%
... seltener aufgegriffen?	55%
SPONTAN: gleich geblieben	4%
wn/kA	1%

Frage 2 (vgl. 2, 6, 16, 24, 25, 26, 44, 51, 74, 80, 90, 91)
Was sollte ein Unternehmen tun, um Ihre persönlichen Erwartungen an sozial verantwortliche Unternehmen zu erfüllen?

Frage 3 (vgl. 3, 8, 33, 52, 60, 69, 71)
Die Möglichkeiten der Unternehmen, sich aktiv um ihre soziale Verantwortung zu kümmern, sind ja nicht unbegrenzt. Ihrer Meinung nach: In welchem Maße schöpfen Unternehmen ihre Möglichkeiten hier üblicherweise aus: ...

... in ausreichendem Maße	10%
... knapp ausreichend	38%
... eher ungenügend oder	37%
... in viel zu geringem Maße?	14%
wn/kA	2%

Frage 4 (vgl. 30, 31, 32, 33, 34, 69)
Unternehmen achten auch selbst auf die soziale Verträglichkeit ihrer Entscheidungen. Aber es gilt noch immer als klassische Aufgabe des Staates, die soziale Verträglichkeit von Unternehmensaktivitäten sicher zu stellen. Beobachten Sie derzeit ...

... eine *zunehmende* Einflussnahme des Staates oder	26%
... einen allmählichen *Rückzug* des Staates aus dieser Aufgabe?	67%
SPONTAN: keine Veränderung	5%
wn/kA	2%

Frage 5 (vgl. 31, 32, 33, 34, 69)
Und finden Sie diese Entwicklung ...

... eher erfreulich oder	20%
... eher bedauerlich?	77%
wn/kA	3%

Frage 6 (vgl. 3, 53, 54, 88)
Soziale Probleme kann man manchmal ziemlich direkt konkreten *Unternehmen* zuordnen. Welche Unternehmen fallen Ihnen hier ein?

Frage 7 (vgl. 3, 11, 16, 24, 39, 58, 68, 69, 83, 95)
Zwischendurch eine Frage zu Ihren eigenen Aktivitäten im Alltag: Ich lese Ihnen einige Beispiele vor und Sie sagen mir bitte jeweils, wie häufig Sie das Genannte tun: sehr häufig, häufig, gelegentlich oder nie.

a. Sie achten beim Einkaufen auf Gütesiegel für Sozialverträglichkeit.

... sehr häufig,	11%
... häufig,	25%
... gelegentlich oder	31%
... nie?	33%
wn/kA	---

b. Sie investieren in Aktienfonds, die auch anderes berücksichtigen als Rendite und Sicherheit.

... sehr häufig,	2%
... häufig,	7%
... gelegentlich oder	20%
... nie?	71%
wn/kA	---

c. Sie spenden an gemeinnützige Organisationen.

... sehr häufig,	6%
... häufig,	23%
... gelegentlich oder	57%
... nie?	14%
wn/kA	---

d. Sie engagieren sich ehrenamtlich.

... sehr häufig,	13%
... häufig,	21%
... gelegentlich oder	24%
... nie?	42%
wn/kA	---

e. Wenn über das Thema ‹Job und Beruf› gesprochen wird, fragen Sie nach dem Arbeitsklima.

... sehr häufig,	21%
... häufig,	48%
... gelegentlich oder	22%
... nie?	8%
wn/kA	1%

Frage 8 (vgl. 1, 32, 82, 96)
Kommen wir zu den Eindrücken, die Sie ganz generell von mittleren und großen Unternehmen haben: Meinen Sie, dass in den Führungsetagen vieler Unternehmen *echte* Ratlosigkeit herrscht, was genau als soziale Verantwortung des Unternehmens verstanden werden soll?

... ja	60%
... nein	38%
wn/kA	3%

Frage 9 (vgl. 5)
Wer dürfte da die größeren Klärungsprobleme haben:

... mittlere Unternehmen oder	35%
... Großunternehmen?	55%
SPONTAN: beide gleich	7%
wn/kA	3%

Frage 10 (vgl. 53, 54, 87, 88, 90)
Ein klassischer Bereich der ‹sozialen Unternehmensverantwortung› ist die Art, wie ein Unternehmen mit seinen Mitarbeitern umgeht. Welches Unternehmen ist Ihnen in letzter Zeit diesbezüglich positiv aufgefallen und wodurch?

Frage 11 (vgl. 69, 87, 88, 97)
Einige Menschen sind alkoholabhängig, neigen zu Gewalt in der Familie, leiden unter AIDS oder sind anderweitig auf soziale Hilfe angewiesen. Davon sind auch immer Mitarbeiter in Unternehmen betroffen. Meinen Sie, es gehört zur Aufgabe eines Unternehmens, sich mit entsprechenden Programmen um solche Probleme von Mitarbeitern zu kümmern?

... ja, auf jeden Fall	43%
... eher ja	36%
... eher nein oder	16%
... nein, keinesfalls?	4%
wn/kA	---

Frage 12 (vgl. 4, 27, 69)
Soweit zum Umgang mit Mitarbeitern. Ist es Ihrer Meinung nach eine Grundaufgabe von Unternehmen, auch etwas gegen *allgemeine* gesellschaftliche Probleme zu tun – wie etwa Armut, Kriminalität oder Bildung?

... ja, auf jeden Fall	39%
... eher ja	37%
... eher nein oder	18%
... nein, keinesfalls?	5%
wn/kA	---

Frage 13 (vgl. 4)

Und wie sieht das in Bezug auf die Region rund um den Firmenstandort aus: Muss sich ein Unternehmen *dort* um allgemeine gesellschaftliche Probleme kümmern?

... ja, auf jeden Fall	28%
... eher ja	50%
... eher nein oder	17%
... nein, keinesfalls?	4%
wn/kA	1%

Frage 14 (vgl. 40, 72, 84)

In wieweit stimmen Sie der folgenden Aussage zu: «Die wichtigsten Unternehmensaufgaben sind gute Produkte und Leistungen, Arbeitsplätze und Steuern zahlen. Darüber hinaus sollen keine Ansprüche an die Unternehmen gestellt werden.» Stimmen Sie dieser Aussage ...

... völlig zu,	10%
... eher zu	44%
... eher nicht zu oder	36%
... überhaupt nicht zu?	9%
wn/kA	1%

Frage 15 (vgl. 36, 40, 58, 66, 83, 87)

Wenn Sie nun noch einmal im Einzelnen an die drei genannten Aufgaben denken, wie kommen die Unternehmen diesen Aufgaben heute nach: sehr gut, eher gut, eher schlecht oder sehr schlecht? Wie ist es mit ...

a. gute Produkte und Leistungen

... sehr gut	11%
... eher gut	72%
... eher schlecht oder	15%
... sehr schlecht?	1%
wn/kA	1%

b. Arbeitsplätze

... sehr gut	1%
... eher gut	16%
... eher schlecht oder	69%
... sehr schlecht?	12%
wn/kA	2%

c. Steuern zahlen

... sehr gut	2%
... eher gut	23%
... eher schlecht oder	54%
... sehr schlecht?	15%
wn/kA	5%

Frage 16 (vgl. 29, 69, 88)

Ist es Ihrer Meinung nach Aufgabe der Unternehmen, sich um die sozialen Zustände in den Lieferanten- und Weiterverarbeitungsbetrieben genauso zu kümmern wie um die sozialen Zustände im *eigenen* Unternehmen?

... ja, auf jeden Fall	17%
... eher ja	32%
... eher nein oder	40%
... nein, keinesfalls?	10%
wn/kA	---

Frage 17 (vgl. 28, 69)

Für die Interessen *zukünftiger* Generationen setzen sich z.B. unabhängige Organisationen ein. Ist es Ihrer Meinung nach Aufgabe der Unternehmen, auch zu dieser Frage Konzepte vorzulegen?

... ja, auf jeden Fall	34%
... eher ja	43%
... eher nein oder	20%
... nein, keinesfalls?	3%
wn/kA	---

Frage 18 (vgl. 11, 38, 52, 97)

Was wäre Ihrer Meinung nach ein soziales Problem, um das sich ganz sicher *nicht* die Unternehmen kümmern müssen?

Frage 19 (vgl. 4, 6, 13, 15, 21, 22, 26, 28, 37, 46, 49, 58, 66, 69, 75, 83, 93)

Den Begriff der ‹sozialen Verantwortung› kann man unterschiedlich weit fassen. Ich nenne Ihnen nun einige sehr verschiedene Themen und Sie sagen mir bitte jeweils, ob sich Unternehmen im Rahmen ihrer Geschäftstätigkeiten dieses Themas annehmen sollten: ja, auf jeden Fall / eher ja / eher nein oder nein, keinesfalls?

a. Einhaltung von Menschenrechten

... ja, auf jeden Fall	70%
... eher ja	21%
... eher nein oder	7%
... nein, keinesfalls?	1%
wn/kA	---

b. Arbeitsbedingungen von Zulieferbetrieben in armen Ländern

... ja, auf jeden Fall	42%
... eher ja	46%
... eher nein oder	10%
... nein, keinesfalls?	2%
wn/kA	---

c. Entwicklung von Produkten, die weit geringere Risiken bergen, als derzeit akzeptiert sind

... ja, auf jeden Fall	62%
... eher ja	32%
... eher nein oder	5%
... nein, keinesfalls?	1%
wn/kA	1%

d. Umweltschutz

... ja, auf jeden Fall	78%
... eher ja	22%
... eher nein oder	---
... nein, keinesfalls?	---
wn/kA	---

e. Ausbildung und Förderung von Behinderten *im* Unternehmen

... ja, auf jeden Fall	63%
... eher ja	36%
... eher nein oder	2%
... nein, keinesfalls?	---
wn/kA	---

f. Produktinformationen über das übliche Maß hinaus

... ja, auf jeden Fall	34%
... eher ja	49%
... eher nein oder	16%
... nein, keinesfalls?	1%
wn/kA	1%

g. Boykott von Betrieben, in denen Kinderarbeit stattfindet

... ja, auf jeden Fall	77%
... eher ja	18%
... eher nein oder	4%
... nein, keinesfalls?	1%
wn/kA	---

h. Versorgung von armen Regionen mit lebenswichtigen Produkten zu Selbstkosten

... ja, auf jeden Fall	26%
... eher ja	46%
... eher nein oder	24%
... nein, keinesfalls?	3%
wn/kA	1%

Frage 20 (vgl. 45, 68)

Kommen wir zu einer denkbaren Maßnahme: Unternehmen können ehrenamtliche Tätigkeiten ihrer Mitarbeiter fördern, z.B. durch finanzielle Zuschüsse oder durch Freistellung während der Arbeitszeit. Was schätzen Sie, wie viel Prozent der Unternehmen in Deutschland fördern ehrenamtliche Tätigkeiten ihrer Mitarbeiter?

im Durchschnitt	21%

Frage 21 (vgl. 68, 80, 89)

Was meinen Sie generell zu solchen Fördermaßnahmen: Ist diese Unterstützung von ehrenamtlichen Tätigkeiten durch Unternehmen ...

... eher eine harmlose oder gar lächerliche Sache oder	8%
... ist sie eher beeindruckend und nachahmenswert?	87%
SPONTAN: nichts von beidem	5%
wn/kA	1%

Frage 22 (vgl. 47, 48, 69)

Unter Sponsoring versteht man im Allgemeinen ein Instrument zur Bekanntheitssteigerung und Imagepflege von Unternehmen. Schwerer zu entscheiden ist hingegen, was eine gute *Spende* ist. Frage an Sie: Sollen Spenden von Unternehmen etwas mit deren Kerngeschäft zu tun haben – oder soll ein Zusammenhang möglichst vermieden werden?

... Spenden sollen etwas mit dem Kerngeschäft zu tun haben	28%
... Zusammenhang soll möglichst vermieden werden	63%
wn/kA	9%

Frage 23 (vgl. 47, 48, 69)

Und warum?

Frage 24 (vgl. 47))

Wie erleben Sie den heutigen Ist-Zustand – und zwar ganz allgemein, wenn sich Unternehmen auf irgendeine Art sozial engagieren: Haben diese Aktivitäten in der Regel einen direkten Bezug zu den Produkten oder Dienstleistungen des Unternehmens oder nicht?

... ja, in der Regel direkter Bezug gegeben	49%
... nein, in der Regel kein direkter Bezug gegeben	42%
wn/kA	9%

Frage 25 (vgl. 7, 10, 12, 32, 50, 67, 68, 69, 74, 76, 89, 95)

Wie überall gibt es auch in der Wirtschaft Fälle von Betrug und Täuschung. Was sagen Sie zu der Aussage: Die Mehrheit der Unternehmen in Deutschland arbeitet im Wesentlichen anständig und verantwortungsvoll – und Betrug und Täuschung sind eine seltene Ausnahme? Stimmen Sie dieser Aussage zu: ...

... ja, auf jeden Fall	13%
... eher ja	53%
... eher nein oder	29%
... nein, keinesfalls?	5%
wn/kA	1%

Frage 26 (vgl. 7, 61, 69)

Vertrauen verdienen sich Unternehmen nicht allein durch Gesetzestreue, sondern eben auch, indem sie ihre soziale Verantwortung aktiv zu klären versuchen. Was schätzen Sie: Wie viel Prozent der Unternehmen bringen wirkungsvolle Maßnahmen zur Klärung bzw. zur Wahrnehmung ihrer sozialen Verantwortung zu Wege?

im Durchschnitt 35%

Frage 27 (vgl. 16, 41, 96)

Und wie viel Prozent der Unternehmen sehen nach Ihrer Schätzung gar keine *Notwendigkeit*, sich aktiv um die Klärung ihrer sozialen Verantwortung zu bemühen?

im Durchschnitt 42%

Frage 28 (vgl. 53, 54)

Ich lese Ihnen jetzt einige Branchen vor und möchte gerne jeweils wissen, ob Sie den Unternehmen aus dieser Branche generell eher *viel* soziale Verantwortung zutrauen – oder eher wenig.

Frage 29 (vgl. 12, 76)

Wenn sich ein Unternehmen um seine soziale Verantwortung bemüht, sind Probleme auch bei bestem Willen nicht ganz zu vermeiden. Wie schätzen Sie die Bereitschaft der Unternehmen ein, auch *unangenehme* Geschehnisse offen zu kommunizieren: ...

... sehr hoch, ... 1%
... eher hoch, ... 16%
... eher niedrig oder 68%
... sehr niedrig? 15%
wn/kA .... ---

Frage 30 (vgl. 69, 76)

Und wie wird sich diese Bereitschaft in Zukunft vermutlich entwickeln? Wird sie sich...

... deutlich verbessern, ... 3%
... leicht verbessern, ... 43%
... leicht verschlechtern oder 41%
... deutlich verschlechtern? 10%
wn/kA 3%

Frage 31 (vgl. 76)

Und finden Sie diese vermutliche Entwicklung ...

... erfreulich oder 39%
... bedauerlich? 60%
wn/kA 1%

Frage 32 (vgl. 77, 81)
Wie schätzen Sie die Bereitschaft der Unternehmen ein, den Dialog mit Kritikern zu suchen, um gewohnte Denkmuster zu überwinden und wirklich etwas dazu zu lernen. Ist diese Bereitschaft ...

... sehr hoch,	1%
... eher hoch,	19%
... eher niedrig oder	67%
... sehr niedrig?	13%
wn/kA	1%

Frage 33 (vgl. 77)
Welches Unternehmen bemüht sich Ihrer Meinung nach bewusst um den Kontakt zu Kritikern und wodurch?

Frage 34 (vgl. 56, 59, 60, 84, 85)
Manchmal ist schwer zu beurteilen, wie intensiv ein Unternehmen an der Vermeidung sozial problematischer Wirkungen arbeitet. Stellen Sie sich vor, ein Unternehmen würde regelmässig eine der folgenden externen Einrichtungen einschalten. Würde Ihr persönliches Vertrauen in das Unternehmen dadurch jeweils erhöht oder gesenkt – bzw. genauer: deutlich erhöht, etwas erhöht, etwas gesenkt oder stark gesenkt?

a. Wirtschaftsprüfungsgesellschaften

... Vertrauen deutlich erhöht	27%
... Vertrauen etwas erhöht	57%
... Vertrauen etwas gesenkt	10%
... Vertrauen stark gesenkt	4%
wn/kA	3%

b. Behörden

... Vertrauen deutlich erhöht	17%
... Vertrauen etwas erhöht	51%
... Vertrauen etwas gesenkt	22%
... Vertrauen stark gesenkt	6%
wn/kA	4%

c. nichtstaatliche Organisationen

... Vertrauen deutlich erhöht	20%
... Vertrauen etwas erhöht	50%
... Vertrauen etwas gesenkt	21%
... Vertrauen stark gesenkt	4%
wn/Ka	5%

d. universitäre Forschungsinstitute

... Vertrauen deutlich erhöht 42%
... Vertrauen etwas erhöht 49%
... Vertrauen etwas gesenkt 6%
... Vertrauen stark gesenkt 1%
wn/kA 2%

e. Initiativen von direkt Betroffenen

... Vertrauen deutlich erhöht 49%
... Vertrauen etwas erhöht 38%
... Vertrauen etwas gesenkt 9%
... Vertrauen stark gesenkt 2%
wn/kA 3%

Frage 35 (vgl. 56, 65, 72, 73, 76, 78)
Wenden wir uns den speziellen Informationen zu, die über soziale Verantwortung deutscher Unternehmen derzeit verfügbar sind. Fühlen Sie sich zu diesem Thema insgesamt gut oder schlecht informiert?

... gut 25%
... schlecht 74%
wn/kA 2%

Frage 36 (vgl. 72)
Und welche der drei folgenden Aussagen trifft auf Sie am besten zu?

... Sie bekommen einfach nicht genügend Informationen 58%
... Sie fühlen sich von der Informationsvielfalt schon jetzt überfordert 28%
... Sie haben gar kein *Interesse* an mehr Information 13%
wn/kA 1%

Frage 37 (vgl. 69, 72, 73, 78)
Ein Bild von der sozialen Verantwortung deutscher Unternehmen entsteht ja aus Informationen aus unterschiedlichen Quellen. Ich lese Ihnen [nicht ausdrücklich desinteressiert] nun *einige* Informationsquellen vor und Sie sagen mir bitte jeweils, ob diese Ihr persönliches Bild besonders stark prägt oder besonders wenig?

a. Fernsehen

... spielt eher wichtige Rolle 78%
... spielt eher unwichtige Rolle 22%
wn/kA ---

b. Radio

... spielt eher wichtige Rolle 61%
... spielt eher unwichtige Rolle 39%
wn/kA ---

c. Internet

... spielt eher wichtige Rolle 32%
... spielt eher unwichtige Rolle 67%
wn/kA ---

d. Tageszeitungen

... spielt eher wichtige Rolle	83%
... spielt eher unwichtige Rolle	16%
wn/kA	---

e. Zeitschriften

... spielt eher wichtige Rolle	60%
... spielt eher unwichtige Rolle	40%
wn/kA	---

f. gedruckte Berichte der Unternehmen

... spielt eher wichtige Rolle	32%
... spielt eher unwichtige Rolle	67%
wn/kA	---

g. Berichte von Unternehmen auf CD-ROM

... spielt eher wichtige Rolle	6%
... spielt eher unwichtige Rolle	92%
wn/kA	2%

h. Veröffentlichungen von unabhängigen Organisationen

... spielt eher wichtige Rolle	60%
... spielt eher unwichtige Rolle	39%
wn/kA	1%

i. Informationen auf dem Produkt oder bei der Verkaufsstelle

... spielt eher wichtige Rolle	45%
... spielt eher unwichtige Rolle	54%
wn/kA	1%

Frage 38 (vgl. 69, 78)

Und in Zukunft – würden Sie [nicht ausdrücklich desinteressiert] gerne vermehrt auf gewisse Informationsquellen zugreifen: Wenn ja, auf welche?

... Tageszeitungen	30%
... Internet	24%
... Fernsehen	21%
... Zeitschriften	18%
... Radio	11%
... Veröffentlichungen von unabhängigen Organisationen	9%
... gedruckte Berichte der Unternehmen	6%
... Informationen auf dem Produkt oder bei der Verkaufsstelle	5%
... Berichte von Unternehmen auf CD-ROM	1%
... andere, nämlich...	5%
... nein, auf keine	32%
wn/kA	1%

Frage 39 (vgl. 79)
Spezialberichte zu Themen wie Nachhaltigkeit, soziale und ökologische Verantwortung oder gesellschaftliches Engagement werden von den Unternehmen zunehmend veröffentlicht. Haben Sie in solch einen Bericht schon einmal hinein geschaut:

... ja, mehrmals	16%
... ja, wenige Male oder	29%
….nein, noch nie?	54%
wn/kA	1%

Frage 40 (vgl. 79)
Welche Spezialberichte von welchen Unternehmen waren das zum Beispiel?

Frage 41 (vgl. 14, 42, 55, 100)
Welche Unternehmen sind Ihrer Meinung nach auf lange Sicht erfolgreicher: Unternehmen, die sich sehr aktiv um ihre soziale Verantwortung bemühen – oder Unternehmen, die diesen Aufwand einsparen?

... Unternehmen, die sich sehr aktiv bemühen	86%
... Unternehmen, die diesen Aufwand einsparen	11%
SPONTAN: gleich erfolgreich	1%
SPONTAN: Erfolg hat ganz andere Gründe	2%
wn/kA	1%

Frage 42 (vgl. 1, 20, 63, 67, 100)
Jetzt die Abschlussfrage zum Stichwort ‚Ethik' allgemein: Glauben Sie, dass zukünftig im Geschäftsalltag der Unternehmen *häufiger* darüber nachgedacht und diskutiert wird, was anständig und verantwortbar ist?

... ja	50%
... nein	50%
wn/kA	---

Frage 43 (vgl. 1, 63)
Und begrüßen Sie es, dass es vermutlich so kommen wird?

... ja	52%
... nein	48%
wn/kA	1%

Hinweis:
Hauptziel des Studienprojekts ist die Anregung und Anreicherung einer breiteren Diskussion (vgl. Einleitung). Bei Interesse an Detailergebnissen – etwa in Bezug auf die offenen Fragen, demografische Unterschiede oder fragenübergreifendes Antwortverhalten – sei erneut die prinzipielle Bereitschaft betont, entsprechendes Datenmaterial zur Verfügung zu stellen oder in geeigneter Form aufzubereiten.

Ein Seiteneinstieg: Abbildungen und ihre Denkanstösse

Grafiken bilden Fakten ab, denn schliesslich haben die Befragten so geantwortet und nicht anders – und werfen Fragen auf, denn oft trügt der Schein des plastischen und klaren Bilds. Gemäss dem Hauptziel des Projekts, die Diskussion über soziale Unternehmensverantwortung anzuregen und anzureichern, sei die stimulierende Kraft der Abbildung genutzt, ohne ihre Gefahr der groben Vereinfachung hinzunehmen. Die Aussageergebnisse sind nur angedeutet, der Blick zur Originalfrage drängt sich auf – dazu die Angabe in eckiger Klammer. Notiert ist je ein Anstoss zu eigener Interpretation – mit Vorschlag zum Weiterlesen in runder Klammer.

Die Medienberichterstattung über CSR...

[vgl. FB 1]

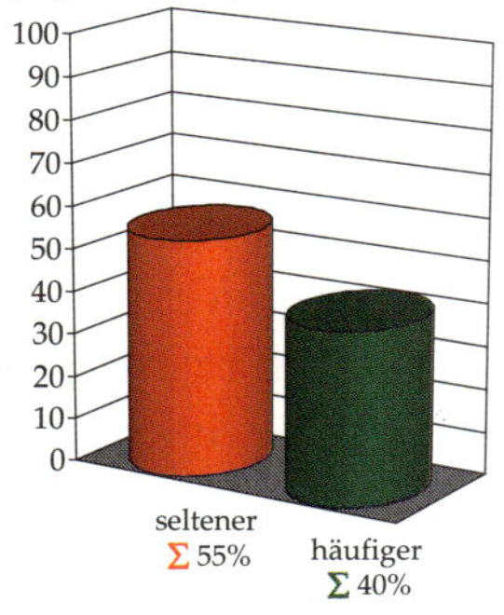

...scheidet offensichtlich als Ursache für verstärkte öffentliche Diskussionen über die soziale Unternehmensverantwortung aus. An dieser Stelle liesse sich jedoch nachfragen: Wer nimmt seine Verantwortung eigentlich unzureichend wahr – der sich nicht informierende Bürger oder die nicht informierenden Medien (vgl. 3 oder 7)?

Betrug und Täuschung im Wirtschaftsalltag...

[vgl. FB 25]

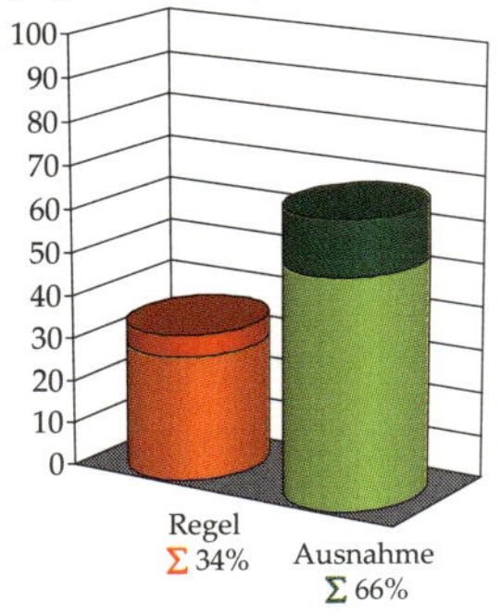

...wird noch vorherrschend als eine seltene Ausnahme angesehen. Wen dies angesichts der breit diskutierten Vertrauenskrise nicht überrascht, der mag vielleicht erstaunt sein, dass zu den extremen Antwortoptionen vergleichsweise selten gegriffen wurde. Ist die Polarisierung der Meinungen in der Bevölkerung also gar nicht so ausgeprägt, wie es bisweilen den Anschein hat (vgl. 12 oder 50)?

Fehlendes bürgerschaftliches Engagement der Befragten...

[vgl. FB 7]

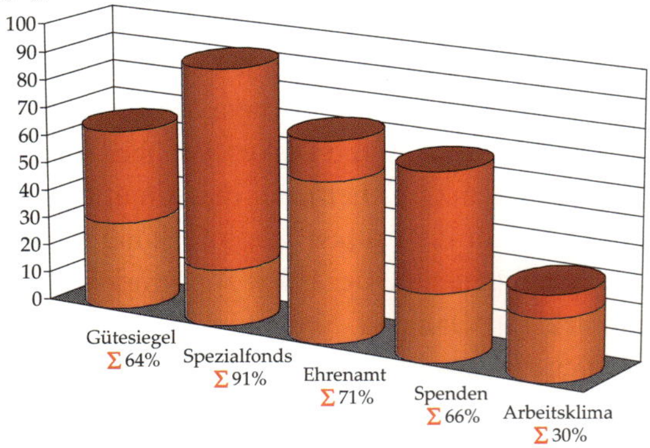

...fällt auch und gerade dort auf, wo unmittelbare Marktimpulse möglich wären, also etwa beim Einkaufs- und Anlageverhalten. Darf jemand, der auf wichtigen Gebieten selbst nur gelegentlich oder überhaupt nicht engagiert ist, eigentlich Ansprüche an die Unternehmen stellen (vgl. 39)?

Die Lage in den Führungsetagen...

[vgl. FB 8]

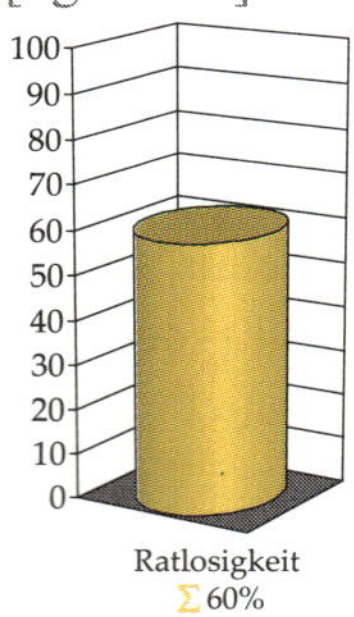

...ist nach Vermutung der Bevölkerungsmehrheit nicht gerade von einem sicheren Umgang mit Fragen sozialer Unternehmensverantwortung geprägt. Offen ist, ob dies als ein gutes oder ein schlechtes Zeichen zu werten ist. Wird eine Unternehmensführung, die mit Blick auf die Komplexität der Thematik zugibt, dass gut begründete Entscheidungen oft nicht recht gelingen wollen, der Herausforderung vielleicht eher gerecht als eine, die gar keine Orientierungsprobleme kennt (vgl. 2 oder 6)?

Der Klärungsbedarf je nach Unternehmensgrösse...

[vgl. FB 9]

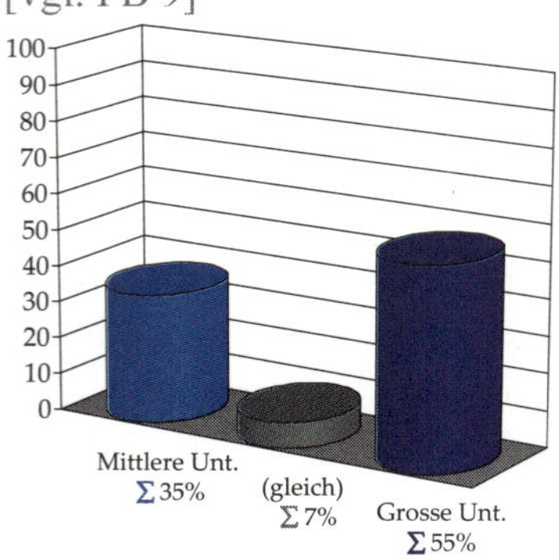

...ist aus Sicht der Bevölkerung bei grossen Unternehmen nicht so viel grösser, wie man angesichts der Verschiedenheit gleichzeitig bearbeiteter Geschäftsfelder vermuten mag. Oder haben die kleinen und mittleren Unternehmen einfach deshalb ähnlich anspruchsvolle Klärungsaufgaben zu erfüllen, weil die jeweiligen Gestaltungsspielräume vergleichsweise geringer sind (vgl. 5 oder 41)?

Erwartungen an ein sozial verantwortliches Unternehmen...

[vgl. FB 2]

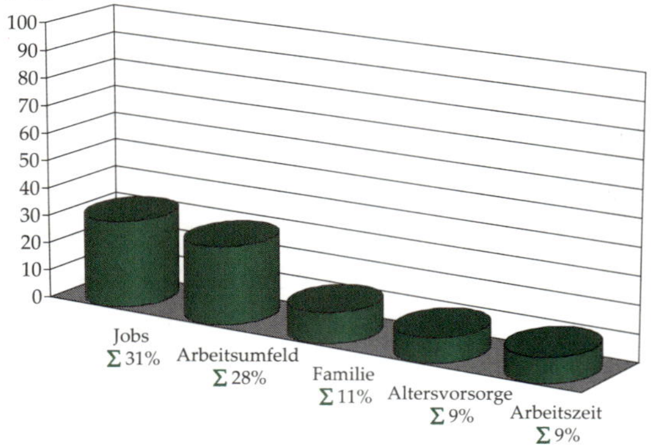

...liegen natürlich in sehr vielfältiger Form vor, wobei hier das ‹Ob› und ‹Wie› des Arbeitsplatzes erwartungsgemäss die höchste Priorität geniessen. Ist es möglich, klare Schwerpunkte zu setzen und zugleich der Vielfalt legitimer Interessen gerecht zu werden (vgl. 25 oder 90)?

Bei klassischen Themen sozialer Unternehmensverantwortung...

[vgl. FB 19]

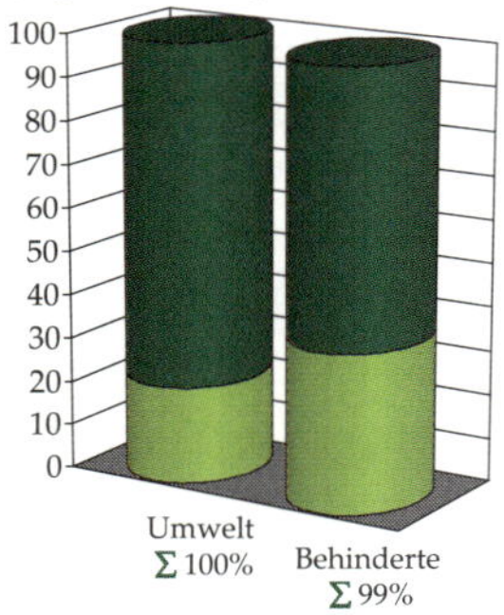

...wie etwa der Integration von Behinderten in den Arbeitsprozess mag die Selbstverständlichkeit des Anspruchs kaum erstaunen – auch und gerade weil er real oft nicht eingelöst ist. Doch dass auch der Umweltschutz selbstverständlich auf der Agenda sozialer Verantwortung steht, lässt aufhorchen. Ist die Zeit vorüber, dass so getan wurde, als gehe es um ‹die› Natur statt letztlich um Interessen diverser Gruppen, also um soziale Konflikte (vgl. 26)?

Für risikoarme Produkte und informative Verpackungen...

[vgl. FB 19]

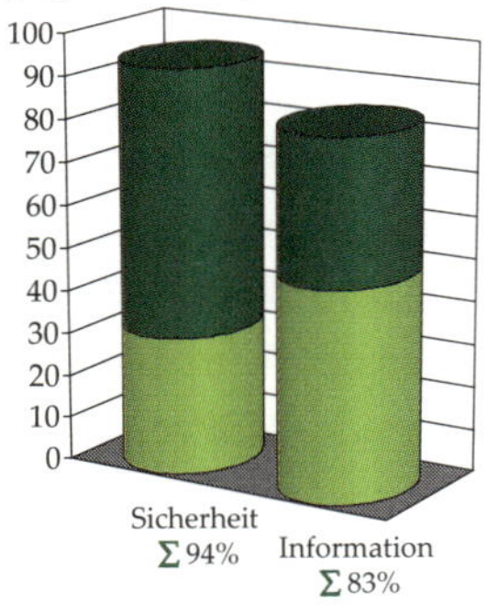

...setzen sich verantwortungsvolle Unternehmen über das herkömmliche Mass hinaus ein, wenn es nach den Erwartungen in der Bevölkerung geht. In der Ära des ‹*wahrgenommenen* Kundennutzens› mag aus dem Blick geraten sein, wo die Fürsorgepflicht aufhört und wo die Eigenverantwortung des Konsumenten beginnt. Fehlt letztere, wenn der Wunsch nach sicheren Produkten stärker ist als nach Informationsmöglichkeiten (vgl. 53)?

Spezielle Herausforderungen in armen Ländern...

[vgl. FB 19]

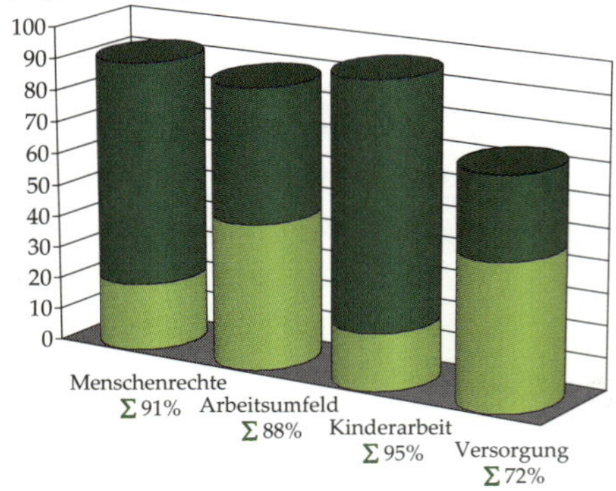

...müssen sicherlich nicht nur dann in Angriff genommen werden, wenn es um bereits so breit diskutierte Themen wie das der Kinderarbeit geht oder um so grundsätzliche Belange wie jene, die ganz offensichtlich eine menschenrechtliche Problematik darstellen. Sind Unternehmen für solche Anliegen aber überhaupt die richtige Adresse (vgl. 4)?

Umgekehrt zur Schulbildung steigen die Ansprüche...

[vgl. FB 16+]

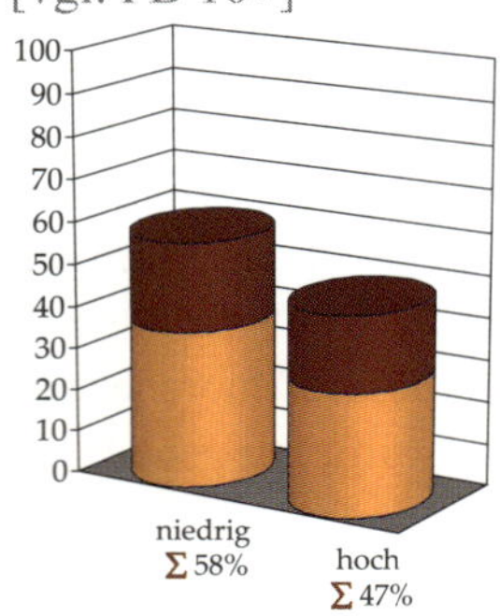

...beispielsweise an die Verantwortung auch für die sozialen Zustände in den Weiterverarbeitungs- und Zulieferbetrieben – oder auch für die Versorgung armer Regionen mit lebenswichtigen Produkten zu Selbstkosten. Ohne jede Arroganz könnte man vor diesem Hintergrund fragen: Ist CSR eine eher intellektuelle Aufgabe oder eher eine Frage des gesunden Menschenverstands (vgl. 29)?

Kernbereiche möglicher Unternehmensverantwortung...

[vgl. FB 11, 12, 16 und 17]

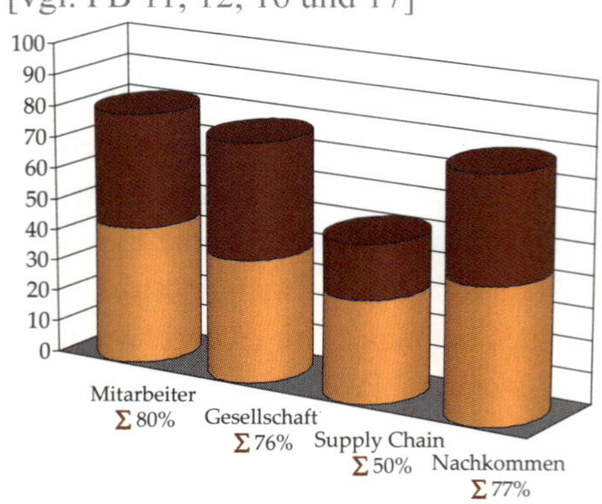

...umfassen sicher einmal den Umgang mit Mitarbeitern auch in persönlichen Belangen. Aber gehören dazu auch Beiträge zur Lösung von allgemeinen gesellschaftlichen Problemen, Sorge für die Menschen in den Betrieben von Geschäftspartnern oder Konzepte mit Blick auf die Lebenschancen unserer Nachkommen (vgl. 27 oder 28)?

Das Unternehmensbild bestimmt das Verantwortungsspektrum...

[vgl. FB 16^14]

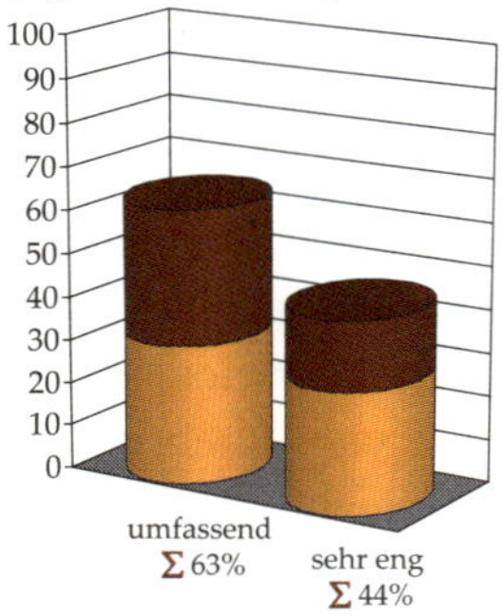

...auch und gerade, wenn es um das oft noch sehr ungewohnte Thema der Mitzuständigkeit für die sozialen Zustände bei den abnehmenden und vor allem den zuliefernden Unternehmen geht. Allein die Zunahme von ‹Outsourcing›-Entscheidungen drängt aber die Frage auf: Führt der Gedanke, nur ‹vor seiner eigenen Türe fegen› zu müssen, heute noch zu einem angemessenen Rollenverständnis des Unternehmens in der Gesellschaft (vgl. 40)?

Die Verantwortung für klassische ‹Ziele› von CSR-Konzepten...

[vgl. FB 11]

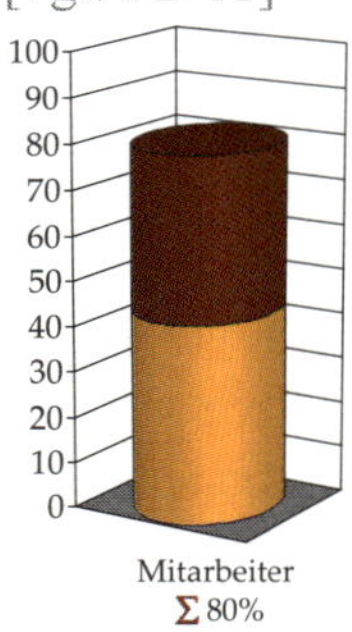

...wie den Mitarbeiter bezieht sich auf diesen nicht nur als Rollenträger, sondern ein Stück weit auch als Mensch mit persönlichen Anliegen und Rücksichtsbedürfnissen – zumindest sind diesbezüglich die Ansprüche in der Bevölkerung recht hoch. Zugleich existiert eine hohe Aversion gegen die Einmischung in das ‹Private›. Wie gelingt einem Unternehmen in diesem Punkt eine Abgrenzung, wo viele Menschen ihren Lebensmittelpunkt doch am Arbeitsplatz haben (vgl. 38 oder 87)?

Konzepte sind noch keine Lösungen...

[vgl. FB 17]

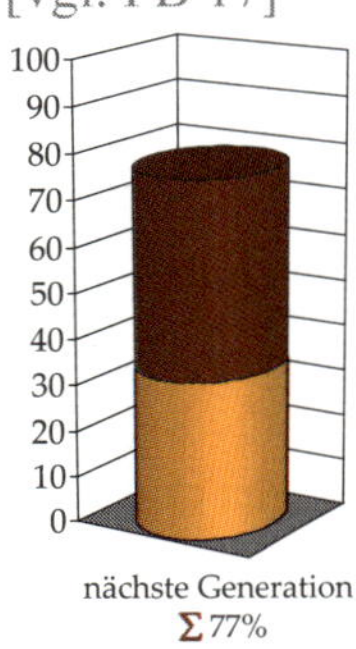

...auch nicht, wenn es beispielsweise um die Chancen nachkommender Generationen auf gleich gute Lebensbedingungen geht. Ein Konzept zu erarbeiten, wie hier negative Beiträge vermieden und positive geleistet werden können, wird von den meisten Befragten zu den Aufgaben eines Unternehmens gezählt. Handelt es sich nur um ein philosophisch unhaltbares Missverständnis, wenn der Vorwurf ertönt, statt konzipierend zu reden, solle lieber mit Taten aufgewartet werden (vgl. 1)?

Die Verantwortung für die Chancen zukünftiger Generationen...

[vgl. FB 17+]

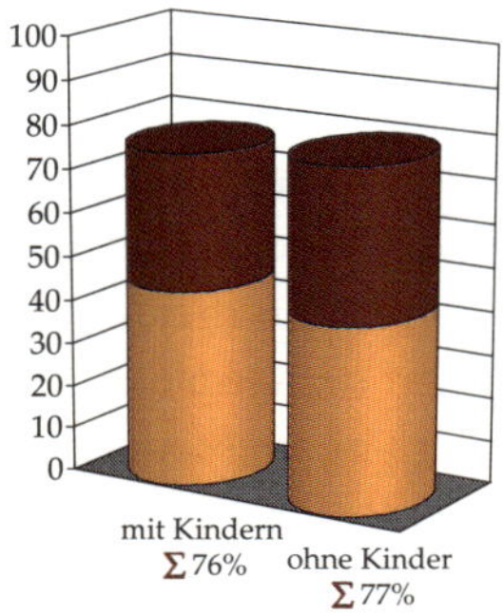

...sollten Menschen, deren Lebensperspektive sich durch das Zusammenleben mit Kindern verändert, eigentlich überdurchschnittlich stark einfordern. Genau dies ist jedoch nicht der Fall. Kann dies als ein klares Indiz gewertet werden, dass die Nachhaltigkeitsdebatte mittlerweile überwiegend mit Argumenten geführt wird, die vom Streben nach Verallgemeinerungsfähigkeit geprägt sind anstatt von persönlichen Wünschen (vgl. 28 oder 52)?

Die 18- bis 29-Jährigen stellen geringere Ansprüche...

[vgl. FB 11, 12, 16 und 17+]

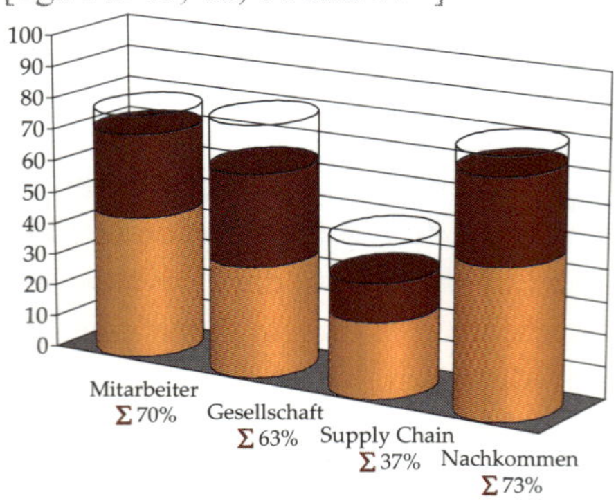

...als ältere Befragte – besonders klar sichtbar im Vergleich mit der ältesten Gruppe, also mit den über 60-Jährigen. Ist die Generation, aus der in Zukunft auch die Entscheidungsträger in der Wirtschaft kommen, einfach weniger blauäugig, sind ihre Wertvorstellungen erodiert oder verbirgt sich dahinter etwas ganz anderes (vgl. 69 oder 82)?

Um Armut, Kriminalität oder Bildungsnotstand kümmern...

[vgl. FB 12 und 13]

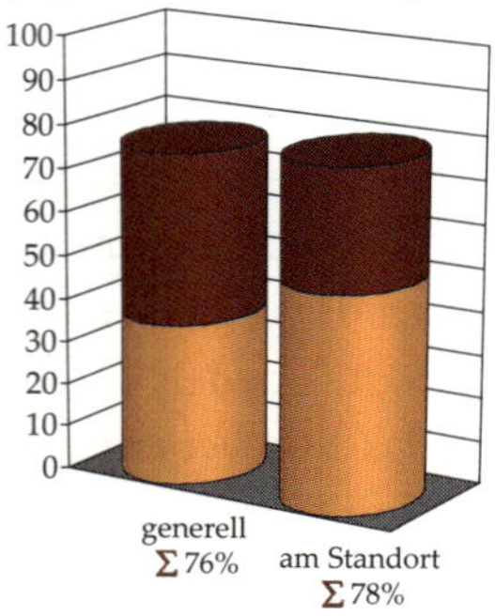

...sich sozial verantwortliche Unternehmen nach Vorstellungen der Befragten grundsätzlich ebenfalls, und zwar unabhängig davon, ob Menschen rund um die Betriebsstandorte von entsprechenden Problemen betroffen sind. Ist also die Vorstellung, zuerst – durchaus auch räumlich – nahe liegende Probleme auf Mitzuständigkeit zu prüfen und dann in konzentrischen Kreisen weiter zu denken, keine gute Orientierungshilfe (vgl. 4 oder 27)?

Die Wirkung auf den Unternehmenserfolg...

[vgl. FB 41]

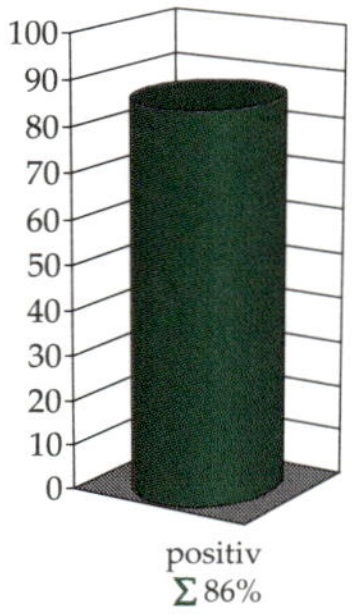

...wird auf lange Sicht von einer erstaunlichen Mehrheit positiv eingeschätzt. Gemeint sein könnte einerseits ein zwingender Mechanismus, dann würde also der Markt automatisch für das Verschwinden verantwortungsloser Unternehmen sorgen. Oder ist vielmehr gemeint, dass es zumindest nicht als reine Kostenbelastung gesehen werden muss, wenn sich ein Unternehmen aktiv um das konkrete Klären und Wahrnehmen seiner Verantwortung bemüht, sich dies also auszahlen *kann* (vgl. 42)?

Betrug und Täuschung als Regelfall wird von Pessimisten...

[vgl. FB 25^41]

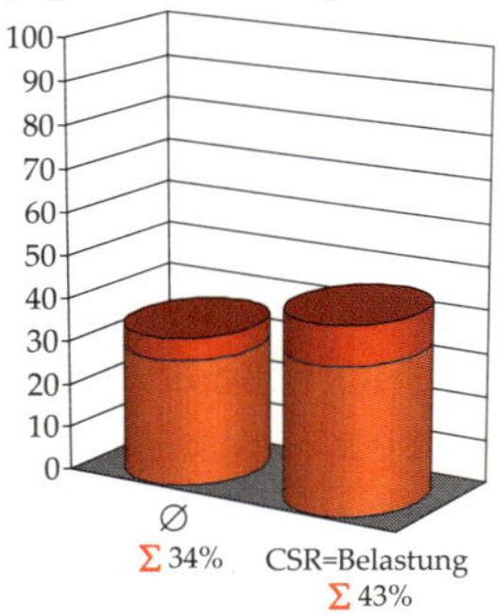

...bezüglich der Wirkung aktiven Engagements auf den Unternehmenserfolg besonders stark vermutet. Hingegen hält jene grosse Mehrheit der Befragten, in deren Sicht CSR-engagierte Unternehmen auf Dauer erfolgreicher sein werden, eher Anstand und Verantwortung für den Regelfall im Wirtschaftsalltag. Sind die Pessimisten nur durch Resignation und die Optimisten nur durch Zweckoptimismus geprägt (vgl. 17 oder 22)?

Die Neigung zu individuellen Spenden ist bei Pessimisten...

[vgl. FB 7^41]

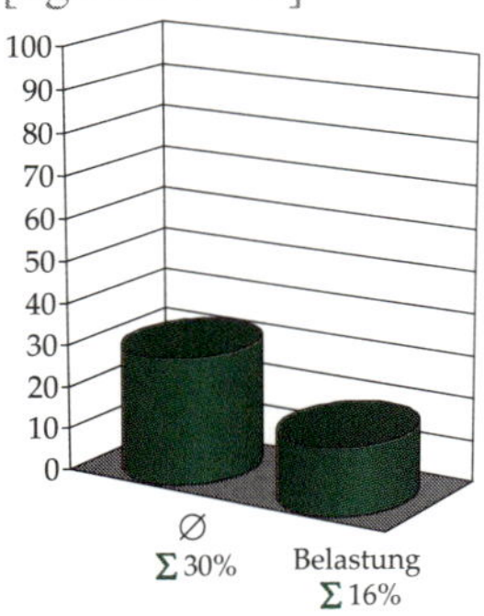

...bezüglich der Wirkung aktiven Engagements auf den Unternehmenserfolg klar niedriger. Viel öfter spendet an gemeinnützige Organisationen, wer im aktiven Bemühen um Klärung und Wahrnehmung der Verantwortung des Unternehmens die Voraussetzung langfristigen Erfolgs sieht. Wie sehr spielt bei den Pessimisten das psychologische Moment der Hoffnung eine Rolle, dass für alle das Beste heraus kommt, wenn jeder an sich denkt (vgl. 43)?

Grundsätzlich ist das Spektrum konkreter Verantwortung...

[vgl. FB 14]

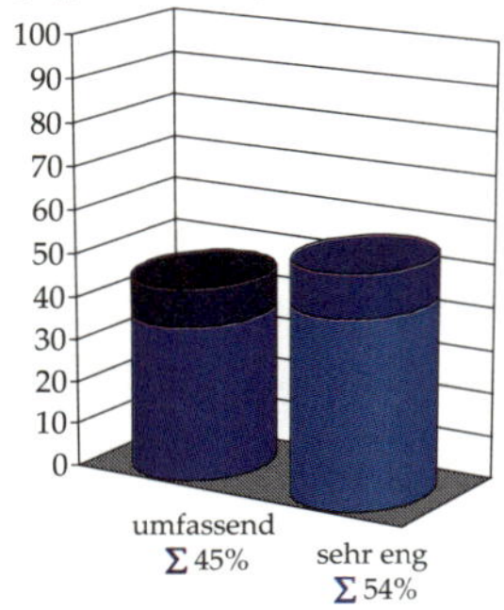

...aus Sicht einer knappen Mehrheit der Befragten tendenziell eng anzusetzen, also zu beschränken auf gute Dienstleistungen und Produkte, adäquate Steuerzahlungen und die Sicherung von Arbeitsplätzen. Wie ist es dann aber zu interpretieren, dass bei konkreter Nachfrage jeweils grosse Mehrheiten eben doch eine weiter gehende Verantwortung einfordern oder sogar für etwas Selbstverständliches halten (vgl. 40)?

Ob die Unternehmen ihre Möglichkeiten jeweils ausschöpfen...

[vgl. FB 3]

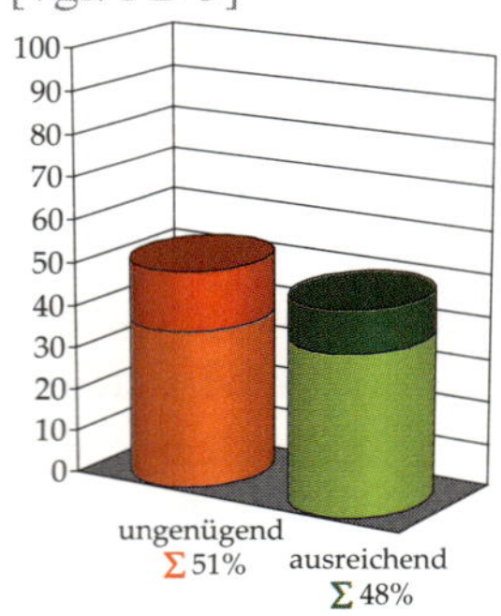

...dieses Urteil hängt natürlich stark vom zugrunde liegenden Bild von der gesellschaftlichen Rolle eines Unternehmens ab. Insgesamt fällt das Urteil der Bevölkerung jedenfalls zweigeteilt aus: Eine sozial engagierte Unternehmenspolitik gelingt und misslingt fast gleich vielen Unternehmen. Doch wann genau – so muss man fragen – ist eigentlich ein sachlich angemessenes oder gar notwendiges Engagement ‹unmöglich› (vgl. 8)?

Positiver bewerten das Niveau CSR-relevanter Anstrengungen...

[vgl. FB 3^25]

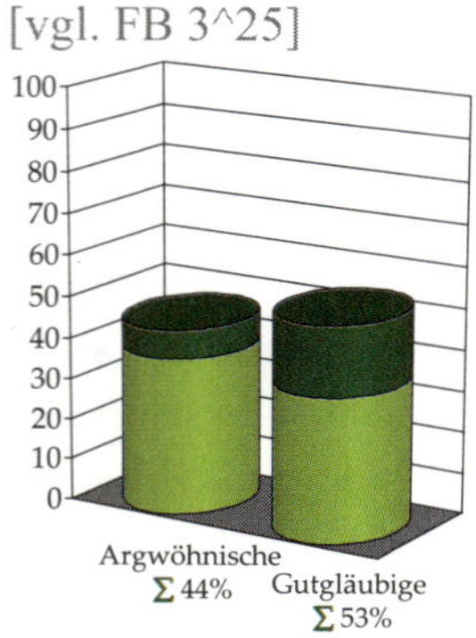

...erwartungsgemäss jene Befragten, für die Betrug und Täuschung im Wirtschaftsalltag die seltene Ausnahme darstellt. Der Teil der Bevölkerung, der hier keineswegs mehr eine Ausnahme sieht, urteilt überraschenderweise aber nicht deutlich negativer. Müssen Unternehmen also gar nicht so sehr darauf schielen, ob eine Aktivität gut für die Reputation ist, sondern können sich auf sachlich angemessene Massnahmen konzentrieren, die ein ausgewogenes CSR-Programm ergeben (vgl. 62 oder 73)?

Die Zufriedenheit mit unternehmerischen Kernaufgaben...

[vgl. FB 15]

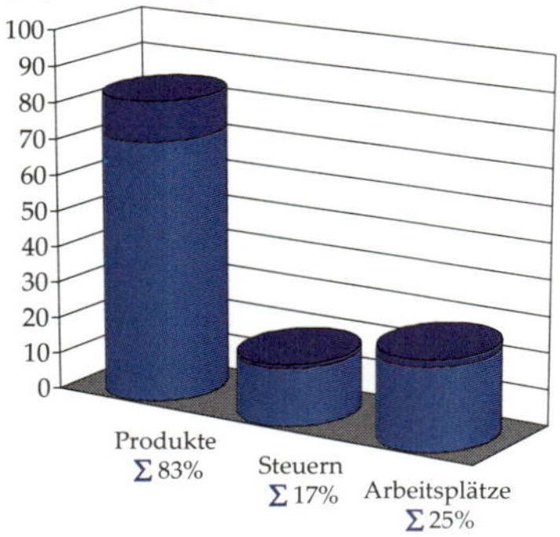

...ist bei den Befragten nur im allerengsten Sinne gegeben, nämlich im Hinblick auf die Vermarktung der Dienstleistungen und Produkte. Das könnte die selbstkritische Frage anregen: Geht eine besonders ausgeprägte Konzentration auf Kundenwünsche tendenziell zu Lasten anderer legitimer Ansprüche an das Unternehmen (vgl. 36 oder 81)?

Interventionen und Vorgaben des Staates...

[vgl. FB 4 und 5]

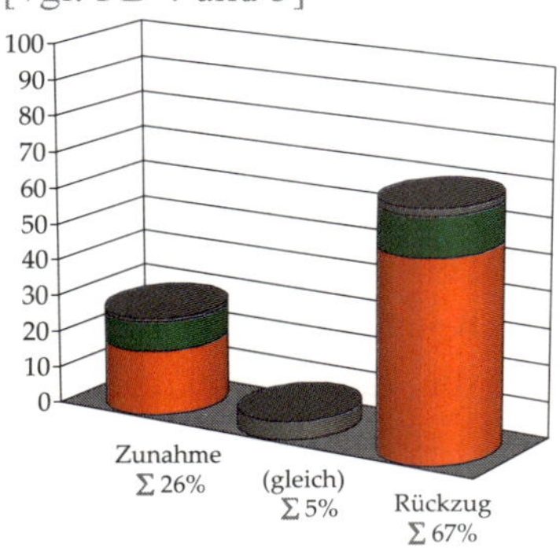

...auf CSR-relevanten Gebieten sind nach der Einschätzung der Befragten im Abnehmen begriffen. Dies wird fast durchweg bedauert. Letzteres trifft allerdings auch auf jene zu, die eher eine Zunahme staatlicher Aktivitäten feststellen. Hat sich die klassische Aufgabe des Staates, die soziale Verträglichkeit unternehmerischen Handelns sicherzustellen, also doch nicht überlebt (vgl. 33 oder 56)?

Mit der Schulbildung steigt die Freude über den Staatsrückzug...

[vgl. FB 5+]

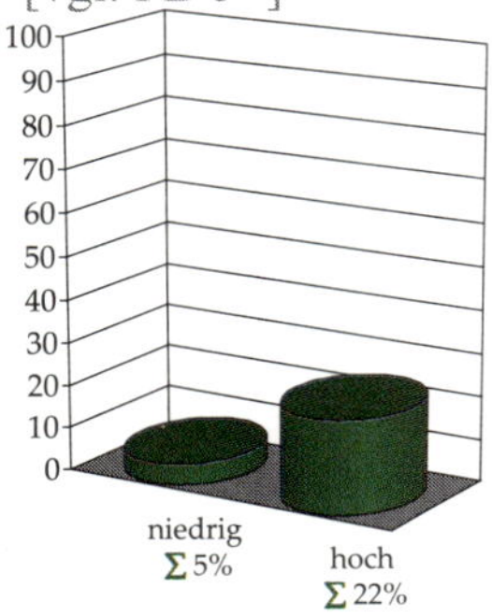

...bei jenen 25% der Befragten, die einen solchen festzustellen meinen, erkennbar an. Wäre es arrogant, daraus den Gedanken abzuleiten, dass der Wunsch nach einer ‹robusten› Rolle des Staates auf dem Unwissen über die realen sozialen Auswirkungen privatwirtschaftlichen Handelns beruht? Oder trifft vielmehr der Verdacht zu, dass nur diejenigen nach mehr Freiheit rufen, deren Chancengleichheit nicht in Gefahr ist (vgl. 31 oder 49)?

Der Hintergrund für die Gestaltung konkreter Massnahmen...

[vgl. FB 8 und 32]

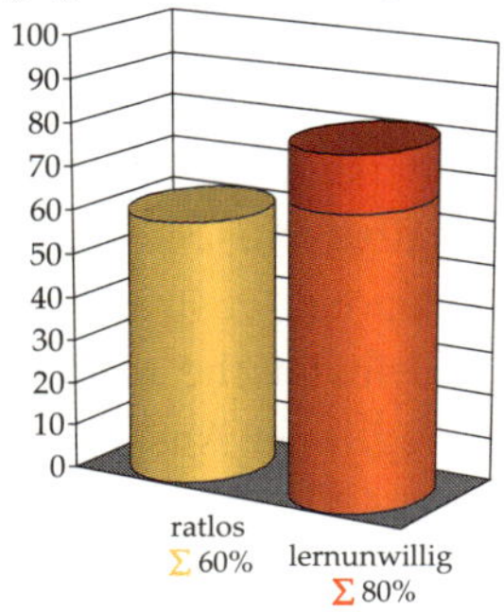

...besteht nach Einschätzung der Befragten aus der eigentümlichen Mischung zwischen einer – leicht verständlichen – Ratlosigkeit im Umgang mit der komplexen CSR-Thematik und einer – dann kaum mehr nachvollziehbaren – Zögerlichkeit, sich offen auf Dialoge mit Kritikern einzulassen und dadurch die Urteilskraft deutlich zu stärken. Liegt hier etwa der Teufelskreis vor, aus Unsicherheit gerade diese nicht abzubauen (vgl. 77)?

Die Förderung ehrenamtlichen Engagements bei Mitarbeitern...

[vgl. FB 20]

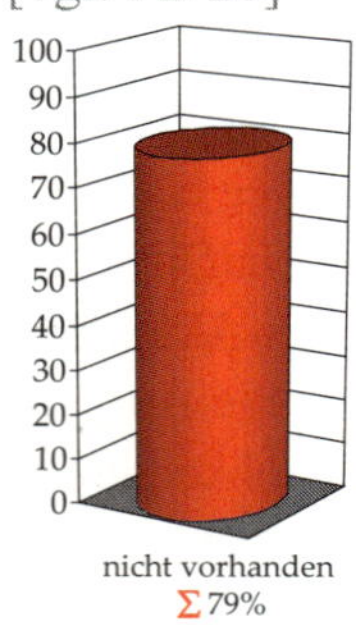

...systematisch zu betreiben, ist eine der bekanntesten Formen, als Unternehmen mit Blick auf seine konkrete soziale Verantwortung Massnahmen zu ergreifen. Doch die Bevölkerung vermutet dies nur von jedem fünften Unternehmen. Ist diese Zahl ein Armutszeugnis für die Wirtschaft oder nicht weiter beunruhigend, weil kleinere und mittlere Unternehmen die Masse ausmachen und eine Ehrenamtförderung dort eher informell, also ohne ‹Systeme› geschieht (vgl. 6 oder 68)?

Die grundsätzliche Haltung zu konkreten Massnahmen...

[vgl. FB 21]

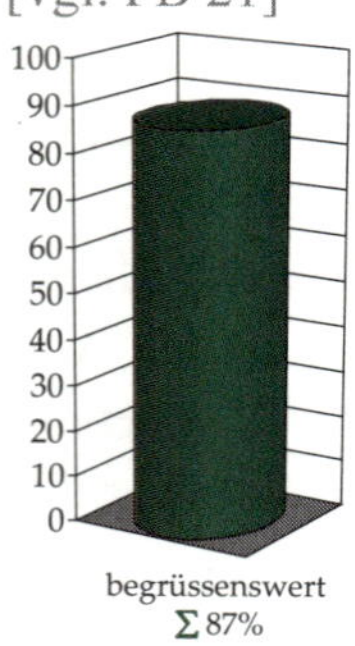

...ist sehr viel positiver, als man vielleicht meint. Nur ganz wenige bezeichnen jedenfalls konzeptionell relativ wenig aufwändige Massnahmen wie die systematische Förderung ehrenamtlicher Tätigkeiten von Mitarbeitern als harmlos oder gar lächerlich. Darf man sich jedoch durch dieses Votum zu dem Glauben verleiten lassen, eine Sammlung isolierter Einzelaktivitäten sei bereits geeignet, den Ruf einer aktiv um die Klärung ihrer Verantwortung bemühten Firma zu verdienen (vgl. 57)?

Die Notwendigkeit wirkungsvoller Massnahmen...

[vgl. FB 26 und 27]

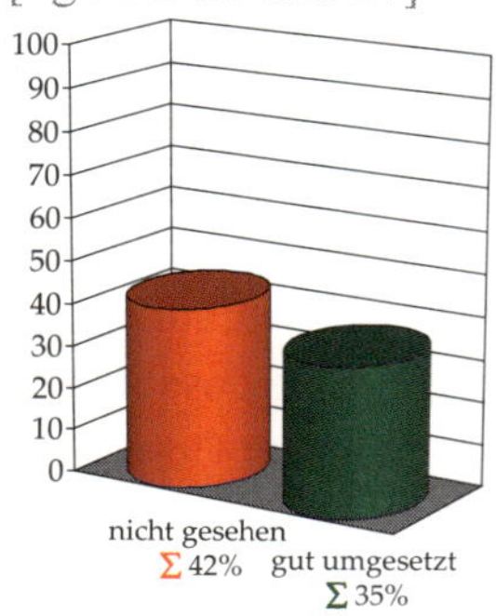

...wird nach Einschätzung der Bevölkerung noch nicht von der Mehrheit der Unternehmen erkannt oder anerkannt. Immerhin traut man aber jedem dritten Unternehmen erfolgreiche Vorkehrungen zu, um die spezifischen Verantwortungsbereiche konkret auszufüllen – und vor allem erst einmal zu klären. Doch ist diese Klärungsarbeit überhaupt Aufgabe der Unternehmen oder nicht viel eher Aufgabe von Wissenschaft und Politik (vgl. 16)?

Ein Zusammenhang zwischen CSR-Engagement und Geschäft...

[vgl. FB 22 und 24]

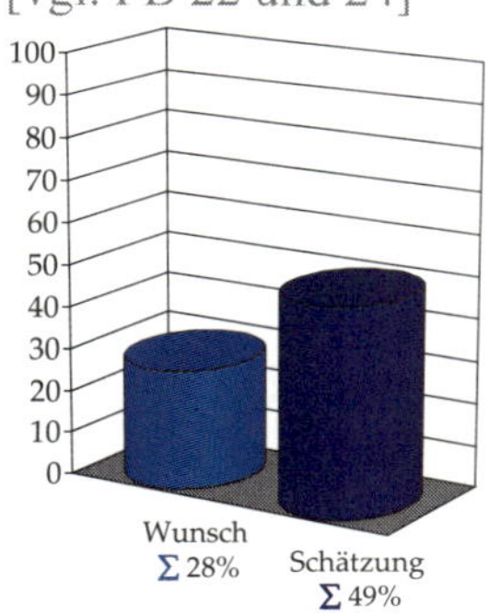

...wird von der Hälfte der Befragten als Normalfall empfunden, überwiegend aber als heikel beurteilt. So sicher, wie der Gedanke ‹reiner› Philanthropie in die falsche Richtung führt, so virulent stellt sich die Frage: Wie können Spendenwesen und andere, wichtigere Formen von CSR-Engagement gestaltet werden, damit nicht Vorwürfe zutreffen, nur ein Schmiermittel für den – letztlich rücksichts- und prinzipienlos verfolgten – Profit zu sein (vgl. 48)?

Die ‹Kommunikation› von Unternehmen...

[vgl. FB 29 und 32]

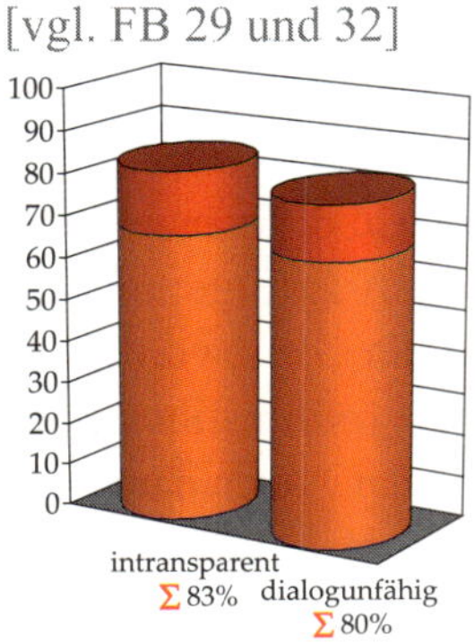

...ist der aussagekräftigste Spiegel des jeweiligen Verständnisses von deren gesellschaftlichen Rolle und damit auch von der Verantwortung für soziale Anliegen – nicht nur bezüglich des Inhalts, sondern vor allem auch bezüglich der Art und Weise, wie kommuniziert wird. Wie alarmierend ist also das von der Bevölkerung bescheinigte Versagen sowohl bei der monologischen Information als auch bei der dialogischen Verständigung (vgl. 51 oder 76)?

Schlecht informiert fühlt sich in der Bevölkerung...

[vgl. FB 35 und 35^41]

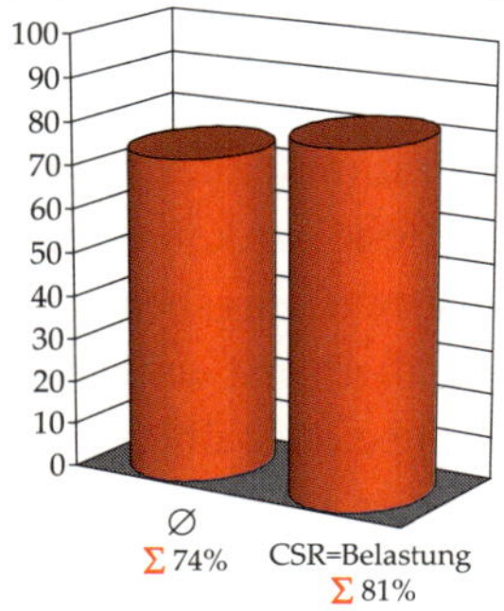

...ganz besonders jener geringe Anteil, der einen grösseren Erfolg von jenen Unternehmen erwartet, die sich den Aufwand aktiver Bemühungen um die konkrete soziale Verantwortung sparen. Beruht diese Erwartung also im Wesentlichen auf vagen Vermutungen über das tatsächliche Zusammenspiel zwischen ‹Ethik› und ‹Erfolg› im Geschäftsalltag (vgl. 42)?

Mit dem Gefühl, schlecht informiert zu sein, verbinden sich...

[vgl. FB 36]

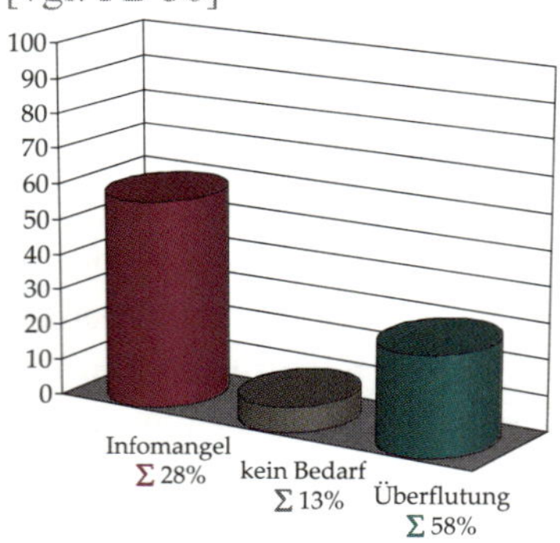

...völlig konträre Problemlagen – die einen brauchen mehr, die anderen ausgewähltere Informationen. Es gehören zwar bekanntlich immer zwei dazu, wenn Verständigung nicht funktioniert, doch stellt sich für jedes seriös engagierte Unternehmen die Frage: Wie kann in Sachen CSR eine zielgruppengerechtere Kommunikationsarbeit gelingen (vgl. 72)?

Das Bild wird besonders geprägt durch...

[vgl. FB 37]

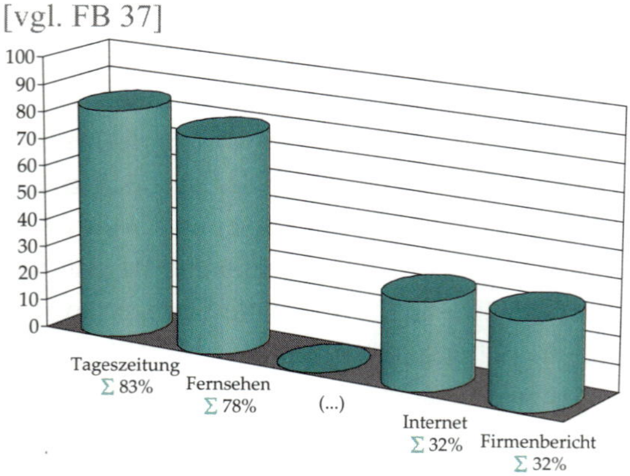

...Medien, deren Absender eher als neutral gelten können. Muss also durch ein differenzierteres Eingehen auf Erfolge *und* auf Probleme die Glaubwürdigkeit der eigenen Informationsarbeit erhöht werden – auch damit das CSR-Engagement selbst glaubwürdig sein kann (vgl. 50)?

Die beliebtesten Informationskanäle für die Zukunft...

[vgl. FB 38]

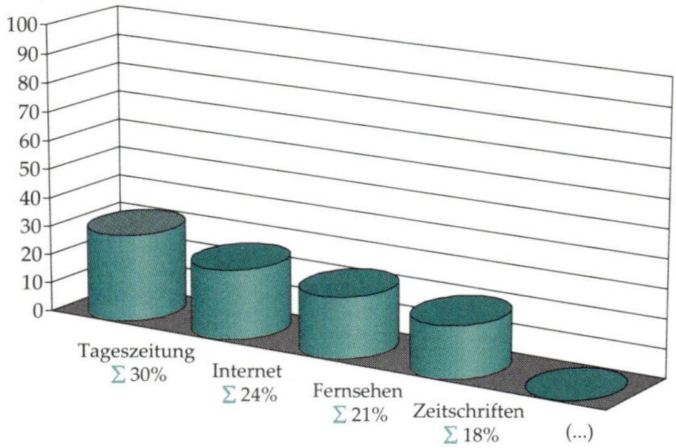

...lassen darauf schliessen, dass die firmeneigene Informationsarbeit vor allem internetbasiert grosse Chancen hat. Wird es den Unternehmen gelingen, Herausforderungen wie einen ‹Digital Divide› oder eine Detailliertheit ohne Aussage zu den vertretenen Prinzipien zu meistern (vgl. 78)?

Ein Wunsch nach verstärkten Informationen...

[vgl. FB 37]

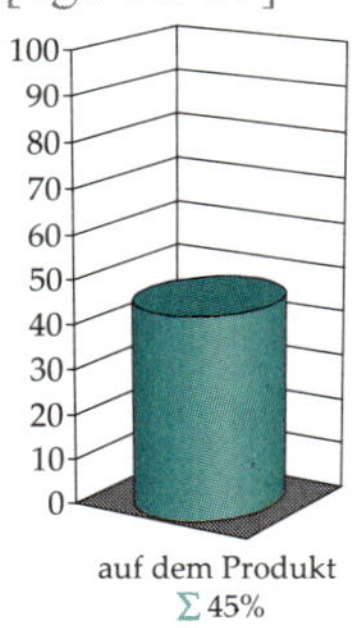

...muss auch bezüglich der Variante, Informationen auf dem Produkt oder bei der Verkaufsstelle verfügbar zu machen, natürlich differenziert betrachtet werden. Ist bei diesem Beispiel die im Vergleich zu Tageszeitung oder Internet derzeit relativ geringe Nutzungsquote von 45% der Befragten zu gering, als dass ein Handlungsbedarf bestünde, oder ist dieser Gedanke für die Befragten schlicht ungewohnt, gerade weil der Nachholbedarf so gross ist (vgl. 2 oder 20)?

Die Lesehäufigkeit spezieller CSR-Berichte...

[vgl. FB 39]

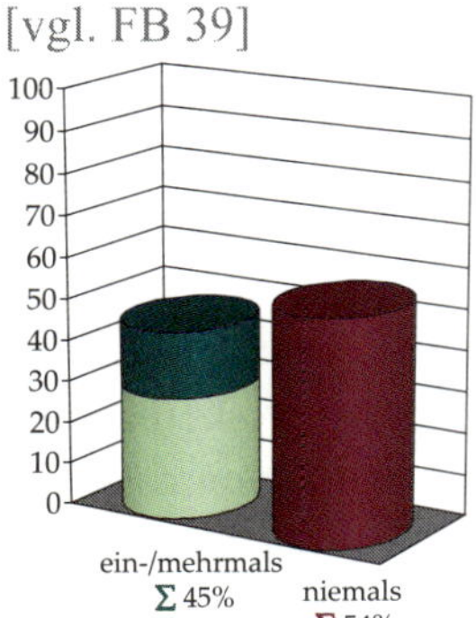

...darf ohnehin nicht überschätzt werden – vor allem dan nicht, wenn sie sich von der Machart her eher an Experten richten. Dennoch erstaunt es etwas, dass allein 54% der Befragten offen zugeben, nie in solche Berichte hinein gesehen zu haben. Haben die Spezialberichte einfach ausgedient oder müssen sich die Unternehmen mit Blick auf den Diskurs über eine vernünftige gesellschaftliche Arbeitsteilung etwas einfallen lassen (vgl. 79)?

Integritätszweifel steigen mit den Ansprüchen an Massnahmen...

[vgl. FB 25^20]

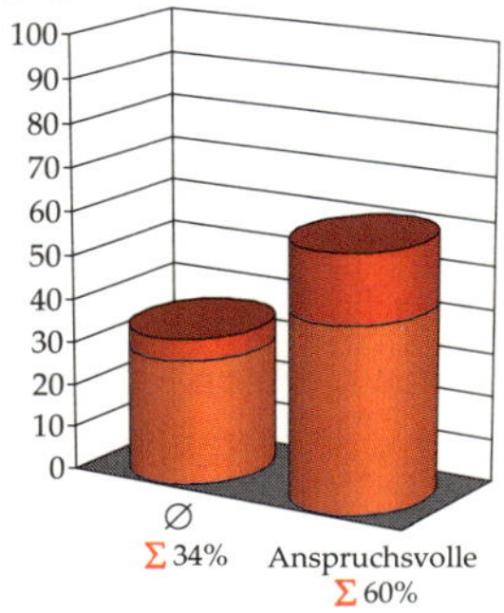

...der Wahrnehmung von sozialer Verantwortung – zumindest halten jene, die eine Förderung ehrenamtlicher Mitarbeiteraktivitäten als eine harmlose oder gar lächerliche Massnahme beurteilen, Betrug und Täuschung im Wirtschaftsalltag keineswegs für eine seltene Ausnahme. Sprechen hier ‹Nörgler› oder Bürger, die wissen, dass die Anerkennung als wertvolles Gesellschaftsmitglied von Unternehmen immer härter verdient werden muss (vgl. 11)?

Anstand und Verantwortung als Thema im Geschäftsalltag...

[vgl. FB 42]

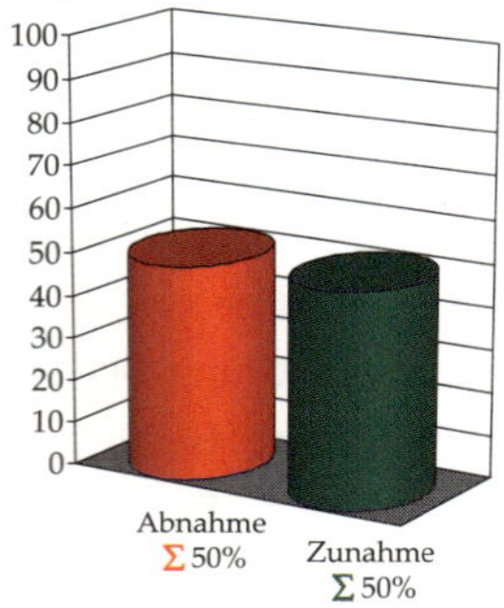

...wird aus Sicht gleich vieler Befragter zukünftig eine geringere bzw. grössere Rolle spielen. Skepsis oder auch Resignation hält sich die Waage mit dem Vertrauen in den guten Willen der Akteure. Doch ist es ein grundlegender Wandel oder lediglich ein Modetrend, dass von ethischen Grundlagen ökonomischen Handelns heute nicht mehr nur als einer Privatsache, sondern als einem wichtigen Bestandteil der Managementaufgabe geredet wird (vgl. 7)?

Vertrauensbildung durch die Einschaltung externer Akteure...

[vgl. FB 34]

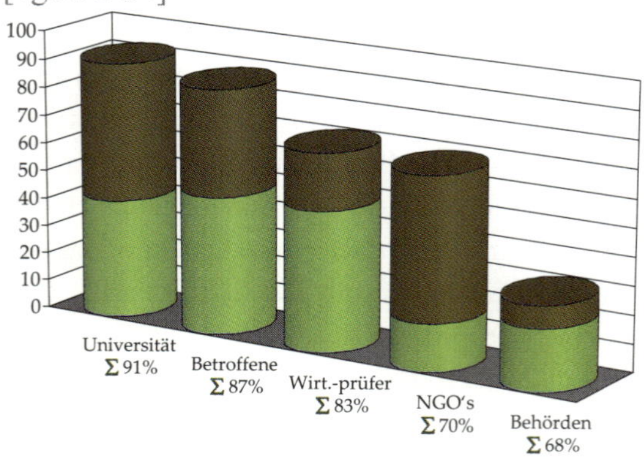

...wird zunehmend wichtig. Die Unabhängigkeit, aber auch das kritische Interesse an der Sache könnten erklären, warum durch universitäre Einrichtungen das Vertrauen der Bevölkerung am stärksten steigt. Kann das aber die Beteiligung der Betroffenen einfach ersetzen (vgl. 59)?